E A VIDA BROTOU MAIS VIDA...

Ensaio filosófico existencial a partir de fagulhas autobiográficas

Valdemar Augusto Angerami

E A VIDA BROTOU MAIS VIDA...

Ensaio filosófico existencial
a partir de fagulhas autobiográficas

Artesã

E a vida brotou mais vida...
Ensaio filosófico existencial a partir de fagulhas autobiográficas

DIRETOR
Alcebino Santana

DIREÇÃO DE ARTE
Tiago Rabello

REVISÃO
Débora Andreza Zacharias

FOTOGRAFIA DE CAPA
Evandro Angerami

FOTOGRAFIA DE ORELHA E QUARTA CAPA
Paula Linhares Angerami

CAPA
Letícia Ribeiro Ianhez

PROJETO GRÁFICO E DIAGRAMAÇÃO
Conrado Esteves

Catalogação na publicação
Elaborada por Bibliotecária Janaina Ramos – CRB-8/9166

A587e

Angerami, Valdemar Augusto

E a vida brotou mais vida... / Valdemar Augusto Angerami. – Belo Horizonte: Artesã, 2024.

310 p., fotos.; 16 X 23 cm

ISBN 978-85-7074-114-1

1. Autobiografia. 2. Psicoterapia. 3. Fenomenologia existencial. I. Angerami, Valdemar Augusto. II. Título.

CDD 808.06692

Índice para catálogo sistemático
I. Autobiografia

IMPRESSO NO BRASIL
Printed in Brazil

(31)2511-2040 (31)99403-2227
www.artesaeditora.com.br
Rua Rio Pomba 455, Carlos Prates - Cep: 30720-290 | Belo Horizonte - MG
/artesaeditora

Para os meus leitores…
Desde sempre presentes no meu escrevinhar…
E a todos que fazem parte da minha vida…

Sumário

Sobre a capa

A ideia da capa é do artista visual Evandro Angerami, meu filho, que concebeu mostrar as diversas fases pelas quais o meu escrevinhar se desenvolveu. De início, a escrita no caderninho na praia e no parque, onde ele e a irmã passavam os dias.

Depois, já na Serra da Cantareira, o caderninho se alternou com a máquina de escrever para, finalmente, ficar de vez com o notebook, o que significa dizer que desde 1999 os livros passaram a ser escritos totalmente no notebook, com exceção do livro *As relações de amor em psicoterapia*[1], iniciado no caderninho na praia de Jacumã na Paraíba, e terminado no notebook na Serra da Cantareira.

Os caderninhos trazem em suas folhas amareladas resquícios não apenas dos seus escritos, mas igualmente fagulhas da vida que lateja em nossas almas. Recordações que se sucedem em suas linhas, parágrafos e páginas.

E se os caderninhos forem contrapostos aos modernos notebooks temos a vida pulsando vida em detalhes de suas páginas amareladas diante da frieza dos computadores, que apesar de apresentem recursos tecnológicos que, embora facilitem a escrita em seus desdobramentos e nuances, jamais terão a vida presente nos caderninhos amarelados.

O caderninho com o vinho derramado em suas páginas; marcas do azeite derramado nas páginas ao se tentar saborear o queijo embebido em ervas e azeites e tantos outros detalhes que trazem os momentos de suas ocorrências e a lembrança desses fatos.

[1] *As relações de amor em psicoterapia*, ANGERAMI, V. A. São Paulo: Cengage Learning, 2005

E a capa traz o caderninho, o início dessa caminhada de escrevinhador, tentando fazer um enfeixamento dessa trajetória percorrida na produção dos nossos livros.

Serra da Cantareira,
numa noite estrelada de Outono.

Sobre os registros fotográficos

Muitas das narrativas desse livro não são acompanhadas de registros fotográficos de época pela simples razão de que, nos momentos de sua ocorrência, não se tinha a atual facilidade para fotos, áudios e vídeos. Não se pode perder de vista que aquele que é considerado o gol mais esplendoroso de Pelé em sua carreira futebolística não tem registro. E sua recriação para ser inserido do documentário que apresentava trechos de sua trajetória profissional e de seus principais gols foi feito a partir de computação gráfica.

Se nos atermos aos recursos da atualidade, em que o próprio aparelho celular produz registro fotográfico, vídeos, áudios e até mesmo opções para se retocar uma foto, alterando, inclusive, suas características principais, iremos perder o foco para o fato de que muitas narrativas aqui descritas ocorreram há mais de cinquenta anos. Isso significa dizer que, para o registro fotográfico, muitas vezes, era necessário se recorrer a um fotógrafo profissional, pois poucas pessoas possuíam equipamentos para produzir uma foto de qualidade. Dessa maneira, algumas fotos ilustrativas mostram situações análogas às da época pela falta do registro.

Algumas fotos de época estão presentes, mas outros trechos se ressentem dessa ausência e apresentam situações similares ou mesmo circunstanciais. E, assim como nos grandes romances da história, em que o imaginário do leitor cria o cenário e dá vida aos personagens, tornando-os, inclusive, muito mais fascinantes na própria leitura do que em possíveis recriações cinematográficas, este livro será uma fantástica aventura pelo imaginário de cada leitor. Não há filme que supere a eloquência de um romance para o leitor, afinal, o livro teve suas imagens construídas pelo seu imaginário a partir da descrição do autor, e o filme apresenta imagens prontas sempre a partir da idealização do diretor.

Na ausência de fotos, temos o imaginário a dar vida às descrições tecidas ao longo destas narrativas. E, certamente, esse é o recurso mais valiosos para a reconstrução de uma narrativa autobiográfica.

E, de outra parte, algumas fotos não foram inseridas nesse trabalho para preservar a identidade das pessoas envolvidas nos relatos. E isso, principalmente, nas descrições das nossas atividades na área da saúde. Afinal, a simples exposição de pacientes e até mesmo de profissionais da saúde envolvidos nessas atividades, iria configurar algo em desarmonia com a proposta do nosso trabalho. São facilmente concebíveis os danos que causaríamos aos pacientes em sofrimento psíquico, pessoas em situação de rua, vítimas da Cracolândia etc., se houvesse exposição de suas imagens. Verdadeiramente, seria uma colisão frontal com os princípios de dignidade humana, e, certamente, com proporções de danos irreversíveis a essas pessoas.

A realidade atual das redes sociais, na qual a imagem se efetiva como presença quase que obrigatória nas mais diferentes publicações, não pode nortear toda e qualquer publicação, principalmente as que evocam respeito e dignidade aos preceitos humanos.

Este livro possui vários registros fotográficos, talvez em abundância, mas sempre respeitando os parâmetros de dignidade humana. E isso, decididamente, é algo de que não podemos abrir exceção.

Agradecimentos

Gracias a la vida, que me há dado tanto
(Violeta Parra)

Em trabalhos anteriores os agradecimentos abrangiam apenas as pessoas que estavam envolvidas na produção do livro que estava sendo publicado. Dessa vez, a coisa se complica e se amplifica, pois esse livro é por demais abrangente em sua formatação para ficar circunscrito aos responsáveis por sua produção. A equipe envolvida na produção de um livro sempre é merecedora de todos os agradecimentos, afinal, é ela que consegue dar constitutivo final ao livro para que chegue às mãos do leitor de maneira esmerada e cuidadosa.

Mas este livro contempla não apenas a publicação de material teórico enfeixado para apreciação dos profissionais e acadêmicos da área. Ele vai além, pois consagra a reflexão de toda uma vida, os aspectos em seus múltiplos detalhamentos que me fizeram a mim, não apenas como intelectual e teórico de psicologia, mas, principalmente, como pessoa. E como nos ensinou Mafalda, personagem criada pelo estupendo cartunista Quino: *justo a mim me coube ser eu.*

E disso temos uma verdade inseparável de nossa condição de ser no mundo, algo que nos faz cônscios não apenas da nossa realidade existencial, mas também, e principalmente, dos tentáculos que sustentam nossa vida. Ou, ainda, nas palavras de Mahfoud[2]: *o fato de eu ser presença para o outro (o fato de ter consciência da relação com o infinito, da relação com o mistério me torna presença) pode abrir caminho para que a*

[2] MAHFOUD, M. Autoconsciência no relacionamento com uma presença: "teu nome nascia do que fitavas". In *Quem sou eu?* MAHFOUD, M., (org.) Belo Horizonte: Artesã Editora, 2017.

busca dele se torne mais intensa, mais humana e profunda, definindo seu rosto pessoal, sua identidade[3].

Laing[4], de outra parte, nos assevera de modo único essa questão sobre nossa identidade: *a identidade da pessoa não pode ser completamente abstraída de sua identidade para os outros; da sua identidade para si mesma; da identidade que os outros lhe atribuem*[5]. É dizer que a percepção sobre o nosso constitutivo existencial está em constante dialética com as identidades que julgamos que os outros nos atribuem, e mesmo daquilo como concebemos o outro.

Esse livro é um pouco disso tudo, um amealhado de ideias, fatos, fenômenos e pessoas, com suas identidades e buscas, e que se somaram aos nossos caminhos, e, assim, se constituíram na nossa trajetória.

Ao longo da caminhada vivi transformações significativas e que se tornaram esteio de vida. Tive a dádiva de conviver com os grandes nomes da psicologia brasileira e mundial, e muitos nomes me eram totalmente inacessíveis em meu campo perceptivo quando ainda era um jovem estudante. Nomes que saltaram da condição autoral dos livros que estudava e lia para convivência em seminários, congressos, aulas e livros. Um agradecimento à vida por partilhas tão intensas e prazerosas.

Eu não tive tempo para refletir sobre algumas dificuldades que me foram lançadas ao longo do caminho, tudo sempre foi muito intenso em vários momentos, sem condições sequer de pausa para refletir sobre tais dificuldades e desatinos.

Este livro consagra o fato de termos conseguido, muitas vezes, ter caminhado sobre terrenos arenosos, e com os pés descalços a enfrentar as pedras e asperezas existentes. E isso tudo é o processo em que somos forjados em nosso fortalecimento para o enfrentamento de novas e mais complexas dificuldades.

Um agradecimento pela superação de tantos desatinos!

Desde a peregrinação para a publicação do primeiro livro, quando ia de editora em editora com o meu material embaixo do braço (sim,

[3] Ibid. op. Cit.

[4] LAING, R., *O Eu e os outros*, Petrópolis: Editora Vozes, 1982.

[5] Ibid. op. Cit.

pois nesse momento os originais eram levados em forma de xerox para serem avaliados), até quando, por diversas vezes, era notório que, ao voltar em algumas editoras para saber o resultado da avaliação dos trabalhos, além da negativa, ficava evidente que o material sequer havia sido manuseado. Nesses momentos, afinal, ainda era principiante e desconhecido, naturalmente, sem respaldo que desse credibilidade aos meus escritos. Tudo era simplesmente recusado.

Houve, inclusive, uma situação que se tornou hilária pela peculiaridade de sua ocorrência.

Estava em um congresso da área, e, naquele momento, tinha vários títulos publicados e que eram referências teóricas nas principais universidades brasileiras, então fui procurado por um diretor de uma grande editora, que me abordou para saber das possibilidades de que eu passasse a publicar meus títulos em sua editora. Simplesmente disse a ele que a sua editora havia sido uma das primeiras que havia procurado quando da publicação do meu primeiro livro. Ele me olhou atônito, querendo saber quem havia recusado o meu título, mas isso era algo de muito estranhamento, afinal, a recusa havia sido pertinente aos procedimentos editoriais, pois eu era simplesmente um novato sem qualquer respaldo a me conferir perspectiva de projeção profissional, e, portanto, com poucas chances de ter um livro publicado em uma grande editora. Ele, então, disse que a editora estaria à disposição caso eu resolvesse mudar meu projeto editorial. E, verdadeiramente, esse episódio foi algo como uma revanche a uma recusa inicial, isso sem que eu planejasse e sequer concebesse como possível. Afinal, naquele momento eu estava em condições de escolher a editora que desejasse, pois, meus títulos figuravam entre as maiores referências nacionais e internacionais na área da psicologia.

Um novo agradecimento à vida por tantas dádivas e benesses.

Este livro traz a renovação do esperançar, da crença que contribuímos com nossos escritos para a construção de uma sociedade mais justa, digna e fraterna.

O meu mais efusivo agradecimento vai a você leitor, afinal, não fosse a sua delicadeza em prestigiar nossos títulos, seja com críticas e elogios, certamente não estaríamos atingindo essa marca de cinquenta títulos publicados. Cada livro publicado é sempre um pouco da nossa vida que está sendo partilhada com todos que nos prestigiam com suas leituras.

A minha mais profunda gratidão a todos que dedicaram momentos de suas vidas para se debruçarem sobre o meu escrevinhar. Tempo dedicado a leitura, instantes, minutos que consagram a razão de ser de um livro.

Esse é um momento de comemoração, muita comemoração, afinal, estar diante do meu 50º título não só é fascinante, como algo jamais sonhado por mim nem mesmo em meus delírios mais grandiosos. Mas tenha claro e de modo indiscutível, meu querido leitor, que a minha grande comemoração é saber que você também terá muito júbilo por esse feito, e igualmente brindará por esse momento tão precioso. Coloque sua bebida preferida em uma taça e brinde comigo. Comemoremos a dádiva desse momento.

A dádiva da vida.

Serra da Cantareira,
numa manhã chuvosa de Verão.

Jovem[6]

Valdemar Augusto Angerami

Você é jovem...
Quando ainda acredita no amor...
Quando se encanta com as floradas...
Quando ainda sonha com uma sociedade
mais justa, digna e fraterna...
Você se rejuvenesce centenas de anos
ao se emocionar com o pouso de uma borboleta
sobre uma flor...

Não são as cãs dos teus cabelos
esbranquiçados que te fazem velho...
Você está envelhecido por não acreditar na esperança...
Porque deixou de amar as crianças...
Porque deixou de sonhar...

Não se envelhece com o simples
passar dos anos...e sim quando se deixa
morrer os ideais...os sonhos...e a esperança...
Morre-se em vida, quando se padece
pela falta de ilusões...
Morre-se ainda, quando se perde
o prazer de viver cada momento
como único, como indelével...

Envelhece-se também quando
não se acredita mais nos jovens...
quando não se percebe mais que
o futuro do mundo é a crença

[6] Essa poesia foi publicada originalmente em ANGERAMI, V. A., ANGERAMI, P. L., *O amor na adolescência*. Campinas: Editora Livro Pleno, 2004.

jovem no amor... a capacidade jovem
de sonhar sonhos transformadores...

Você sempre será jovem
enquanto tiver aquela centelha
que incendeia o coração diante de
um olhar que tenha brilho e cor...
Diante de um afagar de mãos em que
a pulsação da vida seja maior
do que a própria vida... E ao ouvir
uma antiga canção e ainda se emocionar
como se emocionam os jovens...

E você será jovem ainda
quando puder falar para os seus
filhos e netos: a vida é a maior
dádiva que se tem e se pode buscar...
Um sonho azul diante do cinza da desesperança...

Serra da Cantareira,
numa manhã azul de Verão...

APRESENTAÇÃO

O meu título de número 50

Palavra puxa palavra, uma ideia traz outra,
e assim se faz um livro, um governo, ou uma revolução,
alguns dizem que assim é que a natureza
compôs as suas espécies.
(Machado de Assis)

1 – Introdução. Sobre mim por mim mesmo...

A formatação desse livro buscou enfeixar reflexões teóricas e filosóficas com alguns dados autobiográficos. E ponteamentos de realização profissional, e dos diferentes projetos e esboços que permearam minha trajetória ao longo desses anos.

Eu fiz um acoplamento de diferentes configurações com o objetivo de tornar prazerosa e ao mesmo tempo interessante a leitura deste livro. Busquei episódios que pudessem satisfazer a tantas pessoas que manifestaram, ao longo desses anos, o desejo de saberem algo sobre a minha trajetória pessoal e profissional.

E, assim, eu me debrucei sobre o livro e me deparei com enormes desafios a serem buscados, e mesmo resgatados, nos recôncavos da memória e nos umbrais das diferentes fases da vida mostradas no livro.

É um livro que se mostra incompleto, afinal, ele tenta se configurar como registro de uma trajetória profissional que ainda está em curso, que não encontrou seu desaguadouro final. E, como estamos diante dos mistérios da própria vida, nem mesmo a configuração de possíveis perspectivas e projeções futuras me é possível pontuar.

2 – Desfiando os novelos da emoção nos teares da vida...

As passagens narradas foram registradas da maneira mais fidedigna permitida pelas recordações, afinal, são fatos que, em sua maioria, não estavam registrados de maneira formal, ou seja, a quase totalidade dependeu de recursos da memória para serem pinçados e expostos neste livro. E, certamente, os episódios mais pormenorizados em seu detalhamento foram eriçados e trazidos à baila tanto por serem os mais marcantes em alternância dialética, ou por serem dolorosos, ou, então, prazerosos e que significaram rupturas e marcos divisórios em minha trajetória; aqueles que pela simples lembrança de suas ocorrências se mostram parte indissolúvel da própria vida.

Os nomes dos professores que se tornaram referências em minha vida serão omitidos, pois, um deles, figura proeminente em minha formação acadêmica e que posteriormente se tornaria colega em outra universidade, sempre me disse, tacitamente, que se sentia muito enaltecido por fazer parte de minha vida de maneira peculiar, mas preferia que seu nome não fosse exposto, com receio de magoar outros colegas. E, a partir desse posicionamento, decidi omitir outros nomes que, inclusive, não estão mais entre nós, e que, portanto, não tenho como saber se dariam aquiescência a tais citações.

Os livros publicados por mim e exibidos no Capítulo 11 desse livro foram citados um suas primeiras e últimas edições para facilitar que possíveis interessados possam encontrá-los.

O meu mais ardente desejo é que esse livro possa te acarinhar a alma, meu querido leitor, da mesma maneira que um prelúdio de Debussy me ilumina a vida.

3 – Sobre o meu nome

O meu nome é Valdemar Augusto Angerami.

Camon é apelido!

Apelido familiar que a Mãinha cunhou diante de uma fala do meu irmão, que, ao se referir a mim e não sabendo pronunciar a palavra irmão, dizia *Camon*. E de simples apelido familiar ganhou contornos próprios e transcendeu os limites familiares. Aliás, algo que aprendi sobre apelidos é que os apelidos que superam bairrismos e situações localizadas são justamente os apelidos familiares. Os demais apelidos representam situações específicas e não possuem condições de se perpetuarem.

Eu tive vários apelidos ao longo da vida, e todos representavam períodos ou mesmo grupos de amizades, e todos se perderam nas intercorrências da vida, bastava para isso a simples mudança de espaço vivencial. Mudava-se de escola ou de bairro, por exemplo, e o apelido ficava para trás. Mas o codinome *Camon*, simplesmente por ser familiar, me acompanhou desde sempre.

Os nossos primeiros livros traziam o meu nome e o apelido *Camon* separado algumas vezes por um hífen, e, de outras vezes, entre parênteses. Mas não houve jeito, as pessoas achavam se tratar de nome composto, e depois de muitos aborrecimentos e prejuízos das mais diferentes naturezas, resolvi excluir de vez o *Camon* dos livros, e, consequentemente, da associação com o meu nome. Seja na emissão de passagens aéreas que eram emitidas em nome de *Valdemar Camon*, o que simplesmente me impedia de embarcar, seja ainda na emissão de transferências bancárias truncadas e inviabilizadas, igualmente por terem sido efetivadas em nome de *Valdemar Camon*, o fato é que cansei de ter problemas genuínos por equívocos provocados por essa junção de nome e apelido.

E, desde um tempo a essa data, todos os livros tiveram excluídos o *Camon* do meu nome, seja na edição de novos títulos, seja mesmo na reimpressão de títulos antigos. O *Camon* está presente apenas nas antigas edições que não foram reimpressas, pois, de resto, a cada nova reimpressão a minha preocupação inicial é excluir de vez o *Camon* do meu nome.

E, ao contrário do que vejo sendo propagado, eu não tenho nada contra o fato de ser chamado pelo apelido de *Camon*, apenas é necessário saber que se trata de apelido, e jamais de nome ou sobrenome.

Na realidade, verdadeiramente, não me é palatável ser chamado apenas de *Valdemar*, e, felizmente, na maioria dos meus relacionamentos profissionais e mesmo afetivos, sou chamado de *Angerami*. *Valdemar* me remete diretamente ao nome do meu pai — seu nome era *Waldemar*

Angerami —, com quem nutri sérias desavenças ao longo da vida, e cuja associação me é totalmente aversiva. Algumas dessas desavenças serão tecidas ao longo dessas páginas.

O nome é o nosso primeiro atributo social, a referência com que as pessoas irão nos identificar, e, seguramente, ter aversão pelo nome é algo muito difícil para se lidar, pois é algo que te acompanha desde sempre, por toda a eternidade. E ainda que pudesse ter mudado de nome, como me foi sugerido por diversas vezes, mantendo apenas o Angerami como sustentáculo familiar, a referência primeira do nome se manteria, e, principalmente, a associação com o nome do meu pai, que era o meu determinante mais perturbador.

E assim é, meu nome: Valdemar Augusto Angerami.

Camon, apenas um apelido.

E o meu apelido mais recente e revestido de muito carinho e amor é *Lindo*, que me foi dado pela Isabella, minha esposa.

Serra da Cantareira,
numa manhã azul de Outono.

CAPÍTULO 1

Infância

1.1 – Doces reminiscências

Tudo foi tão ontem... Tudo é tão hoje...
Tudo ainda está acontecendo...
Eu ainda estou na infância...
Mesmo que apenas na lembrança...
Na realidade dos sonhos...
(Valdemar Augusto Angerami)

Certamente, no período inicial da minha infância se situam os momentos mais doces e meigos que acalentaram a minha alma. Nessa tenra idade, não tínhamos aparelho de TV, algo que só ocorreria alguns anos depois. Na vivência infantil, brincava na rua com a meninada que ladeava nossa casa, e, juntamente com os meus irmãos, tomávamos banhos, jantávamos e a Mãinha nos colocava na cama para dormir. E nos contava historinhas infantis maravilhosas. Uma delas está presente em meu imaginário até os dias de hoje. Lembro tanto dos detalhes da historinha como da maneira com que ela narrava os seus desdobramentos. O título dessa historinha era *A festa da dona onça*, e várias vezes eu pedia para que ela repetisse essa história.

Quando o aparelho de TV passou a fazer parte da nossa realidade, as historinhas foram se rareando de vez, pois o fascínio que a programação de TV exercia sobre todos fazia com que, na quase maioria das vezes, dormíssemos em frente a TV. E assim, nem mesmo a programação era plenamente assistida.

E os primeiros momentos da TV em nossa casa foram marcantes pela presença de vizinhos que não tinham esse aparelho e iam em casa à noite para assistirem à programação. E nos intervalos da programação se conversava tanto sobre o que era assistido como sobre a própria vida. E, naturalmente, era servido cafezinho com biscoito para todos.

E, na atualidade, momento em que muitas pessoas se vangloriam de sequer conhecerem os vizinhos de porta do prédio em que habitam, a recordação desses momentos mostra situações de um relacionamento interpessoal que se perdeu nas entrelinhas do tempo e do espaço. Ocorria de maneira espontânea e natural uma interação interpessoal muito valiosa, pois as pessoas conversavam entre si sobre detalhes da vida e de suas atividades cotidianas.

Era algo construído de maneira singela, mas que tecia de maneira profunda o vínculo afetivo entre as pessoas. Algo que, ao ser confrontado com a realidade atual, mostra a maneira abismosa com a qual nos distanciamos até mesmo da nossa própria humanidade.

Outra coisa bastante peculiar, e que igualmente soa como algo impensável na atualidade, era a presença de um telefone fixo em uma residência. O nosso telefone era o único da rua, isso por volta do final dos anos 1950 e início dos anos 1960 do século passado, sim, o único da rua, e os vizinhos, além de irem constantemente à nossa casa para telefonarem e receberem suas ligações, também se utilizavam do nosso número telefônico como referência para receberem seus recados.

Um telefone fixo era algo tão valioso que, inclusive, era citado na declaração de imposto de renda, e, a depender do bairro em que estava situado, valia, muitas vezes, o equivalente ao preço de um carro, e em algumas ocasiões era utilizado na intermediação de negócios como a compra de imóveis. E quando se narra esses fatos envolvendo o valor econômico, e a importância de uma linha telefônica em um momento em que as pessoas apenas a possuem para se acoplar a outros serviços — internet, tv etc. —, ou então, algo que faz parte de uma empresa e não de uma residência, a coisa se reveste de uma absurdidade imensurável. Afinal, hoje basta ligar para uma determinada operadora telefônica e a linha estará disponível no mesmo dia. Enfim, apenas o registro de uma peculiaridade de outros momentos...

Outro fato bastante peculiar e totalmente inalcançável na atualidade envolvendo telefone, e que mostra a amplitude da dificuldade em se possuir uma linha telefônica, deu -se com a Editora Abril, em seus primórdios. Um de seus responsáveis procurou a companhia telefônica para pleitear uma linha de telefone, pois era algo que estava sendo necessário em suas atividades.

O responsável pela companhia telefônica, então, perguntou o que eles editavam de tão importante para reivindicarem uma linha telefônica, ao que o representante da Editora Abril prontamente esclareceu que era o Pato Donald, Mickey, Pateta etc. O responsável pela companhia telefônica informou que iria levar a proposta para estudo junto ao comitê responsável por tais questões, e depois informaria o resultado.

Nessa noite, o responsável pela companhia telefônica partilhou com a família no momento do jantar a coisa inusitada que havia ocorrido, uma editora que editava histórias do Pato Donald, Mickey etc., estava pleiteando uma linha telefônica. Ele narrou tal episódio, ironizando pela absurdidade disso tudo, pois, afinal, uma linha telefônica era algo disponível apenas para atividades essenciais e de importância social. Então, em dado momento ele percebeu o quanto os seus filhos, fãs ardorosos desses personagens, ficaram chorosos e inconsoláveis ao saberem que o pai não iria autorizar uma linha telefônica para a Editora Abril. Nesse momento ele se deu conta da importância para tantas crianças dessas historinhas publicadas pela Editora Abril, que assim conseguiu sua linha telefônica[7].

Voltemos à minha infância!

Esse período de historinhas foi um momento em que a vida não trazia qualquer desconforto, ao menos que a lembrança consiga abarcar, e nem tampouco sistematizar. Esse período de mansidão foi algo que a vida me propiciou certamente para me fortalecer para os açoites que a próxima fase da infância me contemplaria. Um período em que a vida era um doce remanso, algo como um riacho doce com águas límpidas e mansas. Tudo à espera de grandes turbulências. (Imagem 1)

[7] Murió César Civita, el gran creador de la editorial Abril. *LA NACION* 9 de abril de 2005. Consultado em 30 de março de 2023.

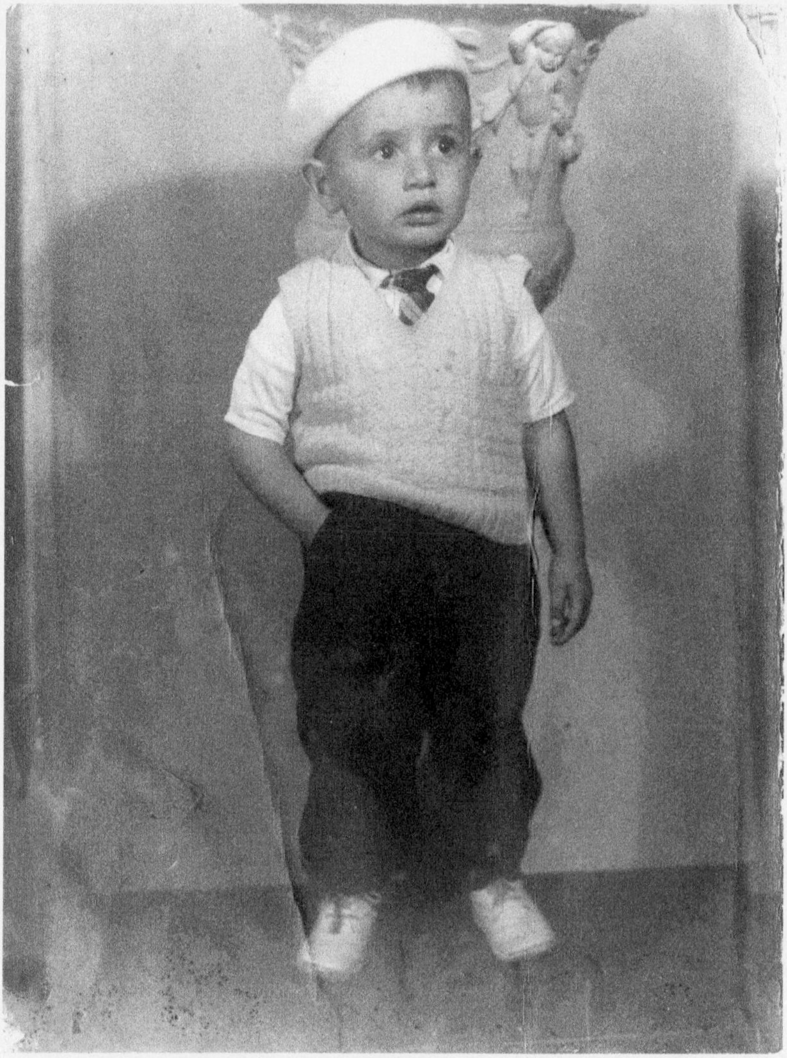

Imagem 1

Nesse momento ainda, passei a frequentar o pré-primário, onde, igualmente, vivi momentos muito prazerosos. As professoras eram muito atenciosas e delicadas e não mostravam qualquer desavença em relação à minha lateralidade, simplesmente era canhoto, algo que seria muito caótico no momento seguinte da minha infância.

Em 2017, escrevi uma parêmia publicada em diversas mídias e que relatava as doces reminiscências desse momento. Ei-la:

Parêmia doces reminiscências da infância

Valdemar Augusto Angerami

Em minha infância, na escolinha em que fazia o pré-primário, a professora, após o lanche da tarde, fazia com que pegássemos nossos travesseiros para uma sesta de cerca de 30 minutos. Meus coleguinhas odiavam esse cerimonial por interromper suas brincadeiras. Ao contrário, eu simplesmente adorava esse momento por uma razão simples, a música que a professora colocava em sua vitrola para que adormecêssemos. Era uma melodia suave, maravilhosa. Ouvia e sonhava com a esperança de que a vida se nos acenava.

Já adulto, meu professor de violão, quando preparava os prelúdios de Villa-Lobos para violão, me presenteou com um disco esplendoroso com as cantigas infantis desse compositor. Cheguei em minha casa e, ao ouvir essa gravação, me deparei com aquela maravilhosa música da minha infância. Estava lá nas Cantigas Infantis de Villa-Lobos a música cuja melodia me encantou a infância.

Hoje ouvi uma gravação dessas cantigas com o estupendo Caio Pagano ao piano. E, verdadeiramente, ouvir VOCÊ DIZ QUE SABE TUDO é voltar aos tempos da infância; dos tempos em que tudo era apenas e tão somente o vermelho da paixão pela própria vida; em que os folguedos e as brincadeiras eram o próprio sentido de vida. Da meninice que me vincou a alma para sempre.

1.2 – De como a música clássica entrou em mim na infância para toda a eternidade...

A Mãinha começa a ter um protagonismo único na minha história de vida, tentando compensar o distanciamento e ausência do meu pai em nossas atividades, pois ele apenas valorizava em perfeita idolatria às coisas que o meu irmão mais novo efetivava, principalmente sua habilidade com aeromodelismo, e ainda ao seu irmão mais velho, um tio que ele colocava como sua grande referência intelectual.

E isso é algo que aprendi pela antítese, ou seja, ainda que de maneira descuidada, em algum momento, possamos valorizar de maneira diferenciada um dos filhos, e mesmo um aluno, há que se ter um cuidado e esmero para que isso não se torne algo desconfortável para as partes envolvidas. A vida delineia de maneira clara e objetiva que todos dependemos do olhar do outro para que as nossas coisas sejam efetivadas e valorizadas. Esse outro vai se modificando ao longo de nossas vidas; de início, na infância, dependemos de valorização do olhar dos familiares; e, ao longo da vida, esse outro se modifica, mas sempre estamos dependendo do olhar do outro para a nossa configuração humana.

E a Mãinha surge com sua tenacidade e obsessão para que os filhos estudassem, nos colocou na aula de música, mas aqui apenas a mim coube desenvolver-se nessa área. Estudava acordeão, ou sanfona como é mais conhecida no Brasil, com a prof.ª A, uma senhora mito delicada e pacienciosa no trato com criança em desenvolvimento na área musical. (Imagem 2).

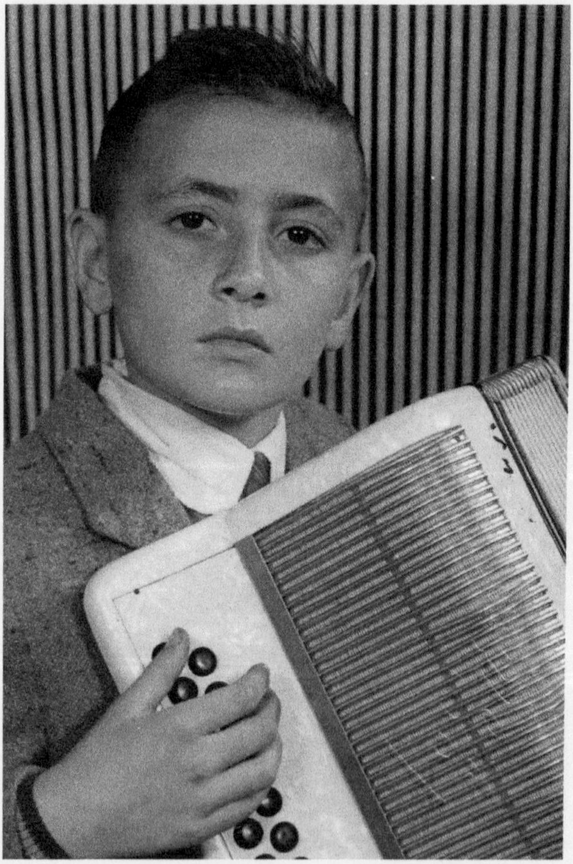

Imagem 2

As minhas lembranças dessa fase de vida eram os momentos em que chegava da escolinha do pré-primário e corria ao encontro do instrumento para tocar por alguns momentos antes do jantar. Isso até o dia em que cheguei da escola e, não encontrando o meu instrumento, perguntei para a Mãinha de seu paradeiro e fui simplesmente informado de que meu pai havia vendido o acordeão.

A sensação que tive pela vida afora é que meu pai jamais soube o que fazíamos na infância e adolescência, com exceção do meu irmão mais novo, por quem ele tinha verdadeira idolatria, como citado anteriormente.

E, na minha percepção de criança, envolta em pureza e ingenuidade infantis, não me era crível que o meu pai tivesse vendido o instrumento apenas por pertencer a ele, sem considerar que eu estudava acordeão e que aquilo me era muito prazeroso. Mas o meu sofrimento não tinha lugar na realidade do meu pai, pois, talvez, ele ignorasse que eu estudava acordeão.

Das vezes em que tentei saber com o meu pai as razões pelas quais ele havia vendido o acordeão, sempre ouvia que ele estava precisando de dinheiro, mas, verdadeiramente, para mim a verdadeira razão é a que ele jamais soube que um de seus filhos estudava e tocava naquele instrumento. E ainda que esse não seja o verdadeiro enredo dos fatos, é assim que ficou vincado em minha vida: o total desprezo pelo meu pai do meu aprendizado musical.

Sequencialmente, além das aulas, ia duas ou três vezes por semana na casa da prof.ª A para estudar em seu acordeão. Ia pelas manhãs, pedalando minha bicicletinha, pois era um momento em que podíamos transitar pelas ruas sem o medo da violência que granjeia nossa realidade atual. Voltava para casa depois de estudar no acordeão da prof.ª A e, após almoçar, ia para a escolinha do pré-primário.

E tenho esse momento da venda do meu acordeão como uma linha divisória entre a infância feliz e sem sobressaltos, repleta de momentos prazerosos como os descritos acima, e a turbulência que viria a seguir.

1.3 – A caminho do primário

Mudamos de residência, pois o meu pai havia conseguido adquirir uma casa própria, no momento exato em que a casa em que morávamos havia sido desapropriada em razão de uma avenida que passaria pelo local. O parque infantil municipal, local de muitas brincadeiras e entretenimentos, a escolinha do pré-primário, a igreja de Nossa Senhora Aparecida, tudo ficou para trás, e agora estávamos em uma nova casa, tudo no bairro do Ipiranga. Mudamos de casa, mas permanecemos no mesmo bairro.

Nesse momento, ganhei um violão em um sorteio e passei a estudar violão clássico com a prof.ª WR, e me certifiquei com o meu pai de que ele não iria vender o meu instrumento caso tivesse alguma dificuldade, afinal, o violão era meu, pois havia ganho sem qualquer auxílio financeiro de quem quer que seja.

Tudo mudou.

E a música clássica me envolveu de modo cada vez mais intenso, me fazendo refém de sua riqueza melódica, harmônica e principalmente da grandiosidade de sua musicalidade. Estudava violão ao mesmo tempo em que me embrenhava nas obras e vidas dos grandes compositores. Tudo era fascinante.

Novo instrumento, nova casa, nova realidade de vida. E com isso, uma nova escola, e agora o primário, o início do ensino formal de toda a vida. Um novo grupo de amiguinhos e uma nova realidade a ser explorada. Assim começou o período do primário. E a percepção de que a venda do acordeão parecia ter estabelecido essa linha divisória se configurava real, pois, em seguida, passei a estudar violão clássico, e comecei os estudos no primário, na escola onde verdadeiramente meu calvário de infância se iniciou.

1.4 – O arbusto sendo cerceado em seu desenvolvimento

Esse momento da minha infância foi determinante em minha formação intelectual e cultural, e, dessa maneira, em uma configuração cognitiva bem complexa e estruturada. Foi a partir desse fragmento de vida que as coisas se configuraram por toda a minha formação intelectual e mesmo emocional.

Das historinhas ouvidas da Mãinha antes de dormir, parti para livros de contos de fadas, e tenho desde sempre na memória muito desses enredos, principalmente dos contos de fadas chineses e russos. Sequencialmente, li os livros infantis de Monteiro Lobato e os livros de Malba Tahan, e isso antes de adentrar no ensino primário, pois minha avidez por histórias e leituras me fez aprender a ler no pré-primário graças à disposição de uma das professoras. E minha vida dessa maneira se alternava entre a leitura desses livros e as brincadeiras de rua, principalmente futebol, jogo de botão e taco.

Na sequência, passei a frequentar o curso primário e aí começaram a surgir problemas muito sérios que me açoitaram a alma de modo irreversível. E que, concomitantemente, com problemas vividos em minha própria casa fizeram com que eu fosse forjado a ferro e fogo para a superação de tantos desatinos.

Era um arbusto querendo se desenvolver e sendo impedido de todas as formas. Mas como ensinou Dostoievski, diante do dia nublado sempre existe a perspectiva do Sol, sim ainda há o Sol.

E nesse imbricamento, e tendo terminado de ler a coleção completa da obra infantil de Monteiro Lobato e a de Malba Tahan, passei a ler os livros que o meu pai recebia mensalmente de uma entidade da qual ele era sócio, o Clube do Livro. Dessa maneira, na mais tenra idade passei a ler Dostoievski, George Sand, Tolstoi dentre outros.

Para se ter uma dimensão desse fato como um pequeno contraponto de vida, um dos livros que utilizo em nossos grupos de estudos sobre *Sartre e a Clínica Psicológica*, ao adentrarmos na discussão sobre antipsiquiatria, um dos nossos principais suportes teóricos é *O Sonho do Príncipe*,[8] de Dostoievski, livro que li pela primeira vez quando eu tinha apenas 12 anos de idade. E, já na vida adulta, o meu pai me doou essa coleção de livros, visto que dentre mim e os meus irmãos apenas eu me interessava por eles. Mandei fazer uma nova encadernação para preservá-los, e tivemos um contraste fabuloso, pois, se por um lado a capa é moderna, por outro, ao abrimos os livros, nos deparamos com o amarelado provocado pelo passar dos anos, com toda a vida presente nesse processo de esmaecimento. (Imagens 3 e 4).

[8] *O Sonho do Principe*, DOSTOIEVSKI, F., São Paulo: Clube do Livro, 1959.

Imagem 3 - Foto de Valdemar Augusto Angerami

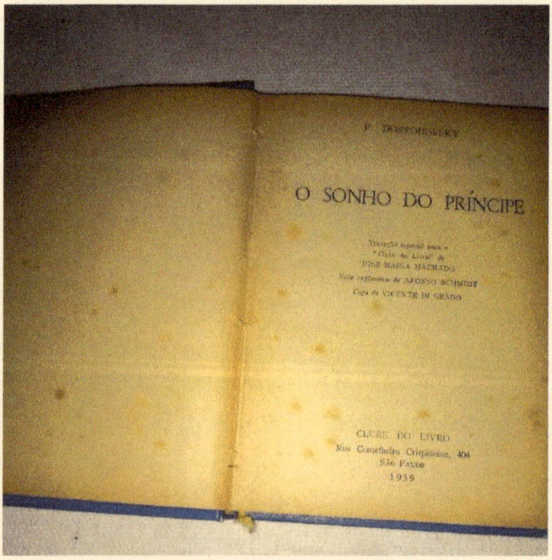

Imagem 4 - Foto de Valdemar Augusto Angerami

E se por um lado meu pai, sem intenções, havia me colocado nas mãos o que havia de mais esplendoroso em termos de literatura mundial (algo que seguramente forjou minha intelectualidade de maneira ímpar); por outro, também sem intenções, ao menos assim acredito, me depreciava de maneira singular. Ele tinha verdadeira idolatria pelo meu irmão mais novo que havia desenvolvido, como dito anteriormente, grande habilidade no manuseio de aeromodelismo, e por seu irmão mais velho, um tio que ele admirava de modo incontido, por serem ambos, o meu irmão e o meu tio, segundo a visão do meu pai, os verdadeiros ápices de inteligência da família; o restante era simplesmente desprezado.

E muitas vezes ouvi de meu pai, sem titubeios, que eu não daria em nada na vida, pois, quando estava em casa, passava o tempo todo lendo *ao invés de fazer e aprender algo útil (sic)*. E de maneira hilária, eram livros que ele mesmo colocou ao alcance das mãos, sendo que esses mesmos livros me dariam uma condição intelectual diferenciada. E seriam meu esteio ao longo da minha trajetória intelectual e profissional.

Esse desprezo do meu pai por mim, caía como um verdadeiro acinte a tudo que se podia conceber como desenvolvimento emocional e intelectual. Eram tantos elogios a esse irmão e a esse tio que os demais filhos ficavam à deriva de qualquer manifestação de apoio e elogio aos seus feitos. E isso em um momento em que a nossa referência de vida é o seio familiar, momento em que dependemos dos familiares para nos desenvolvermos para o mundo.

Em alguns momentos, como mera citação, em que a família estava em casa, cada um em seus afazeres, sempre ouvia de maneira incessante, como dito anteriormente, meu pai me desqualificando, pois eu passava o tempo todo lendo romances em vez de me desenvolver em outras coisas. Felizmente persisti nessas leituras, afinal, esses livros já faziam parte da minha vida de maneira irrebatível, esses mesmos livros fizeram de mim o arremedo do que hoje eu sou.

E por mais que a vida tenha justaposto esses fatos como contraponto à minha projeção pessoal e profissional, a dor vivida naqueles momentos não tem como ser balizada e nem tampouco estancada e apagada. Era uma depreciação que sangrava fundo na alma de uma criança em formação, afinal, era o próprio pai que sentenciava que aquela criança não teria qualquer futuro promissor por passar a maior parte do tempo em que estava em casa absorto em livros.

E na realidade fui ter uma relação menos beligerante com o meu pai apenas quando ele se tornou avô. Daí, conheci um homem extremamente amoroso com os meus filhos e os meus sobrinhos que foi possível nos aproximarmos, e tudo fluir de maneira menos conflituosa, embora não de todo harmônica. Inclusive, no último ano de sua vida, quando ele teve diversas hospitalizações, quase sempre em UTI, era a mim que ele recorria, pois, naquele momento, eu era o filho no qual, segundo suas próprias palavras, ele mais confiava para essa empreitada de urgência médica. É como se tivesse ido ao encontro daquela sabedoria popular que diz, *ao se tornar pai você se torna um filho melhor...*

E realmente, diante das circunstâncias de ter um pai totalmente ausente na infância e adolescência, sensação de que ele não tinha a menor ideia do que acontecia com seus filhos, com exceção do filho pelo qual ele nutria idolatria, aprendi muito com em termos de antítese. Assim, tentei ser presente com meus filhos em todos os episódios de suas vidas — não sei se consegui —, mas sempre tinha como parâmetro a importância de os filhos terem os pais presentes em suas atividades de vida.

Eu não tive jamais meu pai presente em minhas atividades esportivas, escolares etc. E era algo muito estranho presenciar os pais dos meus colegas presentes e jamais entender por que o meu pai nunca comparecia a nada. E até mesmo possíveis idas a algum procedimento clínico e médico eram efetivadas pela minha mãe com todo o sacrifício, pois ela tinha sob seus cuidados quatro crianças e não contava com mais ninguém para isso. E ainda assim, como disse anteriormente, foi graças aos livros que ele colocou ao alcance das minhas mãos que me desenvolvi de maneira destacada vida afora.

Dessa maneira, passei a infância, e mesmo a adolescência, com a sensação estranha de que não tinha importância e mesmo pertença junto ao meu pai. Foi apenas na vida adulta, e com o início da minha projeção profissional, que a coisa se modificou, pois, a cada vez que alguém diante do seu nome perguntava por mim, segundo o seu próprio relato, ele se dava conta de que o seu filho mais velho estava se tornando alguém notório e admirado em sua trajetória profissional. E isso era algo que o envaidecia sobremaneira, afinal, era o nome de sua família — Angerami —, que estava sendo propagado e içado a elogios dos mais diferentes matizes. Mas foi apenas a partir do lançamento do meu oitavo livro que o meu pai foi a uma cerimônia de lançamento, juntamente com o seu irmão mais velho, o meu tio por quem ele, como dito anteriormente, nutria desde sempre verdadeira idolatria. Presença não apenas esporádica, mas, segundo suas próprias palavras, para se certificar de minha projeção profissional e levar seu irmão, que também havia sido abordado para saber de sua relação comigo a partir do sobrenome, e que ainda estava querendo se inteirar desse fenômeno inusitado para eles, que era a minha projeção profissional.

Ao lançamento do meu primeiro livro apenas a Mãinha compareceu, além, naturalmente, dos meus filhos. Nesse momento, já não mais vivia, desde alguns anos, na casa dos meus pais, e me lembro dessa maneira de ter ido buscá-la para a cerimônia de lançamento do meu primeiro livro, o *Existencialismo & Psicoterapia*[9]. Afinal, se alguém insistiu de modo quase irascível para que eu estudasse e pudesse me desenvolver foi a Mãinha, algo que veremos em detalhes mais adiante.

1.5 – Das flores que se abrem ao Sol sem saber que serão despetaladas pelo vento

Não bastasse esse destrambelho vivido no seio familiar, na escola comecei a ter um calvário decididamente dramático. A professora, cuja determinação seria ensinar as primeiras palavras, os primeiros passos para os seus alunos, determinou que eu não poderia escrever com a mão esquerda, afinal, segundo ela, canhoto era coisa do demônio. E simplesmente determinou que eu colocasse a mão esquerda para trás junto às costas para escrever com a mão direita. E assim eu passava o período de aula, com a mão esquerda junto às costas e escrevendo com a mão direita. Resultado, no horário do recreio os meus coleguinhas passavam junto a mim com a mão esquerda nas costas e sempre aos risos.

[9] Existencialismo & Psicoterapia, ANGERAMI, V. A., São Paulo: Traço Editora, 1984.

Eu simplesmente ia para o banheiro chorar, e chorava copiosamente com aquele desatino, com aquela situação de humilhação.

Hoje as atitudes dessa professora seriam definidas como *bullying*, mas, naquele momento, foi algo do qual ela saiu impune, sem qualquer implicação que pudesse travar-lhe o caminho. E o pior de tudo é que ela se considerava bem-intencionada nesse afã de me fazer escrever com a mão direita.

E se existe algo que me irrita de maneira acentuada é ver mensagens que evocam o passado em contraponto com o presente, dizendo que não existia *bullying* e que ninguém era traumatizado por causa disso. Algumas publicações chegam, inclusive, a referir-se ao *bullying* como algo criado na modernidade e que foi superdimensionado para justificar uma série de situações cotidianas, e que, de fato, não apresentam possibilidade de sofrimento às suas vítimas.

De minha parte, com a violência dessa professora vincada em minha alma para toda a eternidade, simplesmente considero desprezível toda e qualquer alusão de que o *bullying* é algo contemporâneo. Mas como diz a sabedoria popular: *o inferno está cheio de pessoas bem-intencionadas e com muita gente aguardando vaga.* E assim é, ainda que eu possa viver mais cem anos, não há atividade que eu faça que antes de executá-la não me veja pensando se posso fazer com a mão esquerda, sem receio de qualquer censura ou punição. Em 2018, publiquei nas redes sociais uma parêmia sobre essa situação. Ei-la:

Parêmia do dia do canhoto

Valdemar Augusto Angerami

Hoje é dia do canhoto, aquele ser do avesso que insiste e persiste em sobreviver em um mundo todo direcionado para os destros, desde o cartão bancário nos caixas eletrônicos, abridores de latas e um sem-número de apetrechos que seria impossível descrevê-los. Até mesmo sua definição de sinistro é sinônima de algo ruim... Diz a lenda que somos mais inteligentes por sermos obrigados a desenvolver operações cerebrais cruzadas, uma vez que o nosso comando cerebral se desenvolve ao contrário dos aparelhos e determinantes sociais. De minha parte, isso foi algo sempre crivado de muito sofrimento e preconceito, principalmente na tenra infância em que a professora, ainda nas primeiras palavras, me obrigava a colocar o braço esquerdo para trás e me forçou a aprender a escrever com a mãozinha direita. No recreio, meus coleguinhas passavam por mim com o braço esquerdo para trás do corpo para zombarem do que acontecia em aula, ao que chorava copiosamente, ia ao banheiro e chorava quase todo intervalo de aula. Temos um dia em nossa referência o que significa dizer que os demais são dedicados aos destros; somos minoria, e ironicamente muitas vezes ouço pessoas dizerem do charme que é alguém usar a mão esquerda para cortar alimentos ou qualquer outra atividade. O que me ocorre de imediato é que essa pessoa não sabe dos transtornos que enfrentamos ao longo do desenvolvimento da própria vida, e mesmo da imposição de uma série de detalhes que nos obrigam continuamente a desenvolver criatividade para uma série infinita de coisas. Mas hoje é dia do canhoto, e isso, por si, vale uma comemoração... Um beijo amoroso nas minhas canhotinhas adoradas Paula Linhares Angerami e Isabella Leão.

Ao menos nas partidas de futebol, tanto na rua como nos clubes dos quais participava, eu podia chutar com a perna esquerda sem qualquer tipo de censura, e tinha, inclusive, um apelido que me vincou nesse período de vida: *Esquerdinha*.

E embora adorasse jogar futebol, nos clubes onde jogava, em razão da minha habilidade, era caçado pelos adversários e sofria todos os tipos de faltas com pontapés e chutes de toda natureza. Ainda hoje quando assisto a uma partida de futebol e vejo adversários interceptando uma jogada através de pontapés e agarrões fico indignado e inconformado com isso tudo.

Foi um período de vida muito difícil e que foi superado graças aos momentos de leitura, às brincadeiras e ao futebol de rua, além dos clubes em que jogava.

E nesse momento de vida, já se começava a delinear em mim a condição de cinéfilo, pois, passei a ir ao cinema aos domingos. Cinemas que havia em grande quantidade nos bairros, e essa rotina dominical era algo que me fazia feliz e extasiado com a vida.

A programação de TV teria momentos impactantes em minha formação em outros momentos da infância. Situações em que algumas séries que eram exibidas semanalmente, e nos traziam muito prazer. E, ao contrário das séries exibidas atualmente, as daquele instante tinham começo, meio e fim no mesmo episódio.

Uma série que me foi muito marcante, e que era exibida no dia em que treinava em um dos clubes dos quais participava, foi *Bat Masterson*. Saía do treino por volta das 20h30 e praticamente voltava correndo para casa para, as 21h, assistir ao episódio semanal de *Bat Masterson*. Aliás, isso era outra coisa inimaginável atualmente, ou seja, crianças andando sozinhas pelas ruas do bairro por vota das 20h30, algo que, quando se relata, tem-se a impressão de se estar contando uma vivência não apenas irreal como absurda. Não se tinha a violência das ruas da atualidade, algo que se agrava cada vez mais, dentre outras razões, pela desigualdade social que não cessa de crescer.

E nas sextas-feiras tinha o episódio semanal de *O Zorro*, algo que igualmente marcou a infância, apenas com a diferença de que *Bat Masterson* passava nos dias de treino de futebol de salão com o ritual de se voltar para casa rapidamente para poder assisti-lo. *O Zorro* era algo isolado, muito prazeroso, mas isolado em um dia sem atividades.

Recentemente, comprei uma caixa de DVDs com episódios das séries do *Bat Masterson* e de *O Zorro*, e a cada vez que assisto, volto a esse momento da infância, momento de contraponto a tantos açoites recebidos.

E a Mãinha continuando a desenvolver um papel predominante em minha vida e que se estenderia para sempre. Mulher, negra, nordestina e cigana, ela tinha verdadeira obstinação de que os filhos estudassem para galgarem outros patamares de vida. E, dessa maneira, ela colocou novamente os outros filhos para estudarem música, mas coube apenas a mim continuar a desenvolver essa seara, e, dessa vez, com muita dedicação ao violão clássico, como citado anteriormente. Os meus irmãos logo abdicaram da música e trilharam seus rumos por outros caminhos.

E ainda hoje, diante de uma peça musical de Debussy, Mozart, Rachmaninoff e outros, sempre tenho sentimentos de gratidão à Mãinha por ter me colocado para estudar música. E situo entre as maiores dádivas que tenho na vida saber perceber a estruturação de harmonias, variações melódicas e temáticas, detalhes de composição e tantos outros pormenores presentes em uma obra musical e que se enfeixam com o lado sensitivo que a música provoca.

E foi de Mãinha o sustentáculo emocional para a superação dessa fase tão difícil para mim. Ela simplesmente me dizia para que eu não guardasse rancor diante desses desatinos, pois carregar mágoas pela vida afora só iria tornar os fatos ainda piores. Ela tentava de todas as maneiras compensar o afeto e o estímulo que não recebíamos do pai, embora, de fato, não conseguisse êxito nesse intento compensatório, afinal, estávamos sendo rejeitados pelo próprio pai em um momento da vida em que o nosso parâmetro de sedimentação emocional são os valores erigidos, principalmente, no âmbito familiar.

A Mãinha era muito autoritária, cética diante da vida, e, aparentemente, não permitia que qualquer desatino emocional a abalasse. E talvez, naquele momento de vida, sua imposição era necessária para que eu não guardasse mágoa dos desatinos vividos, e talvez tenha sido primordial, pois sua maneira de vincar o seu posicionamento era assertivo e não permitia dialética. Ou seja, a mim me cabia apenas e tão somente seguir tais desígnios sem qualquer questionamento, e, para aquele momento tão conturbado, isso foi essencial.

E na atualidade, quando escrevi o procedimento diante dos casos de autodestruição[10], praticamente um protocolo a embasar a prática de inúmeros colegas diante dessa temática, algo bastante notório é que a assertividade dos procedimentos junto ao desesperado é cunhada por uma posição autoritária, em que o psicoterapeuta não permite ao paciente qualquer questionamento sobre os procedimentos adotados, afinal, a vida desse paciente está sob um fio de esperança. Sem sombra de dúvidas, o autoritarismo de Mãinha se fez presente na criação desse conjunto de atitudes que o psicoterapeuta necessita adotar diante do desespero apresentado pelo paciente. Eu não sou considerado, e tampouco me considero, alguém autoritário, mas, na efetivação do conjunto de procedimentos necessários para se antepor ao desespero do paciente, certamente o autoritarismo da Mãinha, sem qualquer perspectiva de dialética, vincou meus princípios de acolhimento ao desesperançado.

[10] *Atitudes do psicoterapeuta diante dos casos de autodestruição*, ANGERAMI, V. A., In *Sobre o suicídio. A psicoterapia diante da autodestruição*, ANGERAMI, V. A., (Org.), Belo Horizonte: Artesã Editora, 2018.

A Mãinha era muito irritadiça, seja pelas desventuras de sua vida, seja pelos conflitos conjugais, ou sei lá o quê, o fato é que ela explodia a qualquer deslize cometido. E, de minha parte, apanhei muitas vezes copiosamente e sempre por equívoco. Como citação, lembro de uma vez em que estava fazendo minhas tarefas escolares na mesa da cozinha e uma vizinha tocou a campainha trazendo seu filho pela mão aos prantos, reclamando com a Mãinha que um de seus filhos havia batido nele. Mãinha foi até a cozinha onde eu estava fazendo lição e começou a me bater e me levou até o portão para me desculpar com o vizinho. E por mais que eu argumentasse que não havia feito nada, ela me levou aos tapas até o portão, e, lá chegando, simplesmente o vizinho disse que não havia sido eu quem havia lhe batido, e sim o meu irmão mais novo. Resultado, já havia apanhado e daí se constatou que não era eu o agressor. Enfim...

E assim ocorreu outras tantas vezes, eu apanhava sem saber o que tinha ocorrido e sem ter feito nada. E o mais hilário é que eu não era uma criança que pudesse ser considerada arteira, que o tempo todo aprontasse desavenças e intrigas. Ao contrário, por mais incrível e absurdo que possa parecer, nunca briguei em toda a minha vida, jamais resolvi desavenças aos socos pelas ruas.

E se é fato de que o meu pai privilegiava meu irmão, incentivando-o e fazendo com que ele crescesse, acreditando ser o mais brilhante e inteligente da família, a Mãinha simplesmente me dizia que eu não podia ficar me abatendo com essas diferenças impostas pelo meu pai, afinal, Deus havia me contemplado com a inteligência mais desenvolvida que ela conhecia, certamente algo exageradamente dimensionado. As palavras de Mãinha tinham a força de tentar estabelecer um equilíbrio entre o que era dito pelo meu pai sobre o meu irmão e o meu tio, e a necessidade de que eu acreditasse em mim.

Nesse momento, eu acreditava ardorosamente na concepção de Deus judaico-cristão, ou seja, um Ser iluminado que criou o ser humano à sua imagem e semelhança. E tinha, simultaneamente, a professora do primário me dizendo que escrever com a mão esquerda era coisa do Demônio e a Mãinha me dizendo da dádiva de Deus em mim pela minha inteligência. Simplesmente era uma dialética que não se resolvia, algo totalmente disforme de qualquer propósito. A Mãinha, em alguns momentos, ainda evocava a parábola dos talentos em que Jesus dizia que seríamos cobrados pelo uso ou não dos talentos que recebíamos de Deus.

Eu apenas acreditava que ela me dizia essas coisas para fazer um contraponto com aquilo tudo que eu vivia em casa, pois a minha realidade era totalmente insana. Em outros momentos, a Mãinha simplesmente dizia que esperava que a minha inteligência fosse utilizada para o bem, do contrário, seria algo danoso. E posteriormente a vida foi me mostrando, em diferentes situações, a extensão dessas colocações da Mãinha, mesmo sem se ater a essas colocações míticas da evocação de Deus, e à eloquência exagerada de suas colocações.

Uma das frases muito usada pela Mãinha quando alguma criança tentava impor-lhe alguma dialética era simplesmente a de que *criança não têm de querer.* E isso era algo estonteante de ouvir, afinal, eu estava querendo algo e simplesmente ouvia que *criança não têm de querer.* E a conversa estava encerrada, e cada criança envolvida nessa dialética que lidasse com a sua frustração, simples assim...

E certamente lidar com a frustração diante das colocações da Mãinha, e situações de humilhação e desprezo por parte do meu pai, foram as coisas que mais vivi e aprendi nesse período da infância, algo que seguramente me talhou de modo consistente para a vida....

O meu calvário no primário se estendeu por toda a sua duração. Em alguns momentos tinha alívio da gozação dos coleguinhas, mas a professora não me dava trégua, e só fui ter paz nesse aspecto quando mudamos de professora. Mas daí, e com medo de novas represálias e gozação dos coleguinhas, eu escrevia com a mão direita sem precisar colocar a mão esquerda junto às costas.

Idiotia total!

Afinal, a escrita é determinante de função cerebral, e a minha letra sempre foi um verdadeiro garrancho, uma coisa horrorosa sobre todos os aspectos, e com o detalhamento de que escrevo, ou melhor, não consigo escrever de modo harmonioso com nenhuma das mãos.

Letra horrível em qualquer das mãos, mas até hoje procuro escrever em público com cuidado e priorizando a mão direita, e, ainda hoje, com receio de receber represálias. Um verdadeiro inferno que se lançou sobre mim e que provoca tormentas em todas as situações em que a escrita se mostra necessária.

Hoje escrevo com notebook, e, anteriormente, com máquina de escrever e cadernos, mas algo de que nunca posterguei foi a assinatura pessoal, que sempre foi feita com a mão esquerda. Ao menos disso nunca aceitei contrapontos, por mais que tivesse a professora me repetindo no imaginário de que escrever com a mão esquerda era coisa do demônio.

E uma reflexão que sempre me acompanhou na vida era de que o prazer com o futebol, romances, música, filmes e brincadeiras na rua ganharam dimensões exacerbadas por serem situações que me tiravam do açoite da professora em sala de aula e do meu pai na idolatria com o meu irmão e meu tio. Eu me sentia livre nessas situações de coisas que me agrilhoavam a vida e podia viver momentos de infância sem coisas tão densas e dolorosas. E, certamente, foram essas coisas tão prazerosas que me preservaram diante de tanto açoite para que eu não adoecesse psiquicamente.

E diante da minha paixão pelo futebol naquele momento, é da Mãinha um dos ensinamentos mais profundos e decisivos: o de que o futebol não colocava comida em nossa mesa. Quando ela nos via zombando de um amiguinho em razão da vitória do nosso time de coração, ela simplesmente dizia para deixarmos de ser idiotas, afinal, quem ganhava milhões com o futebol eram os jogadores e não nós, então, eles que deveriam comemorar e saírem para as ruas com as bandeiras de seus times.

Perfeito!

E quando na atualidade vejo torcidas se digladiando, ou torcedores se agredindo na defesa de seus clubes de coração, não há como não recordar dos sábios ensinamentos da Mãinha, a de que o futebol não coloca comida em minha mesa. E por mais que se argumente que o futebol é válvula de escape das inúmeras tensões sociais, ou mesmo que muitos extravasam no futebol suas frustrações diante da vida, ainda assim, não me é tangível ver a idolatria que muitos dispensam a esse esporte.

A minha vivência nesse período é um dos casos que desmitifica a ideia de que a infância é sempre um período sem turbulências e sem sofrimentos. Se, de uma parte, o início da infância me traz lembranças e resquícios muito doces e prazerosos como as historinhas que a Mãinha nos contava antes de dormir, e mesmo a vivência no pré-primário, em que as recordações sempre são suaves, o que vivi no período posterior foi algo de muita dor e sofrimento. Aliás, tenho uma gratidão imensa por uma das professoras do pré-primário pelo cuidado que ela teve em me ensinar a ler antes do período estabelecido para tal, cuidado que considerou a minha ânsia de aprender a ler e poder me deliciar com os contos de fadas que eu tanto adorava. Não consegui saber seu nome e paradeiro para minimamente agradecê-la por dedicação tão importante e suave para a minha vida e meu desenvolvimento.

A ideia tão propagada de infância como sendo um período de desenvolvimento e calmaria na vida de um ser humano que está iniciando seu pleno desenvolvimento é algo que jamais irei conseguir entender, pois a situação de crianças em situação de sofrimentos psíquicos das mais diversas condições está sempre a desmoronar com esse conceito nas mais diferentes situações e isso, independentemente de crença, raça, gênero e condição econômica. Inclusive, um dos meus capítulos no livro *O atendimento infantil na ótica fenomenológico-existencial*[11] se intitula "Suicídio infantil. O escarro maior da condição humana"[12], e mostra a dramaticidade de crianças que, não suportando o peso da própria existência, recorrem ao gesto da autodestruição para pôr fim a uma vida crivada de desatinos e sofrimentos. Matizes de sofrimento que a racionalidade adulta tenta negar, contemporizando que a criança não tem dimensão de seus atos, e, muitas vezes, inclusive, negando a intencionalidade explicitada pela criança.

E, na realidade, desde sempre, essa coisa de tornar a infância um período sem qualquer turbulência emocional é algo que nunca compreendi. Até porque o primeiro caso de suicídio com o qual me deparei em minha vida ocorreu em minha infância com um amiguinho que tirou a vida antes dos 10 anos de vida. Sobre esse caso fiz um registro em um dos meus primeiros trabalhos publicados sobre suicídio, *Suicídio. Uma alternativa à vida*[13], ei-lo:

[11] *O atendimento infantil na ótica fenomenológico-existencial*, ANGERAMI, V. A., São Paulo: Thomson Learning, 2011;

[12] Suicídio infantil. O escarro maior da condição humana, ANGERAMI, V. A., In *O atendimento infantil na ótica fenomenológico-existencial*, Op. CIT.

[13] *Suicídio. Uma alternativa à vida*, ANGERAMI, V. A., Belo Horizonte: Artesã Editora, 2017.

Fragmentos de um grande mistério

Valdemar Augusto Angerami

Um dia também fui menino inocente...
e numa cidadezinha bem pequena do interior
tinha um amiguinho... bem inocente também...
e passeávamos a cavalo e corríamos pelos campos...
e vivíamos a meninice na mansidão da inocência...

E um dia me contaram que o meu amiguinho
havia morrido... buscara a morte através do suicídio...
ele era tão menino, tão pequeno, que ninguém encontra
alguma explicação, alguma razão... algum determinante
para que sua morte se justificasse...
e era Primavera... o tempo das flores.

De real havia o fim dos passeios, brincadeiras e
daquela mesmice descompromissada da infância...
tudo findado... estava tudo terminado naquele gesto
que os adultos chamavam de suicídio...

Eu era tão menino e me perguntava
Sobre as coisas tão complexas e emaranhadas...
Tinha até mesmo a ilusão de que quando crescesse
talvez compreendesse coisas tão difíceis...
Eu me perguntava o que era suicídio... e começava a desconfiar
do sentido de finitude da morte...

E quanto mais perguntava, mais ouvia explicações
que nada esclareciam... mais explicações ouvia
mais confuso ficava dentro da minha inocência...
O que era aquilo tudo que as pessoas explicavam
sem nada dizerem!?
Tudo era um enorme mistério a desafiar a minha curiosidade...

O padre explicava de um jeito,
culpando o Demônio pelo ocorrido... e eu na minha inocência
quando ouvia esse nome fazia o sinal da cruz
e pedia a benção do padre...
Os nossos outros amiguinhos falavam em acidente...

O doutor, lá na farmácia, fala em doença da cabeça...
Outras pessoas falavam em covardia...
Outras afirmavam que era coragem...
Tantas explicações... tantas razões...
Tantos desencontros e tantos arremedos...

O padre, o doutro e até parentes
que chegaram da cidade grande explicavam coisas,
que não cabiam naquele pedacinho de mundo...
E a mim restava uma dúvida cada vez maior...
E que só acalmava com a ilusão de que talvez
entendesse tudo quando crescesse, e pudesse
compreender a lógica daquelas explicações...
tudo era um grande vazio... e uma tentativa de se obter
alguma explicação a qualquer custo...

Hoje ouço outros doutores teorizando
as razões e as causas do suicídio...
gráficos, estatísticas e um sem-número de dados,
tudo para embasar as ditas explicações...
e eu continuo sem entender coisas tão difíceis
e tão complexas... e tão distantes da própria concepção da vida...

E hoje não tenho mais a ilusão
de que algum dia venha a compreender
os mistérios do suicídio... mistérios que fascinam a tantos
estudiosos e doutores que discorrem tantas explicações sobre
a morte e o suicídio...
Na complexidade tão simples da vida...

Eu estou assim como o navegante que, embora viva no mar,
sabe que jamais irá compreender seus mistérios...

As explicações e crenças teóricas são muitas...
Mas talvez não iludam nem ao menino inocente que eu era...
E ao menino que hoje sou... menino que acredita
apenas na ilusão do amor...
E que perdeu totalmente a fé nos devaneios
e digressões da ilusão teórica...

Itamaracá,
numa tarde de Outono

1.6 – Do prazer de ir ao cinema, matinê de circo e futebol – jogar e ir ao estádio

Tenho apenas uma certeza nessa vida:
Um dia hei de morrer e estarei com meus livros,
DVDs com os meus filmes preferidos
e CDs com as minhas músicas...
(Valdemar Augusto Angerami)

Do prazer de ir ao cinema

A minha paixão infantil pelas matinês de cinema me levou ao encontro da cinefilia. De início, as produções hollywoodianas em sua alternância, ora mostrando filmes maravilhosos e de extrema qualidade, ora, outros que apenas apresentavam enredos previsíveis com determinante puramente comercial.

Também foi nesse momento que me deparei pela primeira vez com um filme do Fellini, emoção que igualmente me marcou a vida, pois era algo que se mostrava completamente diferente dos filmes que assistíamos na ocasião. E o filme que inicialmente se apresentou a mim foi *Noites de Cabíria*[14], preciosidade tão estonteante que figura até hoje entre os meus filmes preferidos, e com destaque em nosso acervo cinematográfico. E mesmo no livro que publiquei sobre cinema,[15] *Noites de Cabíria* tem destaque especial. Ah, um detalhe meramente casual, o meu livro sobre cinema, de todos os meus títulos, é sabidamente o meu preferido, sendo o livro em que expressei uma das minhas grandes paixões de vida livremente, um livro que a vida se me presenteou e onde pude passear pelos detalhamentos de todos os meus períodos de desenvolvimento.

Vivíamos um momento em que a vida acontecia nas matinês dos cinemas. Cinemas de bairro que frequentávamos felizes. Tudo tinha como referência essas matinês: o primeiro beijo, os primeiros namoros, encontros com os amigos, enfim, tudo tinha como referência as antigas matinês.

Na rua em que morávamos, no bairro do Ipiranga, havia um cinema, o Cine Paroquial, um dos vários cinemas do nosso bairro, os chamados cinemas de rua, que aos poucos foram desparecendo do cenário, dando lugar em seus espaços, em sua quase totalidade, para igrejas evangélicas.

Havia no centro histórico de São Paulo um conjunto de cinemas sofisticados e elegantes, e que fazia com que o local fosse chamado de Cinelândia. E, apesar dos inúmeros cinemas de bairro, um dos passeios mais requintados naquele momento era frequentar os cinemas da Cinelândia.

Na Cinelândia estava o Cine Metro, um cinema que passava desenhos animados nas manhãs de domingos. Eu me lembro sempre de uma vez em que meu pai levou a mim e aos meus irmãos para irmos assistir esses desenhos numa manhã de domingo, uma alegria indescritível e inesquecível.

Hoje é difícil convencer alguém que, para assistir desenhos animados, precisava ir a um cinema da Cinelândia em um domingo pela manhã, pois, atualmente, nas TVs por assinatura existem canais que

[14] *Noites de Cabíria,* FELLINI, F. São Paulo: Versátil DVD, 2006.

[15] *Cinema e Subjetivação,* ANGERAMI, V. A., Belo Horizonte: Artesã Editora, 2017.

passam desenhos praticamente 24 horas por dia. E, naquele momento, quando as duas emissoras de TV que havia na época passaram a exibir desenhos animados, as sessões matinais do Cine Metro perderam a razão de ser.

Atualmente, o Cine Metro, assim como tantos outros prédios de cinema, abriga uma grande igreja evangélica. Outro detalhe bastante peculiar era a quantidade de lugares disponíveis que esses cinemas apresentavam para acolher os espectadores. Eram salas com 300, 500 lugares, algo totalmente impensável para a realidade dos cinemas de hoje.

E desde a mais tenra infância nos cinemas do bairro, passando pela adolescência e início de vida adulta na Cinelândia, o cinema sempre fez parte de maneira inextricável de minha vida. Dos livros de minha autoria tenho verdadeiro fascínio, como dito anteriormente, pelo *Cinema e Subjetivação,* pois permite que eu divague sobre a minha paixão cinéfila livremente, sem quaisquer obstáculos aos meus devaneios.

Em publicações anteriores, como *Psicologia e Saúde. Um novo significado para a prática clínica*[16] e *O câncer diante da psicologia*[17] já havia publicado reflexões sobre o imbricamento entre o cinema e temas de saúde, mas foi em *Cinema e Subjetivação*[18] que a coisa fluiu de maneira totalmente livre e sem qualquer tipo de amarra conceitual.

Ainda hoje, um dos meus grandes prazeres de vida é justamente frequentar os cinemas do circuito cultural da Av. Paulista, aquele conjunto maravilhoso de cinemas de rua que insiste, resiste e persiste com programação *cult* e de extrema qualidade, diante dos chamados cinemas de shoppings que, na quase totalidade das vezes, exibem filmes hollywoodianos de péssima qualidade.

E um episódio bastante hilário envolvendo cinema e ocorrido já em meados da adolescência se situa em um dos momentos em que

[16] *A compreensão da saúde a partir da utilização de filmes,* ANGERAMI, V., A., In *Psicologia da saúde. Um novo significado para a prática clínica,* ANGERAMI, V., A., (Org.). São Paulo: Cengage Learning, 2022.

[17] *Refletindo o câncer por intermédio de filmes,* ANGERAMI, V. A. In *O câncer diante da Psicologia,* ANGERAMI, V. A. e GASPAR, K. C., (Orgs.). São Paulo: Pearson Learning, 2016.

[18] *Cinema e Subjetivação,* op. Cit.

ainda não conseguia firmar meu posicionamento frente à vida de maneira a não me importar com posições dissonantes. Fazia parte de um grupo que apreciava os chamados filmes *cults*, e, dessa maneira, tudo que saia desse enquadre não era aceitável. Éramos apreciadores dos filmes de Fellini, Bergman, Truffaut, Godard, dentre outros tantos diretores maravilhosos. Assistíamos aos lançamentos e acompanhávamos suas trajetórias ávidos a espera de seus novos trabalhos. A mim me cabia destoar dessa ordem de fatores, pois, além da idolatria por esses grandes diretores, eu simplesmente gostava muito dos musicais hollywoodianos, tinha verdadeiro fascínio pelos filmes do Fred Astaire, Ginge Rogers, Rita Hayworth, Gene Kelly, dentre outros. Mas esse meu fascínio por esses musicais era algo que mantinha sob segredo aos meus amigos, pois não seria tolerável que eu simplesmente gostasse de musicais hollywoodianos.

Era totalmente inconcebível em que nosso meio cinéfilo, que apreciava o esplendor da arte cinematográfica, houvesse alguém que gostasse dos musicais hollywoodianos. Impensável e totalmente descontextualizado.

Em uma ocasião, estava saindo de um cinema na Cinelândia, onde havia ido para assistir a um desses musicais, quando encontro com os meus amigos que estavam indo a outro cinema para assistirem a um filme *cult*. Simplesmente disse que estava esperando minha namorada e que havia marcado encontro naquele local. Eles, no entanto, a encontraram antes de mim, e constataram que eu havia mentido criando um falso enredo, e não conseguiram imaginar as razões desse meu falso argumento...

E, posteriormente, quando Fellini lança Ginger e Fred, uma homenagem aos musicais hollywoodianos que ele tanto adorava, me senti muito aliviado e pude assumir meu prazer por esses musicais, afinal, estava sendo referendado pelo mestre Fellini. E, assim, pude assumir minha admiração pelos musicais hollywoodianos, afinal, mesmo sendo cinéfilo e admirador de filmes cult, tinha a referência de Fellini a balizar esse gênero musical. E, definitivamente, a partir desse episódio, perdi o constrangimento de assumir minhas posições por mais contrárias e destoantes que elas fossem. Definitivamente, a partir disso, passei a me mostrar diante das pessoas sem qualquer preocupação com o posicionamento vigente e tampouco com outros aspectos que colidissem com o meu posicionamento.

Ir ao cinema, desde a mais tenra infância, sempre foi algo que me envolveu de modo irrebatível, certamente muito além de um mero entretenimento.

E não estar na seara da música e do cinema como atividades principais em minha vida é frustração que levarei para a eternidade. E não adianta a contraposição de que sou uma das principais referências da área da psicologia, e que minha obra e atividades ajudaram muitas pessoas, pois a frustração, principalmente por não estar no universo da música clássica, é algo que me consome diuturnamente. E se na atualidade tenho a possibilidade de assistir aos inúmeros festivais de cinema que ocorrem em São Paulo, desde mostras de documentários, curtas, até a fenomenal Mostra Internacional de São Paulo, tudo, na realidade se mostra como um sequencial cinéfilo que se iniciou na mais tenra infância.

Da criança que frequentava as matinês do cinema de bairro até a criança que hoje frequenta as diferentes mostras de cinema, tudo se procede como um grande encadeamento enfeixado de intensa emoção e que se iniciou algumas décadas atrás e que se perpetuará por todos os séculos dos séculos...

E ainda que no momento tenha em minha residência uma sala de projeção onde assisto aos meus filmes preferidos em condições de magnitude muito maior do que muitos cinemas, e isso considerando-se a nossa filmoteca que possui acervo com os títulos dos nossos diretores preferidos, ir ao cinema é, acima de tudo, interagir com outros tantos apaixonados pela sétima arte e usufruir da partilha de uma intensa emoção.

A fragrância da emoção torna o prazer exaurido em determinados filmes em algo muito mais intenso, como uma comédia, por exemplo, em que o riso dos demais, muitas vezes, contagiam mais do que o próprio filme.

O acervo da nossa filmoteca possui mais de 2 mil títulos catalogados e exibe a totalidade de algum dos grandes diretores mundiais — Bergman, Fellini, Tornatore, Visconti, Fassbinder, Kurosawa dentre outros gênios maravilhosos que dedicaram suas vidas a tecerem filmes que encantam nossas almas de maneira ímpar. E ainda os musicais hollywoodianos, que sempre me fascinaram.

A emoção de manusear e escolher uma obra de um desses grandes diretores em nosso acervo para assistir na presença de pessoas queridas é a partilha de uma intensa emoção que as palavras não têm forças para exprimir. Matinê dos cinemas de bairro na infância; matinês e *soirées* em nossa sala de projeção na atualidade. E a vida sendo tingida de cores sensíveis da mais pura emoção.

O detalhe de emoção que perpassa em uma obra cinematográfica, na quase totalidade das vezes, não pode ser descrito em palavras, pois é algo que nos envolve na totalidade de nossos sentimentos e memórias de vida. É dizer que assistir a um filme de Fellini, como mera citação, além de toda a magnitude que envolve sua obra, também se mostra como uma configuração que me leva novamente à magia de momentos da infância e adolescência. Uma memória afetiva a nos transportar por caminhos em que a ilusão e os sonhos de esperança eram a própria realidade da vida.

Fagulhas de emoção que transitam pela vida e nos conduzem ao remanso de situações sensíveis e de muito encantamento. E se dá vida, o que temos de realidade é a subjetivação de momentos em que a emoção nos vincou a alma de modo indelével, um filme nos traz esse detalhamento em esplendor único. Afinal, um filme de arte tem outros ponteamentos que transcendem o enredo — música, fotografia, roteiro, direção, dentre outros —, cuidados com esmero de modo a ser um verdadeiro enfeixamento de diferentes manifestações artísticas.

E quando revejo alguns detalhes de minha infância e me vejo fascinado pelos filmes dos nossos cinemas de bairro e como isso me penetrou de modo irrebatível por toda a eternidade, sempre fico sem argumentos para algo tão forte e tão envolvente, simplesmente um toque de carícia em minha alma que se fez de modo tênue e totalmente absoluto.

Eu era apenas uma criança que na infância era fascinado pelos filmes que passavam nos cinemas de bairro, e hoje sou uma criança que se define como cinéfila pela maneira como o cinema me envolveu e fez de mim o que eu sou.

Apenas uma criança sendo forjada pela vida para simplesmente ser uma fagulha de esperança em si e no turbilhão da vida. E quando vejo que dois dos principais títulos[19] da minha obra envolvem cinema essa configuração cinéfila se torna real e verdadeiramente parte intrínseca da minha alma. Algo que me apraz de modo único, afinal, é uma das minhas facetas mais prazerosas sendo exposta de maneira totalmente livre e desvencilhada de qualquer amarra imposta pelo academicismo.

Aliás, a totalidade dos nossos livros tem essa característica de se distanciar do academicismo, tanto pelas poesias que colocamos ao longo da publicação, como ainda pela linguagem desprovida de qualquer compromisso com os determinantes acadêmicos.

Do prazer das matinês de circo

E, concomitantemente ao prazer de se ir ao cinema, havia ainda a emoção das matinês circenses. Era um momento em que havia muitos terrenos vazios no bairro em que morava, e muitas companhias circenses com seus caminhões e trailers se apresentavam por lá.

Dificilmente eu perdia as apresentações das companhias circenses que se apresentavam em nosso bairro, por menor e insignificantes que fossem, até as mais grandiosas com seus espetáculos de gala.

Além do prazer de assistir a essas apresentações circenses, ainda assistia aos palhaços que se apresentavam em seus programas de TV. Tinha verdadeiro fascínio por Fuzarca e Torresmo e Arrelia e Pimentinha. E, já na vida adulta, quando soube que o Arrelia havia lançado um livro,[20] e não conseguindo encontrá-lo nas livrarias, não tive dúvida em procurar por ele para obter um exemplar. Ele gentilmente me recebeu em sua casa e me ofertou generosamente um exemplar que guardo em um dos recôncavos do coração.

Assim também procedi com outro livro, *O Rio do Tempo*,[21] de Hernani Donato, quando o meu exemplar se extraviou. Procurei

[19] *Cinema e Subjetivação*, op. Cit. e *O suicídio no cinema,* ANGERAMI, V. A., (Org.), Belo Horizonte: Artesã Editora, 2021

[20] *Arrelia e o circo*, SEYSSEL, W., São Paulo: Editora Melhoramentos, 1977.

[21] *O Rio do Tempo*, DONATO, H., São Paulo: Editora Jornal dos Livros, 1972.

exaustivamente nas livrarias para comprar outro exemplar, e sempre ouvia que estava esgotado e sem perspectiva de uma nova edição, e essa obra figura entre os meus livros preferidos de vida.

Sequencialmente, procurei pelo autor, que, sensibilizado pelo meu empenho em conseguir um novo exemplar de sua obra, me destinou um dos exemplares que ele mantinha em sua biblioteca.

Voltemos ao circo.

Geralmente, ia nas matinês circenses aos sábados, pois no domingo era dia de matinês de cinema, ou então, de se ir aos estádios de futebol para assistir aos jogos, principalmente entre as equipes do São Paulo e do Corinthians, e disso falaremos um pouco mais adiante.

O circo exercia em mim uma atração lúdica, pois o que mais gostava, na quase maioria das vezes, era da apresentação dos palhaços. Ria e não importava quem estivesse em minha companhia, pois o circo, ao contrário do futebol em que tinha uma companhia praticamente fixa, sempre apresentava alternância. Algumas vezes, inclusive, fui assistir aos espetáculos sozinho, pois nem sempre encontrava parceiros para essa empreitada.

O espetáculo circense de modo geral exerce fascínio em crianças de idade mais tenra, sendo que, ao crescerem, na maioria das vezes, perde-se o encanto pelos números exibidos pelos artistas circenses. Eu me situo como exceção a isso, afinal, é algo que se mantém vivo em mim até hoje, um fascínio que a idade não arrefeceu, nem mesmo no limite entre o final da infância e o início da adolescência, período em que se questiona tudo como coisas a serem transgredidas.

Os circos nos bairros igualmente se escassearam de vez com o fim dos terrenos baldios e o início da especulação imobiliária que asfixiou todos os espaços públicos das mais diferentes manifestações — circo, campos de várzea, espaços culturais etc.

Além dos palhaços, eu tinha verdadeiro fascínio pelo globo da morte, quando duas ou mais motocicletas circulavam dentro de um globo estrategicamente montado no meio do palco. Algo que, além de tirar o fôlego da plateia, tinha ainda a condição de nos remeter aos detalhamentos da emoção incontida pela dificuldade apresentada que, além da destreza necessária na condução das motos, exibia também uma coragem desafiadora. Afinal, um simples erro de cálculo na velocidade das motos, ou na maneira como elas se articulam, e a coisa se torna fatal.

O circo em minha infância tinha o condão de me conduzir a universos oníricos, afinal, era um contraponto de sonhos diante das imensas dificuldades que vivenciava nesse momento. O meu imaginário tecia para os participantes do circo uma vida sem qualquer dificuldade; a visão dos trailers era de que se tratava de espaços ocupados por pessoas felizes e que, além da liberdade para vagarem pelos mais variados e distantes locais, tinham ainda a felicidade de fazerem parte da família circense. Não saberei jamais se essa idealização derivava das dificuldades que eu enfrentava em meu seio familiar ou se eram idealizações criadas por uma simples criança diante do universo onírico representado pela magia que o circo exerce na cena infantil.

Recentemente, assisti a um espetáculo circense, e, no momento de exibição do globo da morte, com as motocicletas desafiando todos os preceitos de segurança e estabilidade emocional, simplesmente me transportei para os primórdios da infância. Momentos em que a criança fascinada pelo circo ainda não tinha a percepção real da dimensão do significado desse espetáculo na maneira como a morte é desafiada. Eu estava extasiado: mais uma vez diante das motocicletas dando voltas incontáveis no globo da morte. O adulto que assistia a esse espetáculo permitiu se ausentar do espetáculo e dar lugar àquela criança da minha infância, criança que sequer piscava diante do fascínio provocado pelos espetáculos circenses.

E dentro da cena circense, algo que vai ficar sem a menor compreensão para mim foi um incêndio criminoso provocado por um ex-funcionário em um circo em um momento de sua apresentação na cidade de Niterói, no Rio de Janeiro. Foi uma das maiores tragédias brasileiras, com um saldo de 503 pessoas mortas e mais de 800 feridos.

Em minha percepção infantil, era absurdo imaginar que alguém odiasse um circo e que pudesse atear fogo na lona durante um espetáculo repleto de espectadores. Não me era crível esse ódio, pois, como escrevi acima, o circo era uma magia que me domina até hoje. Mas alguém motivado por desavenças comerciais e com o coração carregado de ódio simplesmente colocou fogo no circo em um momento em que milhares de pessoas se fascinavam com a sua magia.

Ocorria o último número do espetáculo, uma apresentação de uma trapezista, quando o fogo se espalhou, levando pânico e destruição impiedosamente. Alegou-se na ocasião que o criminoso apresentava problemas de saúde mental e estava acompanhado de dois cúmplices. Seja o que for, isso jamais será compreendido por mim, jamais aceitarei que alguém pudesse matar tantas pessoas em nome de uma desavença comercial. E o pior, a maioria das vítimas era composta por crianças, afinal, elas sempre são a razão de ser de um circo. E algo ainda muito presente é que a tragédia não foi maior em razão de uma elefante fêmea ter arrebentado a jaula em situação de desespero e arrebentado as lonas laterais, o que permitiu que muitas pessoas pudessem escapar do inferno das chamas.

Durante várias noites tive pesadelo com esse incêndio, pois era como se algo que me fosse muito sagrado houvesse sido destruído de modo totalmente insano e sem qualquer justificativa que a razão possa alcançar. E, de modo incessante, havia uma arguição de mim para mim de como os anjos da guarda dessas crianças haviam permitido que elas morressem de maneira tão trágica e sem qualquer proteção. Não havia como me aquietar diante das imagens trazidas pelas revistas semanais dos corpos amontoados na saída do circo, vítimas pisoteadas na tentativa desesperadora de se evadirem do inferno do fogo. Essas cenas durante muitas noites povoaram o meu pensamento e me trouxeram muito sofrimento. Afinal, era o circo tão mágico e revestido de toda a mitificação dessa vida, simplesmente transformado em tragédia a ceifar a vida de centenas de crianças.

Mas como tudo passa nessa vida, esse sofrimento aos poucos se aplainou e foi possível novamente viver o prazer das matinês circenses sem atrelar diretamente o sofrimento da tragédia do circo de Niterói. E o circo voltou a fazer parte das minhas reminiscências prazerosas, em que a magia se mesclava com os sonhos de uma criança que simplesmente estava descobrindo a vida e o mundo

E surge o Profeta Gentileza

Um fenômeno bastante interessante e que surgiu a partir da tragédia desse circo em Niterói foi o surgimento do filósofo Gentileza, para muitos considerado apenas alguém em sofrimento psíquico e que perambulava pelas ruas de Niterói e Rio de Janeiro, e, para outros, um visionário que levava mensagens de paz e amor para as pessoas. Seu mote maior era a de que gentileza gera gentileza e de que, ao agradecer algo a alguém dizendo *obrigado*, estamos indo ao encontro dos ditames capitalistas em que tudo nos é obrigação.

Ele propunha que ao invés de *obrigado* usássemos *muito agradecido* para de fato pontuarmos um agradecimento sincero e genuíno. Seu nome era José Datrino, mas ficou conhecido como filósofo ou profeta Gentileza. Foi logo após a tragédia circense de Niterói que José Datrino, dizendo que vozes astrais o impeliram a abandonar os bens materiais e dedicar-se aos valores espirituais que ele pegou um dos caminhões de sua atividade empresarial e foi para o local do incêndio, onde hoje existe uma clínica militar. Ele plantou um jardim e uma horta sobre as cinzas da tragédia circense, trazendo um contraponto florido àquele local que um dia havia sido palco de muitas alegrias e que, naquele momento, era apenas cenário de uma das maiores tragédias mundiais. Lá ele iniciou suas pregações sobre o sentido das palavras agradecido e gentileza. Ele tornou-se ainda um consolador que acolhia aos familiares das vítimas dessa tragédia com palavras de bondade e doçura, e passou, então, a ser chamado de Profeta Gentileza.

Depois de alguns anos, o Profeta Gentileza abandonou o local da tragédia circense, que, na ocasião, era denominado de Paraíso Gentileza e passou a percorrer as ruas da cidade de Niterói e, posteriormente, as ruas do Rio de Janeiro. Fazia suas pregações de amor nos ônibus, nas barcas que faziam a travessia entre Niterói e o Rio de Janeiro. Ele levava palavras de amor, bondade e respeito pelo semelhante a todos que cruzavam o seu caminho. E quando era chamado de louco, criou um bordão que também se tornaria célebre: *sou maluco para te amar e louco para te salvar.*

A partir dos anos 1980, o Profeta Gentileza escolheu 56 pilastras do viaduto da Av. Brasil, que vai do Cemitério do Caju até o Terminal Rodoviário do Rio de Janeiro, numa extensão aproximada de 1,5 km, fazendo nessas pilastras inscrições em verde-amarelo com visão crítica do mundo e suas propostas alternativas para o mal-estar da civilização.

Esses murais foram danificados, inicialmente, pela idiotia dos pichadores que enxovalharam seu conteúdo sem saberem do que se tratava, e pela idiotia da prefeitura da cidade do Rio de Janeiro, que cobriu tudo com tinta de cor cinza. Posteriormente, e tendo a prefeitura do Rio de Janeiro à frente, criou-se o projeto Rio com Gentileza para tentar-se restaurar os murais das pilastras. Eles começaram a ser recuperados em janeiro de 1999, e, em meados de 2000, a restauração das inscrições foi concluída e esse precioso patrimônio urbano foi preservado.

O Profeta Gentileza tornou-se um paradigma de referência no Movimento de Luta Antimanicomial, do qual fiz parte durante muitos anos, por simplesmente mostrar que a definição de loucura é no mínimo controversa. Ele mostrou sua condição de pregador da paz e da bondade e, sozinho, mobiliza até hoje inúmeras pessoas que refletem sobre seus ensinamentos e a amplitude de suas ações. Sua condição de loucura passou a ser estabelecida principalmente por ter abandonado sua condição empresarial e tornar-se andarilho a pregar a paz, bondade e o respeito entre os semelhantes. Não se pode perder de parâmetro que um dos quesitos que define que uma determinada pessoa goza de suas plenitudes mentais é o fato de ela manter preservada suas funções pragmáticas, ou seja, estar apto para desenvolver suas funções laboratoriais dentro da perspectiva capitalista. E o Profeta Gentileza se posicionou de modo contrário a isso tudo, e foi ao encontro de uma das citações mais lindas do Dostoievski, "o que parece ser uma vergonha para a razão, é uma beleza para o coração".

Do prazer do futebol

A ida aos estádios

De outra parte, se eu não tinha parceiro fixo para me acompanhar aos espetáculos circenses, a ida aos estádios de futebol era bem diferente. Afinal, meu parceiro nessas aventuras era o Douglas, que era o goleiro dos times de futebol em que eu atuava, e que torcia para o Corinthians, em contraponto a mim, que torço para o São Paulo. E temos aqui, igualmente, algo que ficou nas entrelinhas do tempo e espaço como lembrança de coisas inimagináveis quando narradas na atualidade.

Íamos assistir, muitas vezes, partidas em que o São Paulo enfrentava diretamente a equipe do Corinthians e íamos cada um com a camisa de seu time de coração e nos sentávamos juntos, ou seja, as torcidas se misturavam sem qualquer perspectiva de confronto. Eu ia vestido com a camisa do São Paulo, e ele com a camisa do Corinthians, misturados a outros torcedores igualmente sem distinção das equipes para as quais torciam.

Ah, outro detalhe também inusitado para a atualidade, íamos, apesar de sermos crianças, sozinhos ao estádio, inclusive pegando os ônibus e bondes (Imagem 5) que nos levavam ao Estádio do Pacaembu, local onde a maioria dos jogos acontecia. E nas partidas em que o São Paulo, ou o Corinthians jogavam contra outros adversários, não precisávamos nos solidarizar com o outro, pois o importante era estarmos juntos, ainda que torcendo contra o time do amigo. Eu o acompanhava em jogos do Corinthians e torcia contra o Corinthians, da mesma forma, assim ele procedia em jogos do São Paulo.

Imagem 5 – Bonde da CMTC (Companhia Municipal de Transportes Coletivos), veículos que rasgavam a cidade de São Paulo de todos os lados, e que, além de charmosos, tinham o seu próprio espaço de circulação. Foram desativados com o argumento de idiotia de que eram muito lentos, pois circulavam em média a 40 km por hora. Pois é, os ônibus que o substituíram não andam sequer a 30 km por hora, principalmente por não terem espaço próprio de circulação, apesar dos corredores de ônibus. Enfim...

E a vida fluía mansamente e nunca a nossa amizade minimamente se estremeceu por causa de futebol. Aliás, nem por causa de futebol e nem por outras razões. Citei anteriormente o ensinamento da Mãinha de que futebol não colocava comida em nossa mesa e que, portanto, não poderia ser ponto de discórdia entre amigos. Os jogadores, na visão da Mãinha, é que ganhavam milhões, e, dessa maneira, deveriam ir para as ruas para as comemorações.

E dentro desse espírito, torcíamos, no próprio estádio, contra o time do outro, e nunca o Douglas ficou enfurecido comigo, e nem houve algo de mim para ele nesse sentido. O futebol tinha cores de alegria e união, jamais dessa agressão tingida em cores tão sombrias da atualidade.

Muito se diz que a violência dos estádios se deve principalmente ao surgimento das torcidas organizadas e que essas reúnem em seus interiores todo o tipo de comportamento transgressor às normas mínimas de civilidade. Existe ainda quem diga que a violência dos estádios apenas reflete a violência da sociedade. Não sei, apenas sinto que as coisas se tornaram verdadeiros pesadelos de violência concentrados em determinados ambientes, como um estádio de futebol, por exemplo.

Douglas permaneceu próximo a mim por esse período da infância e início da adolescência, quando se afastou para se preparar para o curso de medicina que entraria já no final da adolescência. Ele fazia parte do grupo de jovens que estudava em Mogi das Cruzes e que pegava o trem na segunda-feira em São Paulo para se dirigir a essa cidade onde passava a semana de estudos e que tivera um fim trágico em suas vidas.

Em uma dessas segundas-feiras, o trem em que viajavam sofreu um acidente fatal e muitos deles morreram, inclusive o Douglas. Foi um momento de muita comoção no bairro do Ipiranga, e muitos de seus parceiros de vida fizeram parte desse cerimonial funerário. Eu não tive estrutura emocional para comparecer.

A prática de futebol

E as histórias envolvendo a participação de Douglas na equipe em que jogávamos juntos sempre eram muito divertidas. Ele alternava sua participação como goleiro com o André, igualmente outro amigo muito querido e estimado.

Naquele momento, a regra do futebol de salão era de que o lançamento do goleiro para o lado adversário da quadra tinha que quicar no seu próprio lado, o que tornava esse lançamento algo muito difícil, pois além de alcançar o objetivo de localizar um companheiro para receber a bola no lado oposto próximo ao gol do adversário, havia a necessidade de fazer a bola tocar na própria quadra. Na atualidade, o goleiro simplesmente lança sem a necessidade de quicar em seu lado da quadra.

Mas naquele momento em que se exigia grande habilidade do goleiro para efetivar esses lançamento, Douglas se mostrava soberano nesse quesito, e praticamente fazia lançamentos magníficos e que eram apenas complementados pelos atacantes para efetivarem seus gols. Mas, se por um lado tinha essa habilidade de lançamentos, também tomava gols inacreditáveis; como se diz no universo do futebol, era um *grande frangueiro*.

André, ao contrário, não tinha essa habilidade de lançamentos, mas era o que se define no universo do futebol como o *goleiro que pega até pensamentos*. Resultado: quando Douglas estava no gol, o placar das partidas era sempre muito alto, 6x3, 7x4 e assim por diante, vencíamos na maioria das vezes, mas, embora fizéssemos muitos gols, também sofríamos uma quantidade considerável de gols. E tanto a quantidade de gols que marcávamos e que sofríamos era devido a essa participação de Douglas, algo completamente dissonante de tudo. Quando era o André que atuava como goleiro, os resultados eram mais discretos 3x1, 2x0, e assim por diante, não marcávamos tantos gols pois não tínhamos lançamentos tão primorosos na frente, mas não sofríamos gols simplesmente evitáveis, e muitas vezes risíveis.

Recentemente, em um encontro com André, na ocasião médico bem-sucedido profissionalmente, e diante de sua memória prodigiosa e generosa, recordamos muitos desses momentos que nos encantaram a alma em um período em que estávamos descobrindo a própria vida. Outro detalhe, André também era corinthiano, e, muitas vezes, nos acompanhava aos estádios de futebol; quando o Corinthians ganhava, era uma dupla entusiasmada a comemorar a vitória sobre os adversários.

Os encontros com André nos últimos tempos depois de trocarmos ideias sobre o momento político do país, e sobre aspectos de nossas trajetórias profissionais nos transportaram para o passado em um túnel do tempo fabuloso, pois a sua memória recordava dos fatos, jogos e outros detalhes da nossa vivência como se fossem coisas acontecidas no máximo a um ou dois anos atrás, jamais há cinquenta e pouco anos.

Eu simplesmente sempre me via fascinado com a sua memória, com os detalhes que ele conseguia rememorar e exibir para o nosso deleite. Diante de suas narrativas, eu me via como um espectador diante de um filme assistido desde muito tempo, ou seja, embora possa se saber o final, não se tem recordações dos detalhes intermediários. Mas André desfiava os pormenores de maneira fotográfica, de modo que não era crível que tudo era algo ocorrido a cinquenta e poucos anos.

Em uma dessas recordações tão fascinantes, ele rememorou uma final do torneio de futebol de salão ocorrido dentro das atividades dos Jogos Colegiais da Primavera, que aconteciam nas dependências do Clube Atlético Ypiranga, em nosso bairro, o Ipiranga.

Os Jogos Colegiais da Primavera reuniam colégios da região que disputavam entre si diversas modalidades, para que, ao final das competições, o colégio que tivesse a maior somatória de vitórias ser aclamado o vencedor geral dos jogos.

E o que o André rememorou de modo fascinante, foi algo inusitado, afinal, foi algo ocorrido a mais de cinquenta anos, e sua memória trazia a vivência dos fatos como se fosse algo ocorrido alguns poucos anos atrás[22].

Os jogos duravam de segunda a sexta-feira, na última semana do mês de setembro, e no sábado acontecia o tradicional baile da Primavera.

[22] Os acontecimentos aqui narrados foram elencados a partir da rememoração do André, o que significa dizer que se houve algum engano nos nomes das entidades envolvidas, ou mesmo na cronologia dos fatos, isso se deve à total falta de documentação que pudesse embasar nossa narrativa. Liguei para as entidades envolvidas tentando encontrar reminiscências documentais para sedimentar esse trabalho, mas ninguém possui mais nada desse período em que os fatos ocorreram, início da década dos anos 1960 do século passado. Afinal, nesse período não havia recursos digitais que pudessem documentar as coisas com a magnitude da atualidade. E mesmo algo tão comum nos dias de hoje como as fotos registradas até mesmo de um aparelho celular, eram atributos de profissionais da fotografia. Enfim, se houve alguma informação errada, ou mesmo alterada, desde já peço perdão pelo ocorrido.

E o André, nos traz, então, a recordação do que ocorreu em um determinado ano dentre os vários Jogos Colegiais da Primavera que disputamos jogando pelo nosso colégio, o Alexandre de Gusmão.

Na quinta-feira, o nosso colégio estava empatado na contagem geral com outro colégio da região, o Colégio Roldão, e esse outro colégio havia se empenhado com bastante ardor para que o nosso colégio perdesse a hegemonia de vencedor desses jogos.

E na sexta-feira, apenas o nosso colégio disputaria algo, e era justamente futebol de salão. E nossa equipe era praticamente imbatível, pois a maioria dos jogadores era igualmente federada e disputava torneios oficiais, alguns, inclusive, pelo Clube Atlético Ypiranga.

E durante o torneio em disputa, já havíamos jogado com o colégio com o qual disputaríamos a partida final, o Colégio Virgem Poderosa. No chaveamento classificatório havíamos vencido de 4x0. E nessa partida final, em razão da classificação anterior, o empate daria o título ao adversário. Mas isso verdadeiramente não era preocupação, pois a nossa vitória era tida como certeira.

E, assim, todos consideravam que apenas entraríamos em quadra para cumprimento de tabela e que não haveria qualquer dificuldade para a vitória tanto para o futebol de salão como para o cômputo geral.

E na quinta-feira já havia comemoração massiva dos nossos colegas, pois a vitória geral era tida como certa e irreversível. Na quinta-feira à noite, após as atividades do dia, nossos colegas fizeram uma marcha pelas ruas do bairro ao som da fanfarra do colégio entoando os gritos de campeão. E ninguém, absolutamente ninguém, poderia conceber outro resultado que não uma vitória acachapante do nosso time de futebol de salão na final. E a sexta-feira amanheceu com o clube lotado pelos nossos colegas, apesar de que o jogo derradeiro seria apenas as 16h.

No horário do jogo, o ginásio estava completamente lotado e com faixas confeccionadas de última hora e que nos exaltavam como campeões, tanto ao colégio no cômputo geral, como ao time de futebol de salão. Era uma euforia e alegria incontidas, os gritos de campeão ecoavam em todos os cantos. Não cabia nada que não a alegria pela vitória.

E os gritos exultantes de comemoração sequer esperaram o início do jogo para deixarem claro que a vitória não apenas era tida como certa, como ainda que o time de futebol de salão desfilaria pela quadra de modo triunfal. E todos desejam da vida apenas e tão somente alegria igual às suas.

E, num simples relance, podia se ver colegas de classe, outros que apenas víamos no pátio ou em atividades do colégio, e ainda dezenas de pessoas que gritavam felizes, mas que não nos eram familiares. O time adversário não tinha quem se manifestasse, talvez por não acreditarem em uma possível vitória, ou porque a euforia dos nossos torcedores era enlouquecedora e abafava toda e qualquer possível comemoração.

E o jogo finalmente começou.

E daí começou também um grande martírio para nós dentro da quadra de jogo, e todos os nossos colegas que cantavam felizes pela vitória. Os nossos adversários vieram para vencer, e vieram com estudo detalhado do nosso estilo de jogo, e com postura para anular nossas principais jogadas.

O André não tinha habilidade, como dito acima, para fazer os lançamentos para os jogadores que atuavam como pivôs e que permaneciam girando na quadra adversária. Ele lançava a bola para os lados da área e os jogadores da defesa saiam jogando para distribuírem a bola na frente para os atacantes. Mas os nossos adversários vieram marcando sob pressão a nossa saída de bola, pois haviam sido orientados para não deixarem a bola circular, e mal o André distribuía a bola para os jogadores da defesa, eles pressionavam e a interceptavam, e, sequencialmente, nos agrediam de modo contínuo com a bola roubada próximo à nossa área. E, então, sofremos um verdadeiro massacre, com os adversários chutando bolas nas traves e exigindo defesas muito difíceis do André. E os jogadores que giravam na frente à espera de lançamentos, recuaram para ajudar e tentar amenizar o bombardeio sem trégua que estávamos sofrendo.

Isso era algo inacreditável para todos. O que estava acontecendo em quadra era completamente inusitado e surreal. O nosso time era tido como superior e já havia se imposto anteriormente na fase de chaveamento, como dito anteriormente.

E se antes a euforia era revestida de um barulho e uma algazarra contagiante, agora o silêncio da torcida era ensurdecedor. Estávamos diante de um silêncio sepulcral, podia se ouvir todos os movimentos da quadra, pois a torcida estava atônita e incrédula com o que estava presenciando.

Inacreditável!

O primeiro tempo terminou 0x0, algo completamente injusto para o que adversário havia feito em quadra. O nosso goleiro havia feito defesas que foram verdadeiramente milagrosas, enquanto o goleiro deles praticamente assistiu ao jogo, sem ter qualquer incômodo.

O nosso técnico tentou inverter a nossa saída de bola, mas não havia jeito, o domínio deles era total e o massacre que sofríamos deixava claro que a qualquer momento sofreríamos um gol desolador, pois não seria possível que o André aguentasse tamanha pressão por muito mais tempo, e com o agravante de que não teríamos poder de reação se sofrêssemos um gol, e com o determinante de que o empate daria o título ao adversário. E isso certamente seria a configuração de um revés catastrófico para todos.

E nessa configuração se iniciou o segundo tempo, o mesmo massacre e domínio do adversário. E, após um breve início, e numa situação totalmente inacreditável para o que estava ocorrendo em quadra, o nosso técnico pediu tempo e nesse intervalo resolveu substituir o goleiro, novo momento de pânico, pois, afinal, quem estava garantindo o resultado de 0x0 era justamente o André com suas defesas indescritíveis. Em seu lugar entrou o Douglas, sabidamente um goleiro que tomava gols plenamente defensáveis. Foi uma tentativa de o técnico tentar reverter o rumo dos fatos, afinal, o empate seria derrota para nós.

Ficamos atônitos e desolados, esperando pelo pior. O técnico me avisou discretamente que fosse para o fundo de quadra adversária, pois as coisas teriam que mudar drasticamente. O técnico já havia orientado ao Douglas que fizesse a bolar chegar na frente para os atacantes fazerem o pivô, pois, naquele momento, todos nós estávamos recuados para garantir que o adversário não fizesse gol. E na primeira bola que o Douglas pegou, ele imediatamente lançou para o fundo de quadra onde eu me encontrava, e para surpresa geral, ele me colocou frente a frente com o goleiro sem qualquer possibilidade de resistência diante da minha aparição súbita com a posse de bola. E, sem ninguém para esboçar qualquer tentativa de bloqueio, desferi um chute fatal e raivoso que balançou as redes de modo estupendo. Foi um verdadeiro extravasamento da tensão contida durante o primeiro tempo de jogo; uma explosão de raiva, alegria que se misturava aos anseios incontidos dos nossos colegas pela vitória.

O nosso primeiro chute a gol, 1x0. O ginásio explodiu em alegria, e a cantoria e gritos de campeão, contidos de modo absurdo deram vazão à euforia de antes do jogo.

E, imediatamente, o técnico deles pediu tempo e tentou arrumar sua equipe diante dessa nova configuração de lançamentos. Mas não houve jeito, pois agora foi a vez de eles recuarem para evitar os lançamentos decisivos do Douglas. O jogo terminou 1x0, e verdadeiramente graças ao Douglas com seus lançamentos, pois desde sua entrada o adversário recuou e permitiu que retribuíssemos o bombardeio sobre o seu gol, o mesmo bombardeio que havíamos sofrido no primeiro tempo.

Vencemos!

O time de futebol de salão, apesar de todas as dificuldades possíveis, venceu e permitiu que o nosso colégio ganhasse a competição no cômputo geral das atividades disputadas. Os detalhes desse episódio narrados por André são impressionantes, assim como outros tantos momentos em que partilhamos a vida no farfalhar dos sonhos e da ilusão.

André se foi recentemente dessa vida, vítima de câncer, e quando liguei para cumprimentá-lo pelo seu aniversário, o telefone foi atendido por seu filho, que informou que ele havia morrido naquele mesmo dia. Pedaços da alma que se vão em cada morte, em cada despedida, em cada adeus. O que nos resta da vida sempre são as memórias vincadas na alma e que fizeram de nós o que somos, os seres forjados em cada momento de instante na fagulha da vida.

Em 2008 escrevi e publiquei nas redes sociais uma poesia dedicada ao Douglas, ei-la:

DOUGLAS... SAUDADES...

Valdemar Augusto Angerami

Para
Aqueles que sabem da dor da ausência...

Os nossos caminhos se cruzaram quando
ainda éramos crianças de tenra idade...

Nesse momento você era o Dogli, goleiro e eu
o Esquerdinha, atacante... jogávamos no infantil
de futebol de salão de dois times...
Éramos crianças arteiras...infantis e que
sonhavam com a carreira de futebolista....
E embora quarenta e tantos anos já se
tenham passado é muito viva a lembrança
de uma final dos Jogos Colegiais da Primavera,
e de seu grito nos instantes finais fazendo o
lançamento com as mãos e gritando: "...é tua
Esquerdinha..." E um complemento certeiro nos
levou à vitória...saudades da comemoração com
os colegas, do Baile da Primavera e das peraltices
que fazíamos...

Adolescência...e a vida seguindo em seu curso e
nos levando para caminhos diversos... continuávamos
amigos, mas a música naquele momento me
arrancara dos bancos escolares...você frequentava
os ensaios da minha banda de rock and roll e
assim prosseguíamos nos sonhos que embalam
as manhãs juvenis... das namoradas... das festas...
tenho na lembrança seu riso
e sua maneira jocosa de tudo satirizar...

Hoje ouvi Daydream Believer que era uma das tuas
músicas favoritas e diante da qual você se dizia
emocionado...chorei...não tive como conter
as lágrimas...você se tornou tão real como nesses
tempos em que a sua insistência para que
tocássemos essa música era incessante...
Essa música me deixou totalmente à mercê
de fortes emoções... veio à baila o momento
em que você ingressou na faculdade de medicina,
e das comemorações que se seguiram a isso...

E vieram as imagens do acidente ferroviário
que te ceifou a vida... o teu corpo inerte no leito mortuário
não teve o meu olhar... quedei em profunda depressão por
dias...quando consegui me recuperar procurei pela tua
mãe que me abraçou e muito chorou... inconsoláveis estávamos...
inconsoláveis amanhecemos para a eternidade...

Querido amigo, espero que seja verdade isso que
tantos dizem que encontramos com as pessoas amigas
que já morreram em outra dimensão...ouvir Daydream Believer
é trazê-lo de volta na lembrança...choro sempre... não importa
quantas vezes ouça...é você novamente feliz e dizendo
da emoção que ela te causa...
e não vejo a hora
de te rever e novamente esperar teu grito:
"...é tua Esquerdinha..."

Na sequência dessa publicação, isso ainda em 2008, o André se manifestou por e-mail a respeito dessa poesia. Eis:

Camon, tenho acompanhado o teu sucesso à distância, mudo, quase calado aqui. Mas hoje, quando li a poesia que vc fez para nosso amigo Douglas, resolvi sair da clandestinidade e te convidar para se sentar na calçada na rua Brigadeiro Jordão em frente ao número 822, entre as ruas do Manifesto e Silva Bueno. Talvez para num momento tridimensional possamos olhar as estrelas que se apagaram e as que ainda brilham no céu da nossa imaginação. Poderemos sentar-nos na guia [...]. Poderemos encostar naquele poste que serve de trave para as peladas noturnas na calçada e comentar o próximo jogo do "Alvorada" na cancha do seminário da Av. Nazaré a convite do Emilio "pipoca", eu no gol, o Luiz Fernando na zaga e vc no meio de campo, formando uma equipe quase imbatível. Quem sabe poderemos recriar os Dog's e comentar os amores eternos enquanto duraram dos casais inseparáveis Camon/Suzel, André/Sonia ou a Mirian, Luiz/Mara, Zé Maria /Rubia, Tino/Mariliza, quem sabe dar uma força pro Rodolfinho cantar aquela menina franzina de óculos, irmã da Mariliza, a Bete e combinar a próxima cachorrada que faríamos na festa de sábado que vem na casa da Lola na rua Oliveira Alves, se a Ângela claro conseguisse convencer a tia e a avó Dona Ângela... Poderemos ouvir o radinho de pilha a todo volume dos meus irmãos Antônio e Carlos ouvindo o programa do Miguel Vacaro Neto com os últimos lançamentos de rock ou simplesmente ver os teus irmãos mais novos (o Roberto e Waltinho) andarem de bicicleta na rua, e a Marcia varrendo calçada a pedido da Dona Maria. Quem sabe enquanto conversamos, se juntem a nós o Valtinho "Minhoca", o Mazinho, quem sabe o Daniel, vindo da vila Belinha e junto possamos comentar o barulho da bateria do Tardivo, da guitarra base desafinada do Tininho, do baixo compassado do Rodolfinho e dos teus solos na guitarra e junto cantar Tell me dos Stones a pedido do Nando até o seu Machado ou a Dila interromperem nossa opera num alto e sonoro psiu, vindo da janela. Podemos combinar de ir à missa das 11 na Igreja São Jose para ver as meninas do Alexandre de Gusmão ou da Stella Maris. Ver se rola uma matinê de pro- formatura, caso contrário, zoar na matinê do cine Paroquial. Se não pudermos tudo isso, quem sabe nós daremos um abraço tridimensional que una o passado o presente e futuro e agradeçamos "Los muertos de nuestra felicidad"

1.7 – Da vida cigana

Em Álvaro de Carvalho, uma cidadezinha bem pequena do interior de São Paulo, passei momentos muito prazerosos e que vincaram minha vida para desdobramentos sequer tangíveis pela razão. Íamos para a casa da Vó Olinda, na realidade, minha bisavó materna, mas a chamávamos carinhosamente de Vó. A minha verdadeira avó materna passou os últimos anos de sua vida internada no Manicômio do Juqueri, onde, inclusive veio a falecer. E sobre ela falarei mais adiante. Ah, mas as idas para a chácara da Vó Olinda começam com viagens de trem e jardineira — adiante detalharei o que era uma jardineira —, que eram verdadeiras aventuras maravilhosas e que se tornaram presenças oníricas de encantamento em meu universo imaginário infantil.

Íamos de trem de São Paulo até a cidade de Bauru, e lá pegávamos a jardineira que nos levava até a cidade de Álvaro de Carvalho. Trem de passageiros na atualidade, no Estado de São Paulo, e na verdade, em todo o Brasil, restaram apenas os que fazem pequenos trajetos.

E, na realidade, partindo de São Paulo, os trens circulam apenas para cidades da grande São Paulo, e algumas cidades um bocadinho mais distantes, mas, para distâncias mais longas, os trens tiveram suas linhas desativadas, em mais uma das tantas idiotias de nossos administradores públicos.

O trem para Bauru saia da Estação da Luz (Imagem 6) em São Paulo, um conjunto arquitetônico de ferro e tijolo colonial construído no século XIX e simplesmente maravilhoso. E o trem, ah, o trem tinha tudo o que poderia fascinar uma criança como eu, ávida de sonhos e novidades. O trem tinha um vagão restaurante, um vagão destinado apenas a servir refeições. E as refeições servidas no trem eram simplesmente magnificas, mesmo sendo comidas comezinhas e bastante simples, e desde o misto quente até o arroz com feijão e carne assada, tudo era estupendo na minha avidez infantil. E hoje, sendo vegetariano, totalmente avesso a qualquer tipo de carne, ainda assim me lembro daquelas refeições como algo único na minha idealização infantil de viagens.

E mesmo na atualidade, quando assisto a algum filme que contempla cenas em trem, e, principalmente, em vagões restaurantes, é como se a vida se eternizasse naquelas viagens para Bauru no trem da infância.

Imagem 6 - Parte da área externa da Estação da Luz, um dos mais magníficos conjuntos arquitetônicos da cidade de São Paulo

A viagem naquele trem, contemplando os campos e montanhas sendo ultrapassados e cortados, era algo indescritível em palavras; algo que a vivência tornou tão magnânima, que se torna difícil tentar transmitir sensações e detalhes dessas viagens.

Filigranas do céu azul emoldurando montanhas, campos e planícies são recortes que se encravaram em minha alma para sempre. E quando o trem chegava a Bauru, depois de cerca cinco horas de viagem, tinha início outra parte da viagem que era uma maratona deliciosa, a viagem de jardineira (Imagem 7) pelas estradas empoeiradas do interior paulista. A jardineira saia da Bauru em direção às principais cidades da região — Bauru, Garça, Lins, dentre outras —, duas vezes ao dia, às 10h e às 16h. A jardineira também contemplava cidadezinhas que gravitavam em torno dessas cidades citadas acima, e dentre elas, Álvaro de Carvalho, o lugar encantado onde ficava a chácara da Vó Olinda.

O trem chegava a Bauru por volta das 14h30 e até o momento da partida ficávamos brincando e correndo pelo arremedo do que seria a rodoviária de Bauru. E, finalmente, adentrávamos na jardineira rumo a Álvaro de Carvalho, e ela sempre ia repleta de pessoas, pois, como dito acima, eram apenas dois horários para atender a não sei quantas cidades na região, e todos que por alguma razão iam para Bauru, a chamada cidade grande da localidade, precisavam voltar para casa nesses horários. Era tamanha lotação de pessoas que não era possível sequer se virar, pois parecíamos sardinhas acomodadas em lata. A Mãinha se acomodava em dois lugares com os quatro filhos, o que sempre era possível, pois chegávamos naquele simulacro de rodoviária bem antes do horário de partida da jardineira. Hoje, apenas para se fazer um contraponto, a rodoviária de Bauru é muito bonita, em construção de arrojo arquitetônico magnífico.

E daí se iniciava um conjunto de cenas verdadeiramente inusitadas e que nem mesmo as comédias mais escrachadas poderiam conceber. Para começar, ainda na rodoviária, o ajudante do motorista acomodava as malas dos passageiros no bagageiro do ônibus. A colocação das malas, no entanto, não respeitava a ordem de destino e parada dos passageiros e sim o momento da chegada, resultado, quando a jardineira chegava ao local de desembarque dos passageiros, era um verdadeiro caos, pois até o ajudante localizar a bagagem, consumia-se um tempo que os demais passageiros consideravam absurdo. Havia uma escada lateral através da qual o ajudante acessava o bagageiro em busca das malas, e a demora resultava em uma reclamação sem fim e insana.

Imagem 7 – Réplica das antigas jardineiras que circulavam pelo interior do país, inclusive com o detalhe do bagageiro de malas sobre o teto. As malas dos passageiros ficavam expostos às intempéries da natureza, sol, chuva, vento e a poeira das estradas.

E a cada nova parada, mais e mais confusão, mais e mais reclamação. Alguns mais exaltados ameaçavam queixar-se do motorista e do ajudante junto à empresa que administrava as jardineiras. Outros xingavam e gritavam no próprio local suas asperezas. E, na sequência, a jardineira seguia em sua toada, comendo poeira pela estrada. E apesar da lotação de pessoas, e de não haver ar-condicionado nos veículos, as janelas precisavam permanecer fechadas, pois a poeira das estradas era insuportável. E com o agravante que o cigarro de tabaco era liberado no interior dos transportes públicos, e isso para mim era uma verdadeira tortura em razão de possuir olho seco.

Finalmente, a jardineira, depois de cerca de duas horas e meia de viagem, chegava a Álvaro de Carvalho. A demora da viagem não era em razão da distância do percurso entre Bauru e Álvaro de Carvalho, e sim pelas inúmeras paradas ao longo do caminho com todo o transtorno relatado. Álvaro de Carvalho era uma cidade pequenina e, segundo relatos, naquele momento não tinha sequer dois mil habitantes.

A jardineira parava na farmácia da única avenida da cidade, local em que ela transitava para atravessar a cidade em direção ao próximo destino.

Descíamos, e de charrete íamos para a chácara da Vó Olinda. Era sempre ela mesma que vinha nos buscar de charrete no local onde o ônibus estacionava. E quando a víamos, já sentíamos no coração a certeza de dias azuis de felicidade e amor.

A Vó Olinda tinha uma relação muito forte e sensível comigo, e a mim me parece que a partir de sua sensibilidade em perceber algo que transcendia a própria vivência em si, ela pacientemente me transmitiu um conjunto de sabedorias ciganas para que pudessem ser propagadas. E recentemente foram publicadas em um livro nosso[23]. A Vó Olinda tinha uma maneira peculiar de me chamar, ela unia os meus dois prenomes e retirava as últimas vocais do primeiro, e ficava algo assim: Valdemaugusto, era único. E inclusive atenuava a aversão que sentia quando alguém me chamava de Valdemar.

A chácara da Vó Olinda sempre tinha alguns clãs ciganos estacionados de passagem para outros cantos. Sempre havia cantoria, danças e muitas conversas na noite, em torno da fogueira e dos pratos deliciosos que a Vó Olinda preparava para essas ocasiões.

A Vó Olinda foi a última representante do nosso clã cigano a sequenciar e propagar as tradições ciganas. A Mãinha simplesmente dizia que parou com a sequência e interrompeu tudo de uma vez, pois não queria os filhos sendo perseguidos, discriminados e humilhados pelo simples fato de terem etnia cigana.

E, decididamente, os períodos vividos na casa da Vó Olinda foram momentos que vincaram minha vida por toda a eternidade. Ela vivia em uma chácara com várias árvores frutíferas e dentre elas uma

[23] Sabedorias Ciganas, ANGERAMI, V. A., e ANGERAMI, P. L., In *Psicologia e Religião*, ANGERAMI, V. A. (Org.), Belo Horizonte: Artesã Editora, 2022.

jaqueira, e a alegria que tínhamos quando ela estava carregada de jacas é algo simplesmente indescritível.

O ritual da colheita era algo sagrado, pois ela fazia u,m arrimo de cordas para subir na jaqueira e colher as jacas maduras. Ela fazia um receptáculo de folhas que recebiam as jacas colhidas e que eram lançadas do alto da jaqueira. E hoje temos várias jaqueiras aqui em nosso canto na Serra da Cantareira, e todas as vezes que colhemos jacas, é impossível não lembrar do ritual da Vó Olinda diante delas. Não fazemos o sustentáculo de cordas que ela erigia, pois temos escadas que se estendem até a altura necessária para que alguém com destreza possa subir nas jaqueiras e colher as jacas e lançá-las no receptáculo de folhas que igualmente fazemos.

No início de cada Verão colhemos muitas jacas em nosso canto na mata (Imagem 8). E sorvemos não apenas o seu sabor, como principalmente a memória gustativa que ela evoca de momentos maravilhosos na chácara da Vó Olinda.

Imagem 8 – Jaqueira produzindo seus frutos.
Foto de Valdemar Augusto Angerami.

A Vó Olinda tinha um cafezal com vários cafeeiros agrupados, de onde ela colhia o café para o seu próprio consumo. E quando estávamos lá, depois de todo o ritual de colheita, de torrar, moer e preparar o café, ela simplesmente não permitia que adoçássemos o café para que ele não perdesse o seu sabor original. Resultado, desde então, ou seja, desde a mais tenra infância, não tive contato com açúcar na vida, afinal, aprendi que o açúcar tirava o sabor das coisas, seja café, suco de frutas etc.

E, involuntariamente, tirei dos meus hábitos de refeição algo que na vida adulta seria predominante para que se tenha saúde plena, ou seja, a redução de alimentos em que o açúcar estivesse presente. Não sei o prazer de um pudim de leite, por exemplo, pois simplesmente não consigo comer algo açucarado. Ou ainda, não tenho como tomar café adoçado, pois para mim seria algo melado.

Mas o que absolutamente era mais prazeroso e fascinante na casa da Vó Olinda era a presença dos clãs ciganos que ela abrigava em seu terreiro. Como dito acima, sempre havia a presença de algum clã cigano em trânsito abrigado em sua chácara, muitas vezes tinha-se a presença de dois ou três clãs ciganos abrigados por lá.

E tudo verdadeiramente era festa, desde a preparação por parte da Vó Olinda, em seu fogão a lenha, de bolo de rapadura, bolo de pamonha com milho colhido em seu terreiro, além de pamonha. Ela ainda preparava vinho com uma mistura de maçã e pera, algo exótico e que era muito apreciado pelos clãs que ela abrigava. Tudo preparado por para as noitadas ciganas que ainda tinham em seu cardápio tortas das mais diferentes naturezas, além de pratos tipicamente caipiras e alguns ciganos, principalmente arroz e feijão com funchos, erva doce e carne cozida.

Imagem 9 – Foto de Paula Linhares Angerami

Imagem 10 – Foto de Paula Linhares Angerami

Imagem 11 – Foto de Paula Linhares Angerami

E nas noites, noites claras e estreladas da roça, tínhamos a maravilhosa cantoria acompanhada dos violões rasqueados e emoldurados pelas bailadoras ciganas com suas roupas rodeadas e pés descalços fazendo a vida tornar-se verdadeiramente encantadora. E, ao final da cantoria, tínhamos ainda a transmissão das sabedorias ciganas feitas sob o clarão do fogo e o brilho do Luamento. Muitas dessas sabedorias foram publicadas por mim em um capítulo intitulado "Sabedorias Ciganas", como dito anteriormente, e que tiveram assim sua primeira transmissão em forma de livros, indo além da transmissão oral.

Esses períodos na casa da Vó Olinda foram tão fortes e marcantes em minha vida que não é possível pensar em mim sem sua inserção de maneira definitiva. E de modo absoluto, apesar de toda a resistência da Mãinha, sempre estive próximo às festividades e clãs ciganos, inclusive escrevendo o cerimonial de seus rituais. E tendo desde sempre Santa Sara Kali, padroeira e protetora do povo cigano, como minha divindade maior nessa vida, sendo que em minha casa temos um altar dedicado a ela (Imagem 12).

Imagem 12 – Altar dedicado a Santa Sara Kali em nosso canto.
Foto de Valdemar Augusto Angerami

E os valores ciganos sobre mim sempre foram muito fortes, e até mesmo mais do que ter etnia cigana, vejo que o primordial é a preservação desses valores, principalmente o sentimento de gratidão. Gratidão, algo em desuso na atualidade, mas que para a alma cigana situa-se entre os principais dons a serem cultivados na condição humana.

A magia das festas ciganas vincou em minha alma algo muito forte e indissolúvel, algo que me traz sentimentos doces quando evoco suas lembranças. É como um sonho que sonhamos mesmo acordados e que nos impele a novos rumos e ao encontro de algo verdadeiramente maior e de consonância com o Sagrado. E o fato de iniciar muitos livros e capítulos com sabedorias ciganas é indício maior de como isso tudo está vincado em minha alma de uma maneira profunda e arrebatadora.

Somos levados pela vida da mesma forma que o vento leva as folhas lançadas pelas árvores ao chão para a renovação de suas floradas. Algo que nos toca e nos envolve se torna parte de nossa vida e segue em nossa alma por toda a eternidade.

A vivência junto aos clãs ciganos na mais tenra infância, me fez não apenas conviver e resgatar detalhes da minha ancestralidade, mas, principalmente, vincar em mim valores sempre fascinantes da cultura cigana. E valores como gratidão e de como somos seres interligados a outros seres e de como a nossa vida se conecta a outras vidas e as inspira e mesmo as transforma de modo significativo, são dádivas que me foram presenteadas pela vida em desabrochar.

E nessa convivência cigana, coube apenas a mim viver esse fascínio e fazer dele algo indissolúvel em minha vida. Meus irmãos, assim como aconteceu com a música e a literatura, embora igualmente tivessem tido a dádiva desse contato, certamente não seriam os valores da cultura cigana que eles levariam para suas vidas, pois isso era algo que a Mãinha fez de tudo para bloquear.

Meus irmãos conviveram em alguns períodos com essa magia, mas não foram tocados em suas almas por ela. E isso, além de me ligar ainda mais à Mãinha, pois apesar de ela sempre dizer textualmente que não queria saber dessas tradições ciganas, isso era a vida dela, sua raiz, família e acima de tudo a seiva da própria vida, pois, afinal, ela tinha sangue cigano pulsando nas veias. A Mãinha sempre teve a vida envolta em muito sofrimento, e a perseguição cigana foi algo que ela escolheu abandonar, pois seu cansaço com tudo era notório.

E se isso tudo me ligava ainda mais à Mãinha, igualmente me afastava do meu pai, que não apenas repudiava essa convivência com os clãs ciganos como professava e vivia valores que se antagonizavam às sabedorias ciganas. Exemplo gritante desse contraste era a postura do meu pai frente às mulheres, em que ele era o machista típico, asseverando que a mulher era um ser inferior ao homem e que nessa condição deveria servi-lo e jamais buscar qualquer forma de igualdade.

Na cultura cigana, ao contrário, a mulher é venerada em cada gesto e cerimonial. A mulher é adorada por sua feminilidade, graciosidade e principalmente por gerar em seu ventre a continuidade dos clãs ciganos. Era uma colisão frontal de valores, e a mim cabia viver nessa encruzilhada pendendo, felizmente, para os valores da ancestralidade cigana, valores que nos fazem mais humanos e mais envolvidos com a própria condição humana.

E a mim me parecia cada vez mais claro que se, anteriormente, eu me sentia rejeitado por meu pai pelos elogios e a maneira como ele enaltecia meu irmão mais novo e ao meu tio por aquilo que ele considerava manifestação de suas inteligências diferenciadas, com a cristalização dos valores ciganos em mim tudo foi se tornando ainda mais difícil nesses sentimentos de rejeição e exclusão familiares. Restavam a mim a imersão cada vez mais intensa nos romances e na música, além do futebol e das brincadeiras na rua. E a vida seguia em sua mansidão que escondia sua turbulência, de modo a impedir uma sucumbência mais séria em minha estrutura psíquica.

1.8 – O primeiro instante em que percebi o *saber* como diferencial de vida...

Corria o período do ginásio, hoje denominado de ensino fundamental, ocasião em que percebi o *saber* como diferencial de vida, e como, a partir do professor de literatura, passei a ser apontado como possuidor de uma inteligência brilhante e de uma escrita diferenciada.

Esse professor, cujo nome é omitido pelas razões pontuadas na Introdução desse livro, e que iremos denominá-lo pelas iniciais do seu nome, DC, ensinou ainda uma das lições mais incríveis que um mestre pode ensinar aos seus alunos, dizer *não sei* diante de um fato que seja desconhecido para si.

No primeiro dia de aula, o professor DC quis saber dos alunos quem tinha familiaridade com a leitura de livros e o que cada um estava lendo naquele momento. Frise-se que nesse momento as crianças liam com muita avidez as revistas infantis em formas de gibis, algo que além de muito prazeroso, foi ainda o início do hábito de leitura para muitas crianças.

O prof. DC foi perguntando aos diversos alunos sobre a leitura do momento e parou diante de mim com incredulidade quando disse a ele que estava lendo o romance *Em Vão*,[24] de Sienkiewicz. Ele disse que não conhecia essa obra, e me perguntou o que mais eu havia lido para estar diante de um autor que lhe era desconhecido.

Disse, então, que já havia lido obras de Dostoievski, Tolstoi, Machado de Assis, George Sand, dentre outros. Novamente me vi diante de seu olhar e postura de total incredulidade. Ele, então, me arguiu sobre um dos livros de Dostoievski que havia dito ter lido, e novamente era claro que sua arguição era movida por uma descrença por alguém em tão tenra idade estar familiarizado com esses autores.

E quando ele viu que eu realmente havia lido as obras citadas, ficou totalmente perplexo e pediu detalhes de Sienkiewicz, e, na sequência, anotou tanto o nome do romance como do autor, pois iria fazer uma consulta sobre essa obra. Ressalte-se que nesse momento a consulta que se fazia sobre uma determinada obra era ir até uma biblioteca e buscar suas referências, não havia internet e tampouco a instantaneidade para as mais diferentes formas de consultas que temos na atualidade.

Na sequência da aula, ele ficou me perguntando sobre alguns dos livros que eu havia lido. O professor DC disse, então, que nas outras turmas ele pedia para que os alunos decorassem poesias e fossem recitá-las na frente da classe, mas que ele gostaria de, nessa turma, ter, além das poesias declamadas pelos alunos, a minha descrição sobre os livros que havia lido. Aquilo foi um estrondo emocional para mim, afinal, estava sendo valorizado e diferenciado pela leitura dos romances que me faziam companhia pela vida afora. Algo inusitado, pois o que eu ouvia com frequência em casa era que eu não iria a lugar nenhum na vida, pois passava o tempo todo lendo romances. E agora, ao contrário, estava diante do professor DC, que simplesmente me diferenciava dos demais colegas justamente por causa das minhas leituras de romances.

Na aula seguinte o professor DC, antes de iniciar suas atividades, me agradeceu por ter apresentado a ele a obra de Sienkiewicz, e

[24] *Em Vão*, SIENKIEWICZ, H, São Paulo: Clube do Livro, 1956.

disse que havia ficado pasmo por não conhecer esse autor, já que ele tinha ganhado o prêmio Nobel de literatura. Disse ainda que havia encomendado dois livros desse autor, e que iria comentar comigo e com a classe a leitura dessas obras. Aquilo era algo por demais inalcançável para a minha percepção infantil, afinal, ali eu estava sendo valorizado e sendo colocado em um patamar de destaque diante dos meus colegas; eu estava sendo enaltecido e diferenciado pelo meu saber. E pela leitura de romances, algo pelo qual sofria inúmeras depreciações pelo meu pai.

Os colegas que sempre me arreliavam pela mão esquerda colocada sobre as costas, e embora isso tivesse ficado no passado distante, sendo algo torturante apenas para mim, agora estavam diante de um aluno que o professor de literatura destacava e mostrava para todos de modo claro a minha superioridade cognitiva e intelectual.

E teve até mesmo o episódio com a Márcia, uma coleguinha de turma, por quem eu era fascinado, mas que não me dava a mínima atenção. Mas diante do modo como fui galgado a novos patamares de destaque pelo professor DC, ela passou a se fazer interessante e interessada por mim. Mas a mim, em plena meninice coube apenas desprezá-la, afinal, quem não queria nada com ela agora era eu, algo simplesmente infantil e de acordo com tudo que me envolvia nesse momento.

Isso tudo foi algo tão fabuloso, mas que foi partilhado apenas para a Mãinha, pois não tive esteio para narrar ao meu pai esses episódios, pois, para ele, eu não era inteligente o suficiente para ser pareado com o meu irmão e meu tio. E, paradoxalmente, o meu irmão tão idolatrado pelo pai repetiu de ano nesse período, e repetiu por não conseguir acompanhar as aulas em sua turma.

E a retumbância desses fatos na aula de literatura com o professor DC resplandeceram também para as outras disciplinas, e num repente, eu me vi sendo um aluno de destaque e que merecia atenção diferenciada dos demais professores.

E tudo isso graças aos romances!

Romances que são sequenciais em minha vida até hoje, e embasam meus livros técnicos em consonância com os livros teóricos.

As aulas com o professor DC se tornaram bastante prazerosas e iriam vincar minha vida de modo ímpar. Algo a ser preservado nos recôncavos da memória, principalmente nos momentos de titubeio diante dos desatinos da vida.

O professor DC posteriormente viria se tornar uma das referências nacionais de literatura quando da publicação de seus livros, e verdadeiramente foi um grande privilégio ter sido seu aluno quando ele igualmente se desenvolvia, intelectual e profissionalmente.

Eu fui reencontrar o professor DC após esse período infantil em uma Bienal do Livro, quando eu já era autor de alguns livros e ele estava no estande de sua editora, lançando sua nova obra. Ao me aproximar, ele naturalmente não me reconheceu, afinal, eu era uma criança quando fui seu aluno e agora, diante dele, estava um adulto. Mas quando me identifiquei, ele prontamente me situou como sendo o aluno que havia apresentado a obra de Sienkiewicz para ele, algo sempre muito inusitado quando citado.

Ele disse ainda que havia guardado uma redação minha, e posteriormente me presenteou com uma cópia dessa redação. Ele afirmou que guardou a redação por saber se tratar de algo muito especial, e que seguramente seria algo muito precioso em sua vida. Disse ainda da felicidade de saber que agora eu tinha livros publicados e afirmou que sabia desde sempre que a minha condição intelectual me levaria a grandes conquistas nessa seara.

E quando o presentei com dois dos meus livros, ele simplesmente lacrimejou e afirmou da intensa emoção que a vida o havia propiciado, e que tinha apenas que me agradecer por tudo. Isso era algo igualmente inusitado, pois a mim coube a dádiva maior de ser seu aluno em plena infância. Desses momentos em que a vida se torna prazerosa e supera as intempéries vividas ao longo da caminhada.

A presença do professor DC em minha vida foi algo determinante para uma transformação drástica dos meus caminhos. Antes de seu surgimento, a mim me cabia apenas o papel de mero figurante nos enredos da vida, não me era permitido mais nada que não esse papel secundário.

Ele se mostrou encantado com o meu saber, algo que me fez acreditar em mim e ter a convicção de que com isso poderia galgar novos patamares e horizontes. É como se algo tivesse me tocado e mostrado que a vida poderia ter outras perspectivas além daquilo que era vivido por mim.

E mesmo quando o encontrei na vida adulta, e já com livros publicados, a sensação era de que diante de mim estava alguém que participou intensamente do início de toda a minha trajetória profissional, principalmente se considerarmos que a validação da importância do meu saber literário, e da minha condição cognitiva e intelectual, se iniciaram com ele.

E certamente sempre foi a fé inquebrantável no meu saber derivado da leitura desses romances, e pontuado incialmente pelo professor DC, que fez o diferencial, inclusive, em minha trajetória profissional. Basta pontuar, como mero exemplo ilustrativo, que, quando tentei adentrar em cursos de especialização, e mesmo programas de mestrados na USP e na PUC-SP, diante das inquisições envolvendo Freud e outros autores da psicologia, e como eu já estava envolto desde muito tempo em atividades envolvendo tentativas de suicídio, a mim, que pouco sabia desses autores, bastava apenas evocar as reflexões de Dostoievski e Tolstoi sobre o desespero humano. E aí, todos os arguidores, todos, absolutamente todos, e sem exceção, se acuavam e simplesmente se rendiam diante do meu saber nessa temática envolvendo o enfeixamento do suicídio e do desespero humano.

E, dessa maneira, e apenas e tão somente galgado nesses estupendos autores, que refletiram como ninguém sobre a condição humana e o desespero humano, que a minha trajetória profissional se iniciou, e se fundamentou e se tornou referência para outros tantos profissionais. E mesmo minha opção por Sartre nas lides existencialistas se deu inicialmente a partir da leitura de seus romances, para, sequencialmente, debruçar-me sobre sua obra filosófica, mas sobre isso iremos detalhar mais adiante.

E o professor DC, com sua sensibilidade sobre a criança que se mostrou diante dele, conseguiu despertar a minha autoestima de modo inabalável. E quando de sua humildade ao afirmar que não conhecia o autor que era trazido por mim, simplesmente ele mostrava a dimensão de sua grandiosidade ao dizer desconhecer algo que verdadeiramente ele não conhecia.

E esse ensinamento de um professor dizer que não sabe é algo que aprendi e que levarei para a eternidade, pois mostra não apenas a dimensão de humanidade do professor, como sua grandiosidade ao admitir que não é possível alguém sempre saber tudo.

O professor DC é alguém que já se foi dessa vida, e se tornou saudades entre nós. E realmente os seus ensinamentos me vincaram para além dessa vida. Ele sempre será um dos alicerces de minha evolução espiritual, e terá a minha eterna gratidão.

1.9 – Visitando a Vó Elvira no Manicômio do Juqueri

Otimista é o demônio que acredita ser possível
tornar o ser humano ainda pior...
Anônimo

E aqui temos um período verdadeiramente doloroso e contundente da minha vida, principalmente para uma criança: o confronto nu e cru com a realidade manicomial mais sofrida e absurda que se pode conceber. Tive a infelicidade de conhecer o Manicômio do Juqueri da pior forma possível, a de conviver com uma das pessoas lá internadas, minha avó materna.

Algo extremante difícil de se crer real, pois ela era uma das tantas pessoas amontoadas nos diversos pavilhões que faziam parte daquele manicômio.

Felizmente, já adulto e sendo membro do Movimento de Luta Antimanicomial, fiz parte do grupo de trabalho que encerrou as atividades daquele cenário desesperador de dor e sofrimento. Inclusive, recentemente, fui até esse local, agora transformado em hospital geral, com um funcionário cuja esposa estava hospitalizada por lá, e me deparei com a nova realidade que lá se instalou.

De uma das vezes que estive por lá com esse funcionário foi em uma noite muito fria e vi os pavilhões fechados na escuridão, e não tive como não imaginar como seriam as noites da minha avó amontoada com outras pacientes naquele ambiente tão tenebroso e desumano.

Desolador conceber que a minha avó terminou seus dias naquele cenário tenebroso e sem qualquer acolhimento de seus familiares. E a coisa é tão surreal que as recordações da minha infância nesse cenário sempre são revestidas de todo o sofrimento envolto nessa hospitalização e de como convivíamos com algo tão desesperador sem a menor consciência dessa realidade.

Passeios de charretes

Em alguns domingos, a Mãinha nos levava ao Manicômio Juqueri para visitar a vovó, algo muito difícil para uma criança, pois íamos ao hospital e pouco conversávamos com ela, afinal, além de ela ter pouco convívio conosco, ela ainda apresentava sinais visíveis de entorpecimento mental provocados pela forte medicação que lhe era prescrita.

O artificio utilizado pela Mãinha era que iríamos passear de charrete, o veículo que nos levava da estação de trem até o hospital. Era um trecho relativamente longo e o passeio de charrete era uma alegria para os meus irmãos e para mim.

Eram visitas longas em nossa percepção infantil, pois, como crianças que éramos, estávamos na fase de brincadeira, e simplesmente ficar conversando com alguém com quem pouco tínhamos contato era algo muito difícil de ser concebido como prazeroso. E as perguntas que mais fazíamos à Mãinha era porque a vovó não tinha uma casa como as outras pessoas; porque ela vivia trancafiada naquele cenário de horror com pessoas tão descuidadas em seu entorno; e, ainda, porque não a levávamos para a nossa casa já que ela não tinha casa.

E como ela era negra, a coisa se complicava ainda mais em nossa percepção infantil, pois de algum modo já presenciávamos a maneira como a Mãinha era tratada pelas pessoas por ser negra, pois até mesmo em nosso seio familiar, e principalmente por parte da família do meu pai, o preconceito contra ela era algo que sempre me foi incomodo, difícil e muito doloroso.

Perguntas que a Mãinha não tinha condições de responder, até mesmo porque eram coisas para as quais nem ela mesma tinha compreensão.

Tudo tão nebuloso, tão imbricado nas incongruências da vida que a única lucidez que se tinha nisso tudo era a de que, em algum momento, em um domingo de Sol, iríamos passear de charrete para visitar a vovó em seu canto de desespero.

Outros questionamentos sobre a realidade manicomial, de fato, continuam e continuarão sem respostas por todo o sempre, pois como diz Sartre, "tudo que se diz sobre os homens e a loucura é falso"[25]. É dizer que teorizamos sobre a loucura seus matizes de desdobramentos sem, contudo, alcançarmos sua real dimensão.

Nesse momento, a mim cabia apenas questionar o que vivia e observava, e tudo se enquadrava em algo inominável e completamente disforme. Não tinha consciência do que presenciava e nem a dimensão daquele cenário tão absurdo e desolador. Não sabia, inclusive, que até mesmo presos políticos eram atirados naquele manicômio para que se calassem em definitivo. E se não sabia das questões manicomiais naquele momento de infância, não se pode dizer que hoje sei algo dessa coisa tão imbricada e nebulosa que os estudiosos definem como saúde mental. Ou indo ao encontro de duas sabedorias populares, *de médico e louco todos tem um pouco*, ou *de perto ninguém é normal*.

Talvez as sabedorias populares sejam as normatizações que mais tangenciam a realidade manicomial na medida em que relativizam sua dimensão e a maneira como todos, de certa maneira, estão envolvidos em alguma forma de sofrimento psíquico. A única diferença é que, quando criança, assim como diante do fenômeno do suicídio, tinha-se a crença que na vida adulta os mistérios da realidade manicomial seriam esclarecidos.

Pura ilusão!

O mistério que envolve a condição humana e lateja a ânsia do conhecimento não se dissolve diante da nossa inquietação. O turbilhão de emoções que nos envolve diante de algo que nos lança de modo abrupto na incerteza de nossas buscas é, sem dúvida alguma, o esteio que nos impele a buscar subsídios para tentar compreender esses mistérios envolvendo a condição humana.

No livro *Psicoterapia e Brasilidade*[26], escrevi um capítulo intitulado "A dor manicomial",[27] em que abordo a questão manicomial e sua

[25] *Sartre por Sartre*, São Paulo: Versátil DVD, 2019.

[26] *Psicoterapia e Brasilidade*, ANGERAMI, V. A. (Org.). São Paulo: Cortez Editora, 2011.

[27] *A dor manicomial*, ANGERAMI, V. A. In *Psicoterapia e Brasilidade*, op. Cit.

configuração a partir da reflexão sobre a minha vivência no Juqueri, neto de uma paciente que sofreu as agruras dessa hospitalização de modo impiedoso. Tudo é tão tênue, algo que se dissolve no ar e nos deixa com a sensação indelével de que estamos diante de algo revestido de total absurdidade.

Eu era apenas uma criança que somente ia visitar a avó; inclusive não conseguia compreender por que ela não morava em uma casa como nós. Apenas me assustava com a imagem daquelas pessoas com o mesmo uniforme e uma aparência que denotava de modo absoluto uma situação de abandono, e até mesmo de possíveis maus tratos. E algo que decididamente não cabia em minha compreensão de nenhuma maneira era ver que havia um pavilhão para crianças; crianças como eu e que também estavam trancafiadas naqueles pavilhões que me pareciam escuros e sem vida.

E se não cabia em minha compreensão naquele momento, ainda hoje me é algo totalmente disforme a consciência de que as crianças são atiradas às masmorras de um manicômio de forma tão impiedosa como é feito com os adultos, o que por si já é inominável e impiedoso. E se existe toda uma pulsão ensejando a necessidade de mudança dessa realidade nas lides da luta antimanicomial, certamente quando nos deparamos com crianças trancafiadas e submetidas às atrocidades da realidade desses manicômios, temos diante de nós a aberração maior da própria condição humana.

Eu era apenas uma criança que fazia muitas perguntas, principalmente para a Mãinha, que era a pessoa adulta que nos levava para aquelas visitas. Mas a Mãinha não tinha respostas para as coisas que eu perguntava, até porque, na realidade, ninguém absolutamente ninguém tem essas respostas.

Perguntas que envolviam as razões pelas quais aquelas pessoas eram tratadas naquele lugar sem poder sair para qualquer outro lugar; porque muitas daquelas pessoas não tinham familiares que fossem visitá-las aos domingos — na verdade apenas na vida adulta, e já militante da luta antimanicomial é que vim a saber que muitas daquelas pessoas haviam sido hospitalizadas pelos familiares com o intuito de afastá-las do convívio familiar e, em muitos casos, até mesmo para usufruírem de bens materiais desses pacientes.

E isso, por mais aberrante que possa parecer, tinha a conivência de profissionais da saúde que emitiam falsos atestados médicos e enquadravam essas pessoas em diferentes entidades nosológicas para justificarem a internação nesses manicômios. E, naturalmente, esses atestados médicos embasavam processos judiciais de interdição movidos por familiares para tornarem uma pessoa sem condições de convívio social. E, na quase totalidade das vezes, estamos diante de processos judiciais que escamoteiam a verdadeira razão dessa ação familiar: simples e tão somente apoderar-se dos bens materiais dessas possíveis vítimas.

E se existe dentro da filosofia a corrente do humanismo defendendo que o homem é bom e que a sociedade o corrompe, creio, cada vez mais, que quem professa esse tipo de asserção certamente não conhece as atrocidades cometidas na esfera humana diante de interesses comezinhos, principalmente quando envolvem a posse de bens materiais.

A mim me parece algo totalmente absurdo saber que muitas pessoas pedem a interdição judicial de um membro de suas famílias para terem acesso e mesmo administrarem os seus bens financeiros e econômicos e que, mesmo assim, quando não atingem seu intento, se movem para conseguir a internação manicomial desse familiar. E isso em minha realidade de adulto e de profissional que milita na área da saúde, algo que certamente pode me balizar a escrever tais reflexões, mas que certamente não me trazem as respostas buscadas desde a mais tenra infância.

Saber dos manicômios erigidos como verdadeiras masmorras medievais e vê-los inseridos em meio a outros hospitais como algo normatizado é algo insano e totalmente estapafúrdio e imensurável. O manicômio do Juqueri é exemplo cabal e inquestionável da maneira como a sociedade deposita em seu interior as pessoas consideradas dejetos humanos.

A Vó Elvira morreu hospitalizada no Manicômio do Juqueri e foi enterrada num cemitério destinado aos pacientes daquela entidade que morriam por lá. A Mãinha considerou que o melhor seria enterrá-la naquele canto em vez de trazer seu corpo para outro cemitério, afinal, era lá que ela tinha vivido os últimos anos de sua vida. E assim é, depois, por muitos anos, e até mesmo já adulto, eu levava a Mãinha para colocar flores e limpar a campa em que a Vó Elvira estava enterrada.

E o mais incrível em meu desenvolvimento foi ter lido, já no final da infância e antes do final da adolescência, uma das mais estupendas obras de Dostoievski, *O sonho do príncipe*[28], obra que citei anteriormente e que é utilizada por mim até os dias de hoje em nossas discussões sobre a realidade manicomial. Frise-se ainda que essa mesma obra foi o mote que mobilizou o eminente psiquiatra inglês Ronald Laing a se afastar da psiquiatria tradicional e buscar na obra de Sartre subsídios filosóficos para a criação da antipsiquiatria.

Nessa obra, Dostoievski, que não era médico e sim um romancista, reflete livremente, e com a magia de sua genialidade, sobre os conceitos de loucura, e estabelece parâmetros a mostrar que a definição de saúde mental é feita a partir das condições socioeconômicas do doente, algo que iria estabelecer novos paradigmas de compreensão para as pessoas em sofrimento psíquico.

E quando li pela primeira vez *O sonho do príncipe*, minhas indagações sobre o sentido daquelas masmorras, como o Manicômio do Juqueri, a trancafiar tantas pessoas indefesas de modo tão impiedoso, ficaram ainda mais dramáticas e revestidas de uma absurdidade ainda maior. Tantos questionamentos que, se não cabiam na percepção de uma criança, igualmente não cabem em minha percepção atual. Tudo muito insano e absurdo; tudo irreal e a mostrar que a condição humana, de fato, é ainda mais cruel do que se pode conceber, e faz jus à saberia popular, *a espécie humana é uma experiência divina que não deu certo.*

[28] *O sonho do príncipe*, Op. Cit.

CAPÍTULO 2

Adolescência

2.1 – O desabrochar para a vida

Tive um período de interrupção nos estudos sistematizados de música clássica, que foi o período da adolescência, quando, então, me dediquei a tocar em conjuntos de *rock and roll*. E isso é algo do qual eu jamais irei me perdoar, afinal, eu estudava música clássica, e mesmo assim me tornei uma das guitarras que abafava o violão maravilhoso da bossa nova. Fui envolto como tantos jovens dessa época ao turbilhão provocado pelo *marketing* massivo a propagar principalmente as bandas inglesas de rock. E mesmo tendo vivido o esplendor da chamada *magia dos anos 1960*, hoje, passadas décadas, o que contemplo é apenas um processo de alienação que me tirava do foco da música brasileira, e de questões cruciais da época, como a ditadura militar que assolava o Brasil de modo cruento e sanguinário.

E algo de que discordo de modo incisivo é me deparar com pessoas contemporâneas a dizerem que apenas quem viveu a *magia dos anos 1960* de fato viveu. Isso é algo tão disforme que custo a crer que ainda seja propagado e defendido de modo tão ingênuo.

Apesar dos estudos de música clássica, eu simplesmente tocava as canções simples e de acordes fáceis de Beatles, Rolling Stones, Pink Floyd, dentre outros, quando no Brasil florescia a música popular mais evoluída do mundo. E com o violão de estilo próprio começando com Dilermando Reis e culminando com as estupendas criações de Baden Powell. E a mim cabia a mediocridade de palhetar[29] guitarra elétrica em

[29] Palhetar faz referência a tocar o instrumento com palheta, no caso da guitarra um pequeno pedaço de plástico estilizado usado para aferir as cordas.

total distonia com a própria vida, e, por assim dizer, com a realidade dos fatos, afinal, eu estudava música clássica.

E ainda que possa se evocar o trabalho intenso e incessante de marketing a promover a trajetória dessas bandas de rock, a minha condição de musicista deveria ser suficiente para bloquear essa música envolta em simplicidade, construção harmônica previsível ou pouco elaborada em comparação à música erudita e à sofisticada música brasileira da época. Mas a vida, feliz ou infelizmente, não sei, jamais tem retorno, e isso ficou grafado em mim de modo irreversível. O Brasil com seus violões maravilhosos em músicas altamente requintadas, enquanto nós palhetávamos guitarras com músicas simples e acanhadas, algumas até com melodias bonitas e de sonoridade agradável, mas sempre muito simples em termos de harmonia e estrutura musical.

Nesse período, toquei em bandas de rock que tocavam na noite, e em programas televisivos, e isso me forjou de modo muito decisivo para a vida. Certamente, uma das experiências amorosas mais dolorosas e incompreensíveis ocorreu justamente nesse momento. Sobre isso escrevi uma parêmia, publicada nas redes sociais algum tempo atrás. Ei-la:

Parêmia Do fim de uma ilusão...

Valdemar Augusto Angerami

Tinha então, apenas 16 anos de idade, e ela 27. E como tinha documentos adulterados, podia tocar na noite sem problemas. E tocava em uma boate em que ela trabalhava, e sua atividade era prostituição.

Começamos nossa história quando ela ainda saia com vários homens na noite em função dessa atividade. Depois ela se tornou gerente de outra boate e deixou a prostituição e nosso romance, avançando de maneira tórrida, sem qualquer limite.

Deixei uma namoradinha do colégio, e me entreguei inteiramente ao romance com a Janete, esse o seu nome. E o rumo certo dos meus passos eram sempre os seus braços. No final da madrugada íamos para casa dela na maioria das vezes.

Aos domingos a deixava mais cedo, pois minha banda tinha compromisso logo após o almoço e outro que se estendia até a noite. No domingo não trabalhávamos nas boates, então, após a domingueira em que tocava, voltava para seus braços.

E ela sempre dizendo que eu era o amor da vida; que nunca tinha amado daquele jeito; que nunca ninguém tinha provocado sentimentos tão fortes em seu coração. Era adolescente que, embora tocasse na noite e me relacionasse com uma mulher bem mais experiente em razão da própria vida que levava, continuava a ser adolescente com todas as suas contradições diante do próprio desenvolvimento da vida. E ficava inebriado em ouvir que era o grande amor da vida dela, era o amor de uma mulher tão experiente como a Janete, isso era fascinante de saber.

E tudo caminhava nessa farfalhar de emoção até aquele domingo fatídico. Voltei da domingueira como sempre e ao entrar no prédio o porteiro me olhou de modo estranho, e perguntou aonde eu estava indo.

Estranhei a pergunta e ele, então vendo o meu espanto, disse: "a Dona Janete mudou hoje à tarde". Incrédulo, ainda argumentei que havia estado com ela até o início da tarde, mas ele foi incisivo que o caminhão saiu de lá por volta das 17h.

Ela teve o cuidado de deixar uma sacola com os meus pertences. Aquilo foi terrível de ouvir, pois sequer havia coisa encaixotada que denotasse algo diferente. Ela se foi sem deixar rastros, ou de volta para sua cidade natal, outra cidade, outro bairro...

E simplesmente nunca mais ouvi falar dela, nem mesmo com o advento dessas redes sociais em que tantas pessoas se reencontram. E ali deixei de acreditar nessa coisa de grande amor da vida e coisas do tipo. E fiquei anos tentando dar sentido a coisas que jamais terão qualquer sentido e explicação.

Tive incontáveis paixões, aliás, não concebo a vida sem paixão, inúmeros amores, mas quando ouço essa coisa de que sou o grande amor da vida, homem da vida, que provoco coisas nunca vividas, verdadeiramente é melodia disforme aos meus ouvidos. E como diz a sabedoria popular: a comparação é indevida, mas inevitável. Simples assim...

De outra parte, sempre tive a sensação de que a adolescência foi uma etapa de vida que eu simplesmente pulei e não vivi. Pois, enquanto os adolescentes da minha idade estavam envoltos nas atividades colegiais, bailes, namoricos etc., eu simplesmente tocava na noite em boates de prostituição de luxo.

Eu havia sido reprovado e jubilado do colegial por ter repetido de série por dois anos consecutivos e nada mais fazia que não tocar nas bandas de rock, atividade que me supria as necessidades financeiras de então. E sobre isso escrevi uma parêmia publicada no livro *Como as asas do assum preto*[30]:

Uma frustação. Ilusão frustrante da vida

Valdemar Augusto Angerami

Adolescência. Tempo de ilusão. A vida pulsando como se tudo fosse concebido para apenas ser intensamente vivido. A única expectativa era que o mundo tivesse alegria igual a que dominava e invadia a própria alma. Tempo do tempo em que tudo tudo demora mais tempo para passar: coisas aconteciam que a própria memória custa acreditar na rememoração.

Nesse tempo, era roqueiro. Tocava num conjunto de rock and roll. Conjunto que fazia bastante sucesso com apresentações em programas de televisão, shows e aparições nos momentos mais marcantes da época.

Tudo era uma doce ilusão.

Era incontável o número de fãs, colegiais, adolescentes ou simplesmente admiradoras, que nutriam verdadeira idolatria pela minha pessoa.

Mistura de idealização circunstancialmente sedimentada na pulsação da própria idade. Também havia Daniela, doce menina que fazia o meu coração vibrar numa emoção incontida.

Daniela, amada, idealizada e ao mesmo tempo distante. Distante de tudo que fazia parte do meu ser.

Inconcebível que um roqueiro que tocava na noite, apesar de pouca idade e maturidade, que vivia num círculo onde se consumia uma quantidade bastante grande de drogas e que convivia com prostitutas da noite, pudesse aproximar-se de Daniela.

Daniela.

[30] *Como as asas do assum preto*, ANGERAMI, V. A. Campinas: Editora Livro Pleno, 2007.

Não me era possível imaginar qualquer tipo de envolvimento com Daniela que não a tênue amizade que mantínhamos. Ela certamente deveria namorar alguém que tivesse uma vida mais regular.

Alguém que frequentasse o colégio regularmente; que tivesse um projeto profissional solidamente sedimentado; alguém que pudesse levá-la a bailes, festas, domingueiras dançantes, cinemas e até mesmo pra tomar sorvete nas alamedas do tempo no remanso da adolescência. Esses argumentos, no entanto, não conseguiam aliviar os sentimentos que nutria por ela.

Cada vez mais tinha a nítida sensação de que aquela deveria ser a mulher dos meus sonhos. Sonhos de um adolescente que sonhava com a própria ilusão do amor.

Houve uma vez nesse tempo um baile. Baile animado pelo meu conjunto. Lá estava Daniela. Sem namorado a espera de alguém que a tirasse para dançar. E eu no palco tocando canções que faziam os namorados sonharem, e os mais apaixonados conhecerem momentos de encantamento. Mas Daniela estava lá, sentada numa mesa perto do palco, acompanhada por um grupo de amigos.

Não dançava, apenas olhava, e o seu olhar é tão forte e brilhante hoje na lembrança como era naquele dia no passado.

Não havia como saber por quem ela esperava, ou ainda o que fazia, sendo tão bonita e atraente, sozinha num baile.

Tudo passou. O baile, o tempo do colégio, e a própria dimensão dos fatos que insistia em manter distância das reminiscências da vivência.

A adolescência se foi. Assim como os caminhos onde Daniela passeava com a graciosidade de seu ser.

Tudo passou. Daniela ficou nas entrelinhas do tempo e do espaço. Na idealização e na certeza da própria inquietude que cercava os nossos momentos e olhares.

Sonhos. Paixão. Idealização. Tudo se mistura e torna difícil de separar e definir quando aconteceu. Ainda há pouco minha guitarra estava lá no canto, ainda ouço seus acordes. Foi ainda há pouquinho que vi a Daniela na saída do colégio. Saia azul pregueada, blusa branca mostrando sob a textura do tecido os seios ofegantes no ritmo da própria vida; meias brancas e os cadernos na pasta que carregava.

Ainda há pouco pensava em esperar Daniela no intervalo da aula pra contar das novas músicas que estávamos ensaiando, do novo show que iríamos realizar e onde seriam os bailes que tocaríamos no fim de semana. E das apresentações na televisão.

Foi há pouquinho também que contei para ela que mais uma vez perderia o ano letivo, fruto da minha contínua ausência às aulas. Adorava o seu sorrir, seu jeito moleque de dizer coisas que adorava escutar; o seu cabelo com tranças arranjadas de forma desarmoniosas, tudo foi agorinha, há bem pouquinho.

Outros tempos. Trinta e dois anos de idade. Tempo de maturidade, de buscas profissionais e existenciais.

O roqueiro adolescente existente apenas em doces e suaves lembranças. Sombras e vivências de um passado num momento em que o tempo parece que tem menos tempo pra passar.

Uma tarde de Primavera. Eis que reencontro Daniela. Não mais aquela adolescente dos sonhos e reminiscências, mas uma mulher. Linda. Exuberante.

Uma formosa mulher. E num repente não mais havia tempo nem espaço a separar nossos ontem.

Sentamo-nos para conversar e naturalmente passamos a recordar e viver novamente as lembranças daqueles momentos.

Tudo era saudade.

E eis que coloco para ela a minha paixão e a razões que me impediam de me aproximar a até mesmo de tentar algo mais envolvente. A idealização que fazia de seu ser me afastava definitivamente de tudo que a envolvesse.

E de repente seus olhos adquirem um brilho bastante intenso e ela confessa algo que me deixou não apenas estonteado como perplexo frente à vida e à crueldade dos fatos. Ela também era apaixonadíssima por mim e igualmente achava que não era suficientemente dotada para namorar ou então aproximar-se de alguém que considerava tão importante, e que era tão amado e idolatrado por tantas colegas do colégio.

Diante dela não estava mais o roqueiro, assim como à minha frente não estava aquela adolescente dos sonhos. Éramos dois adultos recordando fatos e fazendo revelações que certamente além da perplexidade de que eram revestidos, deixaram-nos atônitos em razão da própria consciência de que havíamos deixado de viver um romance que seguramente teria a ilusão de que se reveste o encanto da adolescência.

Nada foi concretizado. Apenas a idealização de que éramos, ou então, o que é ainda pior, que não éramos merecedores um do outro. Como se a vida tivesse medidas e pesos para avaliar quem é digno ou está à altura de quem. A frustração pelo namoro que não existiu ganha novos contornos com a constatação da paixão dela.

Ela também me amava intensamente...

Durante muito tempo, e mesmo adulto, sentia muita dor ao passar por colégios e ver os adolescentes de namoricos em frente aos portões. Algo que não vivi, algo que simplesmente não me foi dado experenciar, pois, enquanto os meus pares estavam envoltos com as garotas do colegial, eu simplesmente tocava e vivia em ambientes de prostituição de luxo, e essa era a minha realidade.

E aqui novamente surge a Mãinha para me impulsionar na vida, pois, quando dormia em casa, nos momentos em que ela estava comigo, veementemente e sem tréguas, ela insistia para que eu voltasse a estudar, algo que me era totalmente fora de propósito naquele momento, afinal, vivia de música, e não tinha mais nada no horizonte que não essa realidade.

Mas ela insistia, argumentava e não desistia, simplesmente dizia que eu havia recebido de Deus uma inteligência privilegiada, e que eu tinha coisas mais importantes e nobres do que tocar em boates — creio que ela não sabia se tratar de boates de prostituição, ao menos espero não ter dado a ela esse dissabor.

A Mãinha era uma mulher forte, obstinada. Ela era nordestina, negra e cigana (Imagem 13). E, através de sua força, tentava me tirar do imobilismo.

Imagem 13 – A Mãinha quando ainda vivia
na roça um pouco antes de vir para São Paulo

A Mãinha insistia, mas apesar da sensação de ter pulado a etapa da adolescência, eu era adolescente, e fazia o gênero de rebelde sem causa e me indispunha contra os seus apelos pela simples rebeldia, sem qualquer sentido e razão.

2.2 – Em busca de significado

E se é fato que a adolescência é o período em que buscamos uma definição e mesmo referência do que faremos com a vida, e mesmo a busca de uma identidade profissional, no meu caso, a coisa foi totalmente caótica e sem qualquer rumo que minimamente pudesse ser considerado razoável.

A minha vida eram as bandas de rock, com toda as limitações envoltas nesse gênero musical, e a minha perspectiva de vida era apenas e tão somente buscar espaços para sobreviver sem qualquer tentativa ou alento que pudesse significar algo diferente.

E a Mãinha insistindo de todas as maneiras possíveis, em alguns momentos se exasperando diante da minha resistência e total desprezo aos seus apelos, em outros momentos, se mostrando pacienciosa por saber que me demover de minha posição era algo sensível e que necessitaria maestria, delicadeza e paciência.

E o que eu poderia esperar para a minha vida se as portas do acesso através dos estudos eu mesmo havia fechado com a reprovação e jubilação!? Ademais, por quais caminhos transitar se nada mais me interessava que não a música!? E por outro lado, havia me distanciado do estudo sistematizado da música clássica, e só me restava, ao menos em meu imaginário, a música limitada e previsível do rock.

A tenacidade da Mãinha era realmente admirável. Ora acolhendo em sua casa a irmã mais nova que havia sido criada em um educandário infantil até os 16 anos de idade, ora acolhendo o irmão com sofrimento psíquico intenso após longo período de hospitalização. Ou ainda dando um prato de comida aos que batiam em sua porta em busca de ajuda, lembranças que guardo desde a mais tenra infância. E a sua dedicação a mim para que eu não esmorecesse diante dos desatinos que pairavam sobre mim. Mãinha tão aguerrida e tão sofrida.

E a Mãinha insistindo para que eu voltasse a estudar era algo infindável. E ela tanto insistiu que conseguiu me levar de volta aos estudos. E não foi a confirmação da sabedoria popular que diz *água mole em pedra dura tanto bate até que fura*, ao contrário, foi a consagração do amor paciencioso, rompendo as agruras da resistência irracional. Fiz minha inscrição em um curso de madureza[31], e, após cumprir essa etapa, efetivei minha matrícula em uma faculdade, na ocasião, Faculdades São Marcos, posteriormente Universidade São Marcos, e que era localizada no bairro em que morava, o Ipiranga.

E o curso escolhido foi psicologia, mas não porque eu tivesse qualquer afinidade com essa perspectiva, mas apenas e tão somente por

[31] Madureza foi uma modalidade criada pelo Governo para que as pessoas pudessem terminar o colegial apenas fazendo exames das matérias que faziam parte do currículo colegial. Os exames ocorriam em várias cidades do país, e o aluno poderia eliminar essas matérias em cada um desses locais, No meu caso, após alguns meses de curso de madureza, eliminei todas de uma vez no Colégio São Bento de Araraquara.

ser o único curso que tinha turmas no período da tarde, algo que não atrapalharia minhas atividades noturnas de música e de vida.

Não me era permitido sequer pensar em fazer música na USP pelas mais diferentes razões e circunstâncias.

E o rio de tempo continuava sua trajetória em suas águas caudalosas ora tumultuadas, ora mansas.

A vida se desdobrava em buscas em que eu era apenas levado de um lado ao outro sem qualquer movimento ou determinação minha. Assim como uma galha de árvore que ao cair no leito de um rio vai sendo transportado sem qualquer ação contrária. De vezes para em uma curva do rio, até que uma onda o direcione novamente para o leito caudal; às vezes se encalha e se enrosca em outros objetos, mas segue sempre sem determinação de si, sempre a esmo.

Do Guatambú e de como a vida quer viver. Cenas da Cantareira[32]

Valdemar Augusto Angerami

Para Evandro...

A coruja pia no entardecer
e se mistura à neblina...
O esquilo corre entre as árvores...
Saltando rumo ao infinito
no esgalhar da vida...
E os saguis buscam por suas bananinhas...

O Martim Pescador busca as Aroeiras
para o descanso da noite...
A arara voa para os galhos dos Araribás...
E a jaguatirica caminha solta pela mata
encontrando significado no reflorestamento da vida...

O bugio pula na Embaúba...
E traz sentido para o verde da floresta...
E o tucano nas galhas do Guatambú
observa a mata em distância...
A cigarra canta alegremente...
E anuncia o Verão
para os habitantes da mata...
Canta pelo amor e pela paz...
A Sabiá faz seu ninho
junto às galhas do Jacarandá Paulista...
e se faz guardiã dos ovos da procriação...
A coral se aninha nas folhas da Cidreira
guardando-se para o amanhã...

[32] Essa poesia foi publicada originalmente em ANGERAMI, V. A. (Org.) *A prática da psicoterapia,* São Paulo: Thomson Learning, 1999.

A noite enluarada na montanha...
na praia... na cidade... em Ouro Preto...
em João Pessoa... em Natal... em São Paulo...
As flores da Margarida... flores brancas....
flores amarelas... alaranjadas....
querendo viver o esplendor do florir...

O cão uivando nas noites de Luamento...
sinalizando um tempo... uma nova estação...
uma nova dimensão na vida, nos sonhos e
no anoitecer... noite de vida e amor...
A neblina nublando o caminho...
a montanha e a ilusão do amor...

O servo correndo com destreza
no emaranhado da floresta...
correndo... saltando...
e vivendo sua plenitude existencial...
A floresta bosqueada
com infinitas espécies de plantas,
árvores, arbustos e folhagens...
O oxigênio da vida, do planeta e dos seres humanos...
As cores do arco-íris anunciando
o fim da tempestade... colorindo o céu
com as cores mais lindas e perfeitas
na harmonia celestial...
cores, luz e amor...

A cachoeira escondida no meio da floresta
e que dá um significado maior para o rio
onde despeja suas águas... iluminando cada
filete de água com uma nova aura de vida...
A florada da Hortência no Inverno
Flores azuis... flores brancas... flores...
Flores... flores... flores...

A lagarta que se transforma
em borboleta e voa em direção
ao azul... na perspectiva de um novo
desdobramento da existência...
O vagalume pontuando com sua luz
alguns pedacinhos da escuridão da floresta...
A chuva que desagua na mata...
e alimenta seus habitantes com
a própria energia da vida... do gotejar,
da esperança e do equilíbrio harmonioso
com os sonhos e com a vida...

A samambaia crescendo no meio do desbarrancado
da floresta... destacando-se de outras folhagens...
e fazendo o humano mais humano...
e mais sensível com os fenômenos da Natureza...

A lontra cavando um buraco para habitação
e proteção no seio da mata... mostrando a vida
na simplicidade dos gestos triviais...
O javali correndo assustado do raio
no meio da tempestade... buscando abrigo e se
enternecendo com o amanhecer...

O bicho preguiça balançando entre
as árvores e fazendo do Cambará
seu ninho de proteção... se resguardando
dos perigos da floresta... da cadeia predatória
que existe na mata...

As galhas da Chifléia buscando o ar...
A luz no meio de outras folhagens...
Crescendo para a luz... buscando a luz...
Sendo a própria luz...

O Jacarandá-Mimoso azulando a floresta
na Primavera e se destacando entre as

folhagens de outras árvores...
Azulando o céu azul...
E a leveza da alma...

O Antúrio crescendo no tronco do Ipê-Roxo...
Envolvendo-o e dando um toque
de encantamento ao próprio encanto...

O amarelo...
Na Primavera luzindo na florada do Ipê-Amarelo...
da Sibipiruna... do Pau-Brasil... da Tipuana...
no Verão no amarelo ouro da Cássia Imperial... e no Inverno
o amarelo exuberante do Girassol...

E o vermelho...
Na Primavera sou o vermelho luz dos
hibiscos... no Verão sou o vermelho esplendor
das flores do Flamboyant... no Outono sou o vermelho
alaranjado das Espatódeas... e no Inverno a exuberância
do vermelho das flores da Suinã... Exuberante
E da Copaíba exibindo as flores
mais lindas que a percepção humana pode
apreender e codificar...

O Roxo...
No Outono o roxo delicadeza das
flores da Quaresmeira... no Inverno a plenitude
da florada do Ipê-Roxo... maravilhosamente esplendoroso...
E do roxo azulado das hortênsias....
Na Primavera o encantamento das
flores azuis roxeadas do Jacarandá-Mimoso...
E no Verão, a graciosidade do roxo
esbranquiçado do Manacá-da-Serra...

E o branco...
Na Primavera, o charme

das flores do Ipê-Branco...
No Verão a suntuosidade do florir da Figueira-Branca...
No Outono a pureza do branco
exibida nas flores do Lirio-do-Brejo...
E no Inverno resplandecendo
na harmonia das Azaléas...

Da formiga construindo seu canto
na terra... ensinando ao homem sobre
a procedência do lixo orgânico...
e sobre a socialização da vida em harmonia...
Da aranha que tece fio a fio sua imponência
no azul do firmamento...

A recriação da vida na luz do dia...
Na algazarra matinal dos pássaros
anunciando um novo dia...
Na escuridão da noite... no entardecer...
No encanto do amanhecer... e de como a vida quer viver...

Serra da Cantareira,
numa manhã de Primavera...

CAPÍTULO 3

Vida adulta

3.1 – E surge a faculdade de psicologia

E minha vida universitária se iniciou! E passei a frequentar a faculdade de psicologia sem qualquer perspectiva de vida. E sempre a esmo e sem qualquer determinante que não a de viver intensamente tudo que esse ambiente e essa realidade propiciavam — festas, torneios universitários, a convivência com novos colegas etc.

A vida universitária era uma verdadeira festa, e tudo que se tinha naquele momento era sorver com intensidade tudo o que estava ao alcance da vida. E ao descobrir essa nova realidade, a vida se transformou de modo a me fazer crer que as vivências universitárias eram coisas muito mais significativas e importantes do que o curso de psicologia em si. E se as vivências eram importantes, o curso, em contraponto a isso tudo, com suas aulas, textos e provas ocasionais, foi deixado em segundo plano; e como não poderia deixar de ser, terminei o curso muito tempo além do previsto.

O que importava era viver intensamente tudo que a vida acadêmica propiciava. Vida que te quero vida, e vida prazerosa a compensar momentos de desatinos por mim vividos em outros períodos.

3.2 – O *bon vivant*

Nesse momento, tornei-me amigo do Barbosa, que também estudava na mesma faculdade. E, apesar de fazer outro curso, nos unimos e passamos a conviver pela vida, e principalmente pelos ambientes do samba paulistano.

Frequentávamos a escola de samba Mocidade Alegre. Apesar da minha formação inicial de música clássica e da passagem pelos caminhos do rock, eu me tornei o segundo cavaco da Mocidade Alegre na avenida (Imagem 14). Tudo era vivido intensamente em cada detalhe do que se presenteava a própria vida.

Imagem 14 – Na avenida com a Escola de Samba Mocidade Alegre.

Ainda tínhamos a frequência quase diária em uma das principais casas noturnas de samba da época, a Catedral do Samba, hoje inexistente, e que era localizada no bairro da Bela Vista, o tradicional Bexiga, inclusive, tínhamos uma mesa reservada para nós em todas as noites.

E algo peculiar era o fato de que, se alguém precisasse falar conosco, lá era o ponto de encontro, uma espécie de escritório onde recebíamos os amigos. Éramos o que poderia ser definido como boêmios, pois vivíamos a noite plenamente, voltávamos para casa ao amanhecer e dormíamos até o início da tarde. O Barbosa saia de sua casa quase sempre atrasado e ia para o escritório de advocacia em que trabalhava — ele também era advogado —, e, de minha parte, em algumas tardes ia para a faculdade. Em outras, simplesmente flanava pela vida.

No início da noite, nos encontrávamos para ir a Catedral do Samba, muitas vezes, no pátio da faculdade. Ah, e no caminho costumávamos jantar no Lazarella, uma charmosa cantina italiana que também se situa na Bela Vista e existe até os dias de hoje, e que tinha música italiana ao vivo. Algumas vezes, dávamos uma canja por lá e fazíamos um número musical, mas, naturalmente, algo dentro do nosso estilo de música brasileira. Tudo era festa em nossa vida.

3.3 - De volta à música clássica

Na sequência, comecei a tocar em cerimonias de casamentos. Tinha um grupo que fazia um casamento alternativo com música de Vinicius de Moraes, Tom Jobim, Luiz Vieria, dentre outros. E, dessa maneira, tocávamos canções diferentes das músicas clássicas tradicionais que costumam ser executadas nessas cerimonias. E, assim, conciliava as atividades musicais com o arremedo da minha condição universitária. E nas ocasiões em que tocava em cerimonias de casamento após o encerramento dessa atividade, geralmente era acompanhado pelos músicos que haviam atuado junto a nós rumo ao nosso canto na Catedral do Samba.

Tocando em cerimonias de casamentos, conheci o prof. Benedito Moreira[33]. Sobre ele escrevi em detalhes no capítulo *Breve reflexão sobre as atitudes do profissional da saúde diante da doença e do doente*[34]. Ele era uma das maiores referências em violão clássico no Brasil, mas nos grupos de casamento em que atuava, simplesmente tocava flauta.

O nosso vínculo inicial se deu através de um convite para que ele também tocasse em nosso grupo. Ele prontamente aceitou e não apenas passou a fazer parte do nosso grupo como se tornou uma espécie de diretor musical a nos orientar em nosso repertório, Repertório esse

[33] Cito o prof. Moreira nominalmente por já havê-lo citado em publicação anterior, quando já escrevi sobre ele.

[34] Breve reflexão sobre as atitudes do profissional da saúde diante da doença e do doente, ANGERAMI, V. A. In *Psicossomática e suas interfaces. O silencioso processo do adoecimento*, ANGERAMI, V. A. (Org.). São Paulo: Cengage Learning, 2022.

que era constituído basicamente de música brasileira, com predominância de canções que tinham Vinicius de Moraes como letrista. Ou seja, fazíamos um casamento com músicas modernas em contraponto aos outros grupos que tocam as músicas clássicas tradicionais para essa ocasião.

O prof. Moreira passou a fazer os arranjos para as nossas músicas, como ainda escolhia algumas das músicas a serem apresentadas, e, principalmente, cuidava de detalhes de harmonia em nossa nova configuração musical.

Depois de um tempo tocando junto com o prof. Moreira, pedi para que ele me desse aulas de violão clássico, pois havia me afastado da música clássica por causa do rock e do samba, e, naquele momento, pretendia voltar a estudar.

Ele gostou da ideia, afinal, como dito acima, já estávamos tocando juntos desde algum tempo em casamentos. Então me convidou para ir até a sua casa em uma manhã para acertarmos detalhes. Ele morava em uma casa próxima ao aeroporto de Congonhas, e, quando cheguei, me lembro de ter gostado demais do estilo da casa por estar iluminada com os raios de Sol adentrando seus cômodos. Lembro-me ainda de como fiquei triste quando ele se mudou para um apartamento bastante amplo na Vila Mariana, que, embora fosse até mais próximo para mim, não tinha o charme e engraçamento daquela casa.

Ao chegar em nosso primeiro encontro na condição de professor-aluno, ele me deu o violão para que eu mostrasse como era o meu estágio com o instrumento. Frise-se que nos casamentos me alternava entre o órgão e o violão de acompanhamento. E aí conheci uma das maiores humilhações experenciadas em minha vida, mas, ainda assim, igualmente uma das minhas maiores superações.

Eu não sei dizer as razões que me levaram a isso, mas, em vez de fazer o dedilhado que fazia nos casamentos, e que de alguma maneira o prof. Moreira conhecia, ainda que minha performance fosse bastante limitada diante de seus padrões de música clássica, o espírito roqueiro se fez presente e peguei o violão em meus braços e tirei a palheta da carteira para tocar.

Ele imediatamente interveio dizendo que jamais permitiria alguém tocar com palheta em seu violão, um instrumento nobre e totalmente destinado à música clássica. Ele disse ainda que até mesmo no universo da guitarra, quem de fato tocava com esmero e técnica, como era o caso dos guitarristas de jazz, não usava palheta, e que esse adereço era símbolo da mediocridade dos que não sabem como tocar a guitarra.

E que a partir disso, ele não me daria aula de violão, e que embora gostasse de tocar em meu grupo de casamento, ele, inclusive, renunciava a tudo, mas não iria se expor a dar aula para alguém que se posicionava diante dele com uma palheta na mão.

Eu insisti para que ele me desse aula e que iria me dedicar com afinco para superar esses percalços. Ele disse ainda de sua reputação como renomado violonista clássico e grande referência no ensino do instrumento e que não poderia perder tempo com alguém que vinha se posicionar diante dele com uma palheta na mão.

E não sei por que razão, em dado momento, ele se acalmou de sua fúria e me perguntou se ao menos eu sabia ler música. Respondi afirmativamente, mas ele com muita incredulidade apanhou uma partitura e pediu para que eu solfejasse[35] e mostrasse minhas aptidões na leitura musical. E nem mesmo a nossa experiência tocando em casamentos o fez arredar dessa dúvida da minha condição de leitura de uma partitura musical. Embora ele fizesse os arranjos para as nossas músicas em partituras musicais, naquele momento ele duvidou de tudo.

E assim aconteceu, solfejei e ele pôde constatar que eu sabia ler música com desenvoltura, afinal, antes da fatídica experiência com o rock, havia estudado música nos moldes tradicionais.

Iniciei os estudos com o prof. Moreira, e de imediato foi muito árduo aceitar a maratona de exercícios muito difíceis e que exigiam sobremaneira muito esforço das mãos, principalmente da mão esquerda. Mas eu estava decidido a me superar e a levar adiante os estudos de violão.

Ele começou a perceber o meu esforço e passou a valorizar com destaque a cada etapa superada. E como tocávamos juntos no grupo de

[35] Solfejo, no conceito da música, é a arte de saber ler as notas que estão numa pauta, seguindo as respectivas alturas e ritmos anotados em uma partitura.

casamento, o nosso vínculo se estreitava, o que facilitava sua disponibilidade e tolerância com a minha evolução no estudo de violão clássico.

Eu voltei à música clássica de modo triunfal!

E nunca mais a deixei, pois, embora tivesse continuado a frequentar os ambientes do samba e de outros gêneros musicais como as maravilhosas rodas de choro, a música clássica se tornou algo vincado em minha alma e a minha maior referência de vida.

Durante muitos anos, não sei precisar exatamente quanto tempo se passou nessa alternância, via o prof. Moreira nas aulas semanais de violão e nos dias em que tocávamos em casamentos, algumas vezes em vários dias na mesma semana, principalmente nos meses em que havia muitos casamentos para o nosso grupo.

O prof. Moreira era um grande incentivador para que eu deixasse a psicologia que, segundo suas palavras, não me levaria a lugar nenhum, e me dedicasse plenamente à música, o que, segundo suas palavras, era o verdadeiro espaço que me era destinado em vida. Ficamos muito próximos por alguns anos, quando ele se mudou para o Guarujá, uma cidade litorânea. Eu não tenho marcos referenciais para determinar com exatidão o tempo em que estivemos próximos, mas o seu incentivo para que eu deixasse a psicologia me lembrava a Mãinha insistindo para que eu voltasse a estudar.

CAPÍTULO 4

O verdadeiro início da minha trajetória profissional ainda como aluno de psicologia

4.1 – Penitenciária Feminina da Capital

E foi tocando em casamentos que a minha verdadeira trajetória em psicologia se iniciou, algo totalmente insólito e a esmo, aliás, como tudo que acontece em minha vida.

Em um determinado casamento, uma freira subiu ao local onde nos situávamos para a performance musical e se identificou como sendo da Ordem do Bom Pastor. Disse ainda que a sua ordem administrava a Penitenciária Feminina da Capital e que ela respondia pela parte artística das detentas. A Irmã Carolina[36], esse o seu nome, então, me convidou para organizar um conjunto coral com as detentas dessa penitenciária. Achei a proposta muito interessante e fascinante e lá me direcionei para uma atividade musical, nada mais do que isso.

Na penitenciária, conheci o Serviço de Psicologia e me estreitei com as psicólogas que lá atuavam, e antes de iniciar minhas atividades, passava por esse setor e mantinha um relacionamento bastante amistoso e prazeroso com as psicólogas que, após um breve período de relacionamento, me convidaram a participar dessas atividades.

Dessa maneira, ia para a penitenciária para cuidar do grupo musical e, na sequência, passei também a participar das atividades do Setor de Psicologia, primeiramente como mero observador e depois como alguém que se iniciava em sua trajetória profissional.

[36] Os religioso, principalmente os de ordens religiosas, adotam um nome diferente de seus verdadeiros nomes quando fazem os votos de entrada para a vida religiosa. Dessa maneira, cito os nomes desses religiosos sem expor suas verdadeiras identidades.

Nesse momento, gozava da estima das freiras que administravam a penitenciária, principalmente da diretora principal, a Madre Assunção, que sempre pedia para me chamar para tecer reflexões sobre a vida comigo. Algo que me era muito inusitado, afinal, eu ia para lá, incialmente, para cuidar do grupo musical, e depois adentrei ao Serviço de Psicologia, e, naquele momento, me via sendo diferenciado pelas freiras da administração. Tudo muito inusitado, e, verdadeiramente, longe da minha percepção e compreensão.

Paralelamente a essa intensa vivência na penitenciária, a mim ainda cabia frequentar o curso de psicologia. E nessas alturas, já era considerado um notório mau aluno, alguém que para os colegas não teria a menor condição de ser psicólogo. Os colegas me olhavam com verdadeiro desdém, tanto na sala de aulas como no pátio, afinal, de seu ponto de vista, eu era apenas alguém que fazia da faculdade mero contexto de lazer, e jamais local de estudo e dedicação acadêmica.

E isso incluindo também as inúmeras reprovações que eu já havia experenciado nos semestres anteriores. O que não se sabia, nem eu tampouco, é que a minha formação estava sendo forjada fora da faculdade, em locais em que a psicologia era real e verdadeira, e totalmente distante da frieza dos ensinamentos teóricos da faculdade.

Dentro dessa realidade que era vivida por mim fora dos muros acadêmicos e que me propiciava uma nova visão do que era psicologia, ocorreu o primeiro embate entre algo que o professor ensinava aos alunos e o que eu presenciava na vida real.

Esse confronto aconteceu na disciplina Teorias e Técnicas de Psicoterapia. O prof. AG estava ensinando aos alunos os fundamentos do teste *As Pirâmides Coloridas*, de Pfister. Ele, então, explicou que esse teste era baseado na teoria do inconsciente coletivo de Jung, e que, dessa maneira, o significado das cores era universal. Ou seja, o significado da cor azul, por exemplo, era o mesmo em qualquer circunstância. Imediatamente me posicionei contrário a tal afirmação.

De início, o prof. e os colegas estranharam a minha manifestação, principalmente por eu ser considerado um notório mau aluno. Em seguida, ele me perguntou em que eu estaria me baseando para negar a asserção de um teste tão conhecido e utilizado em larga escala.

Expliquei, então, a minha atuação na penitenciária, local onde o uniforme das detentas, na ocasião, era azul, e uma das primeiras coisas que as freiras que dirigiam aquele estabelecimento penal me ensinaram era para que não usasse roupas de cor azul quando fosse lá, afinal, elas odiavam essa cor e isso era aversivo para elas.

O prof. AG ainda argumentou sobre a teoria junguiana, e eu defendi ardorosamente a minha posição. A classe ficou atônita com a minha intervenção, afinal, não era crível que um mau aluno enfrentasse um professor daquela maneira, e de modo totalmente surpreendente para todos os presentes, o prof. AG estava sendo acuado pelos meus posicionamentos.

Os argumentos foram sendo desfiados e a coisa se tensionou sobremaneira quando eu simplesmente coloquei que, se ele desejasse, eu conseguiria autorização para que os seus alunos aplicassem esse teste na penitenciária, e caso ele tivesse razão, eu estaria automaticamente reprovado na disciplina dele. Mas, ao contrário, se a razão estivesse comigo. eu estaria aprovado. Ele inicialmente hesitou, argumentou e, finalmente, desconversou e não aceitou o meu desafio.

A partir desse dia, e com os colegas conhecendo minha atuação fora da faculdade, tudo o que eu colocava em aula era respeitado e assimilado antes de qualquer tentativa de rechaço.

Eu continuava a ser mau aluno, mas agora os colegas sabiam de minha atuação fora do contexto acadêmico, e isso, inclusive, gerava muitos questionamentos sobre essa minha faceta que, até então, era desconhecida da maioria dos colegas e professores. Aliás, verdadeiramente, até para mim mesmo.

Esse teste mencionado, na realidade, é totalmente inconsistente, pois até mesmo cores clubísticas são rejeitadas pelas desafetos de um determinado clube. Assim, por exemplo, em São Paulo, a torcida do Corinthians não suporta a cor verde por representar seu rival, o Palmeiras, que por sua vez, tem uma torcida que não suporta preto por representar a cor do Corinthians. Da mesma maneira, em Minas Gerais, a torcida do Atlético Mineiro não suporta a cor azul por essa representar o Cruzeiro, que por sua vez tem uma torcida que não suporta preto por representar a cor do Atlético Mineiro. Simples assim...

Após esse embate inicial com o prof. AG, outros tantos se sucederam nas mais diferentes disciplinas, e passei, então, a ser conhecido como o mau aluno que enfrentava os professores em seus ensinamentos, fazendo contrapontos com a realidade extra-acadêmica.

E dessa maneira, a cada nova aula, um novo desafio para os que davam aulas na minha turma. Verdadeiramente, algo muito insólito, pois de mau aluno e relegado totalmente a uma condição de alguém sem condições nem mesmo para ser psicólogo, passei a ser referência de comentários e citações entre colegas e professores.

4.2 – O início da minha atividade junto a pessoas em situação de rua

E, a partir das freiras do Bom Pastor, conheci as religiosas da OAF (Organização do Auxílio Fraterno), onde comecei a atuar junto a crianças em situação de rua. Saí da penitenciária[37] quando as religiosas do Bom Pastor saíram, e passei a atuar apenas na OAF com pessoas em situação de rua, e assim se passaram alguns anos em que o meu Natal e Réveillon eram passados junto a pessoas em situação de rua, um trabalho simplesmente maravilhoso e que me vincou por todo o sempre.

As religiosas responsáveis por esses trabalhos, em especial a Ninuca e Fortunata, esses os seus nomes religiosos, eram simplesmente fantásticas, e foi uma verdadeira dádiva poder partilhar situações tão delicadas de vida com pessoas tão especiais, verdadeiros anjos de luz nos caminhos dos desesperançados.

A minha ligação maior era com a Fortunata, pois era ela a responsável pelas nossas diligências nas ruas, e o modo como ela acolhia e tratava os desesperançados é algo para se guardar dentro do coração com esmero para não se perder diante dos desatinos da vida. Ela era pernambucana e seu modo de agir era algo tão delicado que se contrapunha drasticamente a tudo que se podia conceber como vivência

[37] No capítulo 7 deste livro, tecerei comentários mais detalhados sobre a minha atuação na Penitenciária Feminina da Capital.

nas ruas pela madrugada. Impressão que se tinha ao ver o respeito e carinho que as pessoas em situação de rua dedicavam a ela era que algo muito especial emanava dela e inundava o coração de todos que com ela convivessem. Fiz um registro da minha atividade com pessoas em situação de rua por ocasião da minha atuação junto às vítimas da Cracolândia[38], pessoas que além de estarem em situação de rua, ainda trazem sobre si o desespero da drogadição extremada[39].

4.3 – O início da minha trajetória na realidade hospitalar

Sequencialmente, entrei no Círculo Santa Verônica, também ligado a OAF e que atendia pessoas vítimas de tentativa de suicídio no pronto-socorro do Instituto Central do Hospital das Clínicas da FMUSP (Faculdade de Medicina da Universidade de São Paulo)[40]. E uma vez no pronto-socorro, meus caminhos se definiram de modo absoluto. E no Círculo Santa Verônica tive a dádiva de aprender o sentido do acolhimento ao desesperançado de modo genuíno e sem qualquer conotação religiosa. Embora o Círculo Santa Verônica fosse uma entidade de cunho religioso, a formação dos voluntários para a intervenção nessa realidade de pronto-socorro era totalmente voltada para a situação de desespero, sem que se recorresse a valores religiosos, e isso era algo admirável, pois se enfatizava a situação da pessoa vítima de tentativa de suicídio envolta em situação de desespero, e, portanto, sem qualquer possibilidade de algo que tivesse características religiosas.

E um dos grandes aprendizados desse período foi o acolhimento através do silêncio. A postura de se manter em silêncio diante da dor e do desespero do paciente. O silêncio como sustentáculo emocional diante

[38] *Flagelo e desespero humano. Parêmias da Cracolândia*, ANGERAMI, V. A. Belo Horizonte: Artesã Editora, 2017.

[39] Detalhes da minha atuação junto às vítimas da Cracolândia está descrita no Capítulo 7 deste livro.

[40] Essa atividade está descrita em detalhes no Capítulo 7 deste livro.

da desesperança. E isso era algo fantástico, pois, além de ser totalmente distante do que se via na faculdade, com as mais diferentes técnicas de intervenção através da palavra, mostrava ainda a necessidade de uma superação contínua, pois o que era preconizado era a importância de se ouvir em silêncio a dor do outro.

Posteriormente, já psicoterapeuta e referência profissional na área e autor de livros, escrevi um capítulo intitulado "A arte da psicoterapia",[41] em que enfatizo a importância do silêncio e estabeleci contraponto bastante significado aos moldes da psicoterapia tradicional.

E na medida em que a vida é um acúmulo de aprendizados que se sobrepõem uns aos outros, tenho claro em minha percepção, e com muita gratidão, de que tudo que teorizo e escrevo sobre a importância do silêncio em psicoterapia adveio desse aprendizado no Círculo Santa Verônica.

Os casos atendidos por mim nessa realidade certamente forjaram o profissional que eu viria a me tornar de modo indissolúvel. Ali eu estava sendo entalhado em nuances significativas sobre o sentido da vida e seu contraponto com a total obnubilação de consciência que turva de modo absoluto as possibilidades de soerguimento em situações de desespero e desesperança. Permaneci vinculado ao Círculo Santa Verônica por cerca de dois anos.

O Círculo Santa Verônica deixou o pronto-socorro, mas eu permaneci, e dessa vez vinculado ao grupo pertencente à Pastoral da Saúde da Arquidiocese de São Paulo, que passou a realizar a atividade exercida pelo Círculo Santa Verônica nessa realidade, e que possuía psiquiatras, assistentes sociais dentre os profissionais que faziam o sustentáculo teórico e prático dessa atividade.

Desde então, pelos mais variados atalhos e sendas, a minha trajetória sempre esteve envolta em questões envolvendo a temática do suicídio.

A partir dessa nova inserção na Pastoral da Saúde, com profissionais da área da saúde, que além da discussão dos atendimentos realizados,

41 A arte da psicoterapia, ANGERAMI, V. A. In ANGERAMI, V. A. (Org.). *As várias faces da psicologia fenomenológico-existencial*. São Paulo: Cengage Learning, 2005.

também promoviam leituras e debates teóricos sobre a temática do suicídio, as coisas envolvendo a realidade do suicídio foram adquirindo consistência e formatação em meu campo perceptivo.

E dessa maneira conheci os livros de Farberow[42], certamente um dos autores que mais iria me influenciar ao longo da minha trajetória profissional, principalmente na compreensão diferenciada sobre o suicídio, e que distava de modo abismoso do enquadre até então conhecido sobre o suicídio e suas vítimas, pessoas inseridas em alguma entidade nosológica.

Farberow, ao contrário, via o suicídio como algo presente na vida contemporânea pela desesperança e desespero em que a vida humana se encontrava mergulhada cada vez com mais intensidade. Seus escritos me traziam um olhar de compreensão que tornava o suicídio como algo verdadeiramente humano e que poderia acometer qualquer pessoa nas mais diferentes situações. E jamais algo que era inerente apenas e tão somente a quem possuísse algum sério distúrbio psíquico.

O suicídio visto como um fenômeno humano e não como um sério distúrbio psíquico.

Detalhe, um mero detalhe, eu ainda não era formado em psicologia, e já estava em um pronto-socorro atendendo pessoas vítimas de tentativas de suicídio. E continuava a ser considerado mau aluno, afinal, não ia nada bem nas disciplinas do curso de psicologia, mas dessa vez por constatar que a realidade da vida distava de modo abismal do que era ensinado nas lides acadêmicas.

E, verdadeiramente, a mim não me era crível e tampouco poderia conceber, que estava iniciando uma trajetória que seria referência e mesmo modelo teórico para muitos profissionais que viriam sequencialmente para atuar na realidade hospitalar. Eu apenas cumpria meu ritual de atendimentos e discussão de casos com os colegas da Pastoral da Saúde e sequer poderia aceitar que eu estava sendo forjado para inúmeras publicações sobre a temática do suicídio e ainda sobre a realidade hospitalar.

[42] FARBEROW apud ANGERAMI, V. A. *Suicídio. Uma alternativa à vida. Fragmentos de psicoterapia existencial.* Belo Horizonte: Artesã Editora, 2017.

4.4 – O término do curso de psicologia, uma verdadeira ascese espiritual

Dentro dessa perspectiva de atuação junto às vítimas de tentativa de suicídio, e sem estar formado em psicologia, a mim me restava efetivar uma dedicação extra para conseguir terminar o curso e, finalmente, adquirir habilitação profissional. Eu vivia algo totalmente insano, pois além dessa atividade junto às vítimas de tentativas de suicídio, também dava aula de psicologia em um colégio no bairro do Ipiranga. E na faculdade caminhava de modo totalmente inconsistente e com muito esforço consegui chegar ao 8º período, e aí uma nova etapa se mostrava de modo bastante desafiador.

Um mero estudante de psicologia diante das agruras da psicopatologia

Nas estruturas curriculares da maioria dos cursos de psicologia, no 8º período se encerra o período de bacharelado, e o 9º e 10º períodos se concentram o período de aprendizado de prática clínica para os que escolheram psicologia clínica. Esses períodos são efetivados nas clínicas escolas das faculdades de psicologia e implicam em atendimentos clínicos supervisionados. Dessa maneira, não é possível prosseguir do 8º período com dependência em alguma disciplina em que o aluno não tenha sido aprovado, pois, inclusive, após o término desse período o aluno já se tornava bacharel em psicologia.

Na faculdade em que eu cursava psicologia no 8º período, havia a disciplina de psicopatologia, cujo professor era por demais severo e reprovava muitos alunos. E isso implicava que esses alunos iriam continuar seus estudos em outras turmas com a respectiva separação da turma inicial, o que evidentemente não era o meu caso, pois já havia passado por inúmeras turmas e períodos como fruto das minhas reprovações.

E a mim restava superação para galgar esses degraus decisivos para concluir o curso de psicologia e assim conseguir a minha habilitação profissional. E se de uma parte eu havia perdido muito tempo simplesmente por não levar a sério minha trajetória universitária, de outra, agora era mister terminar com isso tudo e me dedicar ao verdadeiro exercício da psicologia com a devida habilitação profissional. Afinal, eu já estava atuando na área e ainda não havia concluído minha formação acadêmica.

E nas primeiras aulas de psicopatologia, percebi claramente que o prof. AS era muito rigoroso em suas exigências ao que era transmitido. Outros professores desse período, em sua maioria, eram meus conhecidos de outras disciplinas, o que implicava dizer que já conheciam minha fama de enfrentamento ao que era transmitido em aula, o que já foi dito anteriormente. Ainda assim, em alguns contextos continuava a carregar a pecha de mau aluno, alguém que simplesmente não levava o curso de psicologia a sério. E isso apesar de que as minhas atividades extra-acadêmicas já fossem conhecidas pela maioria dos colegas.

O prof. AS, por outro lado, não tinha qualquer preocupação com isso e dava suas aulas sem considerar minha presença, e aliás, não sei mesmo se ele tinha alguma informação sobre mim, e da minha insolência nas outras disciplinas, assim, ao menos eu era considerado. E de minha parte eu simplesmente permanecia calado em suas aulas, pois tudo o que ele ensinava de psicopatologia me era totalmente inacessível, justamente pela minha vivência extra-acadêmica.

Ah, e como mero detalhe, conhecia a realidade manicomial do Juqueri de modo intenso, como descrito anteriormente. E isso era algo que não apenas me inquietava como, principalmente, me deixava atônito com ensinamentos tão limitados e excludentes da própria realidade.

O prof. AS tinha uma postura que impunha respeito diante de seu conhecimento teórico, pois mostrava de modo claro e indiscutível um domínio absoluto sobre a temática que se propunha a ensinar.

Não havia o menor titubeio aos conceitos de psicopatologia que ele transmitia e sobre os quais versava comentários sempre muito interessantes, e até mesmo intrigantes. E assim suas aulas transcorreram sem qualquer incidente ou embate que me envolvesse.

Afinal, se de um lado eu simplesmente não aceitava seus conceitos, pois me era claro que não tinha o embasamento filosófico que hoje possuo para fazer qualquer contraponto aos ensinamentos proferidos por ele em suas aulas, de outro, tinha a vivência de convívio direto com o manicômio do Juqueri de forma direta e sem qualquer proteção.

No entanto, era indiscutível que as coisas colocadas por ele possuíam consistência bastante sólida para sofrerem questionamentos.

Nessa toada, chegamos ao dia da primeira prova de sua disciplina. Eram duas provas, e entre elas tinha início o chamado estágio prático, situação em que os alunos iam a um hospital psiquiátrico conveniado com a faculdade, onde os assistentes do prof. ° AS entrevistavam uma paciente e depois discutiam o caso embasado nos ensinamentos teóricos proferidos em sala de aula.

E na prova ele descreveu um caso para que fosse analisado a partir de seus conceitos teóricos. Um caso verdadeiramente complexo para ser analisado, mas de fato a prova exibia apenas um caso. Algo insólito, pois da análise desse caso dependia até mesmo a sequência dos alunos para o restante do período das aulas da disciplina. E por assim dizer, até mesmo a finalização do 8° período e do próprio curso. A sorte assim estava lançada. Não podemos nos esquecer que muitos alunos não sequenciavam para o 9° período do curso, a fase da clínica, em razão de reprovação nessa disciplina, algo detalhado acima.

Diante do caso exposto, li e reli por diversas vezes e pensei no que escrever, pois absolutamente não conseguia estudar psicopatologia a partir dos conceitos trazidos pelo prof. AS, aliás, conceitos vigentes na quase totalidade dos institutos e cursos de psiquiatria e de psicopatologia.

Fiquei alguns instantes pensativo antes de iniciar a escrita propriamente dita, e observava os colegas escrevendo com destreza seus comentários sobre o caso trazido para análise.

Naquele momento, estava lendo o romance *A Náusea*[43] de Sartre, livro que, embora não fosse qualquer de suas publicações filosóficas, ainda assim, trazia em seu bojo os princípios consagrados em suas obras existencialistas.

Os princípios do existencialismo consagrados por Sartre em seus tratados filosóficos estavam presentes em *A Náusea*, e conceitos como tédio e angústia eram exibidos de forma magistral através de seus personagens. E uma força irrebatível me impeliu a analisar o caso exposto na prova pelo prof. AS a partir do que estava lendo em *A Náusea*.

[43] SARTRE, J. P., *A náusea*. Rio de Janeiro: Editora Nova Fronteira, 1983.

Algo inusitado, afinal, sabidamente não era o que o prof. º AS estava pedindo para avaliação dos alunos em sua disciplina. Escrevi, escrevi, sem esmorecer em meu intento. E preenchi três folhas de papel almaço, as folhas utilizadas naquele tempo para as provas de algumas disciplinas acadêmicas.

Os colegas e mesmo o prof. AS estavam perplexos de me verem tão prolixo diante do caso exposto para análise. Fui o último aluno a entregar a prova diante do olhar de total incredulidade do professor e dos colegas. Não era crível para ninguém que eu pudesse estar estudando psicopatologia com tanto afinco e dedicação.

Aliás, nem mesmo eu podia crer em minha atitude de analisar o caso do prof. AS a partir do romance do Sartre e não de seus ensinamentos em aula. Aquilo era praticamente uma sentença de reprovação, pois, sabidamente, e sem sombra de dúvidas, não estava respondendo ao que ele havia solicitado. Notoriamente seguia por caminho inverso, e simplesmente me expunha a mais uma reprovação. Reprovação que me impediria de acessar ao 9º período e assim concluir o curso de psicologia, algo que estava sendo imprescindível naquele momento, pois já atuava na área de maneira totalmente inusitada, e, diria mesmo, irregular.

Uma força incontrolável me havia impelido a agir dessa maneira, algo que não conseguia definir o que era, mas que certamente estava me compelindo a algo incontrolável e totalmente desconhecido. Os colegas de turma perguntavam o que eu tanto havia escrito naquela prova, e decididamente era algo que não sabia responder com precisão.

Afinal, eu simplesmente havia feito uma digressão teórico-filosófica sobre o caso apresentado pelo prof.º AS a partir de um romance de Sartre.

Algo insólito até mesmo para mim!

E a coisa que mais me martelava o pensamento era que havia abandonado a oportunidade de terminar a minha formação acadêmica com celeridade, afinal, teria sido mais plausível que me dedicasse a estudar com afinco os ensinamentos trazidos à baila pelo professor, por mais que me fossem aversivos. Mas não, simplesmente tergiversei sobre o caso apresentado de maneira totalmente aleatória e abstrata, e com o agravante de que tudo que havia escrito era distante daquilo que havia sido apresentado em aula.

E nesse turbilhão de emoções, houve uma noite em que na Catedral do Samba praticamente me mantive isolado de todos que estavam em nossa mesa e fiquei absorto em minha garrafa de vinho, refletindo sobre a maneira como havia desperdiçado a oportunidade de acelerar minha formação. Tudo era estranhamente absurdo, e o que me restava era tentar me redimir dos fatos e tentar superar os resultantes da minha própria ação.

Finalmente, chegou o dia em que o prof. AS trouxe as provas e as respectivas notas. Ele, antes de entregar as provas devidamente corrigidas para os alunos, fez uma breve explanação sobre a necessidade de os alunos se dedicarem com mais afinco à sua disciplina e estudarem com mais determinação, pois a maioria das notas estava abaixo da média mínima necessária para aprovação.

De como aderi à antipsiquiatria

Após essas colocações, ele simplesmente afirmou que, por outro lado, havia uma nota dez, algo que fazia muito tempo que não ocorria em sua disciplina, e que isso era algo que além de tê-lo surpreendido era admirável pela construção teórica apresentada. A classe como um todo ficou atônica com essas colocações e à espera de que o autor dessa façanha fosse identificado. E para surpresa geral, veio a colocação bombástica: a mim coube a proeza de ter sido o autor da prova que mereceu nota dez do prof. º AS.

Isso era algo totalmente incrível e absurdo, afinal, a mim me parecia claro que não havia sequer tangenciado em minha escrita ao que ele havia exposto em aula.

Depois dessas colocações, o prof. º AS se dirige a mim e diz:

— *Angerami, você não escreveu a partir das minhas colocações em sala de aula, mas sua fundamentação em antipsiquiatria é fantástica. Você pelo visto é um grande estudioso de Laing e Cooper.*

Até aquele momento, jamais havia ouvido falar em Laing e Cooper e tampouco em antipsiquiatria. Mas não titubeei em minha resposta:

— *Sim, sim, estudo Laing e Cooper além de me interessar pelas publicações sobre antipsiquiatria.*

E para surpresa geral, e diante da incredulidade dos meus colegas de turma, ele elogiou minha fundamentação teórica à exaustão e passou o restante da aula falando dessa vertente intitulada antipsiquiatria. Os colegas ficaram atônitos e totalmente reféns de uma estupefação incontida, afinal, o mau aluno tinha a nota máxima do prof. AS. Além de elogios imensuráveis por parte do professor aos meus escritos.

E aqui tive uma lição de vida espetacular, pois o prof. AS simplesmente mostrou ser possível aceitar pensamentos e teorias divergentes, desde que estejam bem fundamentados. Isso era algo totalmente novo, afinal, os demais professores simplesmente reprovavam quem ousasse divergir de seus ensinamentos.

E a partir daquele momento, a mim me coube assumir que era adepto da antipsiquiatria, pois isso era algo que me diferenciava e me deixava em destaque nas aulas de psicopatologia.

Ao deixar a sala de aula, fui à livraria que havia no pátio da faculdade e perguntei pelos livros de Laing e Cooper. O livreiro, então, me apresentou vários livros desses autores e um deles, o estupendo *Razão e Violência*[44], escrito conjuntamente por Laing e Cooper, e com prefácio do próprio Sartre. Aliás, esse prefácio do Sartre é belíssimo, ele agradece o fato desses autores estarem trazendo sua obra filosófica para o campo da psiquiatria e anseia o dia em que a psiquiatria se tornará verdadeiramente humana.

E de minha parte, ao ver que Laing e Cooper se embasavam em Sartre para tecer suas reflexões teóricas, resolvi deixar a leitura de suas obras para depois e resolvi continuar na leitura dos romances de Sartre, pois, havia concluído que neles também havia substratos consistentes de sua obra filosófica.

Essa viagem imaginária aos meus tempos acadêmicos me leva a uma imersão sobre os diferentes desdobramentos pelos quais minha trajetória foi sendo construída de maneira arquitetônica, totalmente disforme de tudo que se pode conceber.

Nesse momento, estou escrevendo sorvendo o meu vinho francês com nacos de queijos embebidos em azeite e ervas. Algo insólito para

[44] *Razão e Violência*, LAING, R., COOPER, D. Petrópolis: Editora Vozes, 1972.

se pensar na escrita de um livro, pois, ainda que alguns autores possam ter o vinho como companhia de seus escritos, o comum, talvez até mesmo o esperado, seja a predominância da companhia do café para que a consciência se mantenha desperta.

Olho para a taça de vinho e vejo sua coloratura envolta em sua consistência e me vejo refletido como se fosse um espelho a me transportar para outros momentos. O rio do tempo nos leva para caminhos desconhecidos e para os quais muitas vezes não temos a devida consistência emocional para qualquer tipo de enfrentamento. E assim seguimos no enfrentamento das intempéries em alternâncias com o prazer das muitas conquistas que se somam em contraponto.

O vinho se alterna com o copo de água, tanto para a depuração salivar, como para evitar desidratação. Água e vinho e temos a combinação para que o prazer da degustação seja pleno e harmonioso. Harmonia igualmente buscada vida afora, e que muitas vezes tem seus constitutivos buscados com avidez e sem a devida alternância diante das possibilidades que emergem nesse processo.

Voltemos à disciplina de psicopatologia!

Na sequência, adentramos ao chamado *estágio prático* do módulo de psicopatologia. E, na realidade, de estágio não havia nada, pois os alunos simplesmente se dirigiam a um hospital psiquiátrico que mantinha convênio com a faculdade, onde presenciavam um dos psiquiatras assistentes do prof. AS entrevistarem uma paciente, para, sequencialmente discutirem o caso com os alunos.

E para essa atividade os alunos eram obrigados a comparecerem ao hospital trajados com jaleco branco, apetrecho que fazia da atividade, ao menos no imaginário de muitos alunos, algo além da simples observação da entrevista realizada pelo psiquiatra assistente. O jaleco branco revestia essa atividade de algo que na realidade não existia, pois o que era chamado de estágio era apenas e tão somente uma visita hospitalar sem qualquer contato mínimo com as pacientes. Éramos meros observadores de uma entrevista conduzida sem qualquer participação dos alunos.

E assim compareci à primeira *aula prática* no hospital psiquiátrico. E devidamente paramentado com o jaleco branco. Sentei-me na primeira fila e observei o psiquiatra assistente entrevistando uma paciente diagnosticada de psicose puerperal.

Após a entrevista, a paciente foi dispensada como era praxe nessas situações, e o psiquiatra assistente passou a discorrer sobre o caso, explicando detalhes e pormenores dessa entidade nosológica definida como psicose puerperal.

Os alunos ouviam atentos aquelas explicações quando solicitei a palavra, ao que o psiquiatra assistente prontamente anuiu, mesmo tendo um desconforto pela minha presença, pois naquele momento, embora não tivesse sequer resquícios da fundamentação filosófica que hoje possuo, eu era um representante da antipsiquiatria, e, portanto, adverso ao que eles ensinavam. E a minha pergunta foi simples e objetiva, e mais uma vez embasada naquilo que eu havia sorvido nos romances de Sartre:

— *E qual o sentido dessa doença na vida da paciente? Porque alguém que nunca apresentou qualquer tipo de sintoma, justamente no momento consagrado à maternidade, momento ansiado pela maioria das mulheres, a paciente adoece? Qual o sentido dessa doença nesse momento?*

O psiquiatra assistente se contorceu de modo admirável, mas simplesmente não conseguiu responder às minhas questões. E frise-se mais uma vez, eu não possuía constitutivo filosófico para embasar o que quer que fosse, muito menos para enfrentar algum dos representantes da psiquiatria tradicional.

Mas a fragilidade que a psiquiatria tradicional exibia era algo simplesmente desprezível, afinal, o que eu havia vivido desde a tenra infância eram os efeitos danosos dessa especialidade médica em seus tentáculos mais assombrosos: a internação manicomial de minha avó materna e suas consequências funestas a todas as partes envolvidas na vida de uma paciente.

Era essa constatação que me invadia a alma e me deixava atônito, afinal, a minha avó materna havia sido trancafiada no Manicômio do Juqueri por profissionais com a visão tão estreitada como a dos responsáveis pela disciplina de psicopatologia onde eu havia cursado psicologia, dignos representantes da ortodoxia psiquiátrica.

E assim ocorreu o primeiro dia da chamada *aula prática, ou estágio prático*, faces similares da mesma esculhambação acadêmica. Sim, esculhambação, pois não se pode perder de parâmetro que estágio é um período de prática profissional em que o estagiário se desenvolve para aprender aspectos importantes de sua profissão. Seguramente chamar de *estágio prático*, ou mesmo *aula prática* uma atividade em que o aluno apenas observa passivamente sem qualquer participação é desvirtuar, inclusive, o conceito do que é estágio. E o pior é que isso persiste até os dias atuais, com as faculdades de psicologia mantendo esses cursos de psicopatologia acoplados a essas chamadas *aulas práticas* em hospitais conveniados.

E se quisermos adentrar ainda mais nessa esculhambação dos chamados estágios curriculares-acadêmicos, temos uma infinidade de abusos que seria impensável descrever a todos. Como mero exemplo, cito o que ocorre em muitos hospitais particulares em que o serviço de enfermagem é praticamente efetivado por estagiários de faculdades de enfermagem sob a supervisão de professores e coordenadores das respectivas áreas de especialização. Ou seja, esses hospitais possuem serviços qualificados de enfermagem uma vez que estão sob a égide de acadêmicos ávidos para aprender e se desenvolver profissionalmente e sob supervisão altamente especializada, e, sem qualquer custo. Esses hospitais não pagam remuneração pela atividade em si, e sequer outras obrigações trabalhistas como auxílio transporte, vale refeição, férias etc.

Novamente a repercussão das minhas colocações na chamada *aula prática*, foram bombásticas e com as mais diferentes manifestações, pois, afinal, agora os meus colegas me tinham como alguém adepto da antipsiquiatria, e, portanto, devidamente qualificado para o enfrentamento aos professores de psicopatologia.

Isso, naturalmente, foi uma lenda criada em torno de mim, pois, repito, naquele momento não tinha fundamentação teórica sequer para definir conceitualmente o que era antipsiquiatria.

E sob essa atmosfera aconteceu sequencialmente a aula teórica do prof. AS que, após terminar sua exposição e ao final das atividades, se dirigiu a mim e disse que precisava falar comigo. Então, ele, em privado, me diz que estava me dispensando das chamadas *aulas práticas*. Fiquei perplexo e perguntei se aquilo significava reprovação.

Ele disse que, ao contrário, apenas não queria expor seus assistentes às minhas arguições, pois, eles não teriam condições desse enfrentamento teórico e seria constrangedor ficarem reféns desse despreparo e expostos dessa maneira diante dos alunos. Ele me disse ainda que não havia necessidade da minha presença, pois era notório que eu estudava com afinco questões que colocariam em risco o que eles transmitiam aos alunos.

Estava dispensado das *aulas práticas*, o que significava uma manhã de sono pleno e repousante, afinal, essas aulas eram no período da manhã, período em que eu frequentava as aulas nesse momento.

Dessa maneira, seguimos para a segunda prova do curso de psicopatologia, e novamente o prof. AS expos um caso para ser analisado pelos alunos. E a mim me parecia óbvio nesse momento que a minha análise teria de ser embasada nos que eu havia apreendido dos romances de Sartre, pois eles, de alguma maneira, exibiam detalhamentos da antipsiquiatria.

E assim ocorreu, e mais uma vez escrevi três folhas de papel almaço destrinchando meus comentários e análises. Apenas dessa vez não houve surpresa quando o prof. AS exibiu as notas, e mais uma vez a mim me coube a nota dez. Outros alunos já estavam aflitos com a perspectivas de terem de prestar exame final e possível segunda época, enquanto eu já estava plenamente aprovado sem qualquer restrição ao que quer que fosse.

E dessa maneira superei a disciplina tão temida de psicopatologia, e segui adiante rumo ano 9º período, já que as demais matérias foram facilmente superadas. Ressalte-se que ao terminar o 8º período, o aluno já se torna bacharel em psicologia, como dito anteriormente, e para se tornar psicólogo precisa ainda cursar o 9º e 10º períodos, que são justamente os determinantes de formação teórico-prática do psicólogo.

E a fase dos estágios de atendimentos supervisionados na clínica da faculdade estavam à minha espera acenando com toda a sua complexidade.

Uma nova etapa a ser superada, e seguramente algo que seria bem mais árduo pelos comentários que se ouvia de colegas que estavam nessa fase do curso, e por outros que já haviam passado por essa experiência. Mas era algo inevitável, pois era necessário cumprir essa etapa para obter a conclusão da minha formação profissional.

Eu me sentia muito ansioso, pois se já vinha encontrando dificuldades nas aulas teóricas em razão da minha inserção na prática profissional, e dessa maneira, colidindo frontalmente com professores e colegas, sabia, de antemão, que na clínica não haveria muita possibilidade de dialética e nem a aceitação de divergências por parte dos supervisores.

4.5 – O início das aulas e atividades na clínica-escola. E um novo estrondo profissional

De certa maneira eu já havia me acostumado a ser citado como alguém que já estava atuando na área de psicologia, e, por outro lado, em atividades que até mesmo profissionais mais experientes e qualificados se mostravam atônitos e surpresos pelas dificuldades apresentadas. Ainda assim, sabia que teria inúmeros obstáculos nessa caminhada, pois, certamente, seria enquadrado nas normas das atividades da clínica que sabidamente eram mais rigorosas e rígidas do que as vividas nos períodos anteriores da faculdade, inclusive pela tolerância de faltas permitidas.

Enfim, vivia um turbilhão de indagações e reflexões sobre como seria minha passagem pela clínica para, finalmente, obter a conclusão do curso de psicologia.

E nesse momento, sem qualquer orientação mais especializada, e apenas intuitivamente, estava lendo avidamente as obras de Laing e Cooper. E da mesma maneira, iniciei minhas leituras no estupendo *Crítica da Razão Dialética*,[45] de Sartre. Ou seja, iniciei minha leitura das obras filosóficas de Sartre por ser a obra que foi referência para Laing e Cooper em suas reflexões sobre a psiquiatria e a consequente criação da antipsiquiatria.

E isso ao contrário da maioria dos estudiosos da obra de Sartre que iniciam seus estudos lendo *O Ser e o Nada*[46], ou então *O Imaginário*[47]. Isso significava de alguma maneira que eu estava, ainda que sem consciência plena dos fatos, estudando uma abordagem filosófica e teórica que colidiam de maneira drástica e frontal ao que era preconizado na clínica e nas disciplinas cursadas anteriormente na faculdade.

[45] *Crítica da Razão Dialética*, SARTRE, J. P. Buenos Aires: Editorial Losada, 1979.

[46] *O Ser e o Nada*, SARTRE, J. P., Buenos Aires: Editorial Losada, 1981.

[47] *O imaginário*, SARTRE, J. P. São Paulo: Editora Ática, 1986.

Mas aquilo tudo para mim era estupendo, pois Sartre fazia uma junção em *Crítica da Razão Dialética* com princípios do marxismo às suas reflexões existencialistas.

Simplesmente fantástico!

Dessa maneira, começo a esboçar alguma compreensão sobre o modo como Laing e Cooper enfeixaram suas reflexões sobre o ponteamento dessa obra sartriana.

Finalmente, a minha afinidade e militância política com a ideologia de esquerda encontrava ressonância e destaque na minha prática em psicologia. Mas faltava a certificação formal para que eu pudesse ser definido como psicólogo. Estar envolvido em atividades tão complexas e fascinantes não fazia de mim um psicólogo. Mais do que nunca necessitava da conclusão do curso para obter a configuração real de psicólogo.

E nessa turbulência emocional aconteceu o primeiro encontro na clínica-escola da minha faculdade. Seriam cinco disciplinas teóricas acompanhadas de prática clínica devidamente supervisionada pelos responsáveis pelas respectivas disciplinas.

A primeira disciplina tinha como supervisora uma profissional que também acumulava a função de diretora dessa clínica-escola. E nesse primeiro encontro ela pediu aos alunos para que cada um falasse de suas experiências na área da psicologia e se já estavam em algum estágio extracurricular.

Ao chegar a minha vez, e diante do relato das minhas experiências, a prof. MA ficou visivelmente entusiasmada e passou a perguntar detalhes dessas atividades. E quanto mais detalhava o que se fazia nesses trabalhos, mais e mais ela perguntava, e exibia um entusiasmo e euforia contagiantes. E depois de mim, ninguém mais falou, pois a prof. MA dedicou ao meu relato o restante do horário de sua aula.

Como dito anteriormente, a mim me parecia algo normatizado ver as pessoas perplexas diante das minhas atividades, mas o entusiasmo da prof. MA era algo novo, pois ela, além de explorar os detalhes da minha narrativa, também exibia um entusiasmo e euforia que não consegui decifrar prontamente.

Ao terminar a aula, a prof. MA me chama e me convida para ministrar duas disciplinas em uma clínica-escola de outra faculdade, onde ela era igualmente diretora. Ela me narrou, então, que nessa outra clínica-escola a grade curricular era diferente da minha faculdade. Lá, ela me explica, eram três disciplinas obrigatórias e duas optativas, e ela desejava oferecer duas disciplinas minhas, uma envolvendo atendimentos aos pacientes vítimas de tentativas de suicídio e outra junto à penitenciária feminina da capital.

Aquilo era simplesmente inacreditável, pois estava sendo convidado para ser supervisor de uma clínica-escola sem ao menos estar formado, e estando igualmente iniciando minha jornada acadêmica em outra clínica-escola.

Frise-se ainda que o cargo de supervisor de clínica é visto como o ápice da trajetória acadêmica de docência nas faculdades de psicologia, pois, ao ser consagrado como supervisor, o profissional tem não apenas anos de prática teórica a embasar sua postura, como ampla experiência no módulo que irá supervisionar.

Argumentei com a prof. MA que a minha experiência como professor era apenas e tão somente com o colegial, e ainda estaria dando aula e supervisão para alunos que estariam no mesmo período acadêmico que eu. Ela simplesmente riu de maneira plena, e o seu sorriso sempre foi marcante e um de seus traços mais afetivos, e apenas disse que seguramente não iria me deparar com ninguém que tivesse a minha bagagem e experiência profissional. E ela ainda frisou que nem lá e nem em qualquer outra faculdade. Aquilo me acalmou e aceitei seu convite.

E assim me tornei supervisor da clínica-escola da Faculdade Paulista de Psicologia, hoje UNIP.

Eu fui convidado a ministrar duas disciplinas, uma envolvendo a Penitenciária Feminina da Capital, e outra envolvendo atendimento às vítimas de tentativas de suicídio no Pronto-Socorro do Hospital das Clínicas da FMUSP (Faculdade de Medicina da USP). Essas disciplinas receberam os nomes de *A psicologia na realidade penitenciária* e *Atendimento às vítimas de tentativa de suicídio na realidade hospitalar.*

Isso tudo, naturalmente, causou muito tumulto dentre os colegas e mesmo em outros supervisores, pois alguns desses profissionais eram supervisores nas duas clínicas-escolas, e decididamente consideravam muito estranho ter alguém que era aluno em uma das clínicas-escola e supervisor na outra. E como muitos desses supervisores não conheciam minhas atividades, naturalmente, lançaram-se impropérios sobre a atitude da prof. MA que sempre se mostrou soberana em suas posições, e jamais aceitou qualquer ingerência em suas decisões.

Inclusive, dentro desse quadro de supervisores, havia a prof. VCO que também era conselheira no Conselho Regional de Psicologia (CRP), e, indignada com essa situação, manifestou desejo de conversar comigo para saber de mim e de minhas atividades.

Ela perguntou, arguiu, questionou e, ao final, simplesmente disse que tudo era fantástico, e que muitos dos casos de tentativas de suicídio que estavam sob minha supervisão, ela considerava muito difíceis até mesmo para ela.

Ela, então, elogiou sobremaneira a mim e a esses trabalhos que ela considerou de pioneirismo exemplar. Ainda assim, ela cuidou de normatizar junto ao CRP uma exigência, estabelecendo que, para ser supervisor de alguma área, eram necessários dois anos de experiência profissional depois da conclusão acadêmica. Durante muito tempo essa normatização foi chamada ironicamente de *Lei Camon de Supervisão*...

E, de modo bastante controverso, terminei minha formação no curso de psicologia, isso ao mesmo tempo em que iniciava minha trajetória profissional como docente de faculdade de psicologia, e tendo começado como supervisor de clínica-escola.

4.6 – Finalmente psicólogo. Finalmente formado em psicologia...

Tão logo me formei, continuei a trilhar meu caminho profissional de maneira marcante e contundente para os enquadres tradicionais da psicologia. E um novo tempo se iniciou em minha vida. Vida que brota mais vida.

E apesar de estar desenvolvendo trabalhos bastante complexos antes mesmo do término da minha formação acadêmica, o fato de ter me tornado psicólogo dentro das condições de formalidades legais deu um novo impulso, e diria mesmo um novo arrojo às minhas atividades.

Continuo, jovem apesar das cãs dos meus cabelos brancos, pois não esmoreci na fé inquebrantável do resgate da dignidade humana.

E se tenho algo para exibir e mesmo para ser usado como diferencial ou referência para outros tantos colegas é a maneira como eu me debrucei sobre a psicologia na realidade brasileira. As nossas publicações, sem qualquer exceção, se atêm de maneira absoluta a descrever e refletir sobre atividades realizadas em solo brasileiro. Não houve qualquer esmorecimento nesse quesito, e podemos afirmar, sem qualquer margem de erro, que os principais retratos da psicologia no Brasil estão em nossos livros.

A psicologia se vincou em minha vida de modo indissolúvel, e embora tenha sido subtraído da música de modo irrebatível, apesar da resistência, o fato é que hoje eu sou simplesmente o que a psicologia fez de mim. A música e a psicologia são partes que se imbricam e se enfeixam de modo absoluto em mim, naquilo que eu sou e no que sonhei um dia como vida virtuose.

CAPÍTULO 5

Reflexões de um Pau-brasil[48]

Eu sou um Pau-brasil, e vim para a casa do Angerami em meados dos anos 90 do século passado. Nós árvores nos comunicamos por um sistema ecológico que envolve nossas raízes e esgalhamento. Temos uma comunicação e sintonia que não podem ser alcançadas pela condição humana, sempre limitada aos seus próprios sentidos de percepção.

Desde o início soube da dimensão e significado de ele ter me plantado ainda em tenra idade em frente às janelas de sua sala. Afinal, fui informada de imediato que aqui havia um plantio de árvores feito por ele e seus filhos, de tal modo que ele possui espécies que floram em cada época do ano. Assim, para o Verão ele tem as flores dos Paus-Ferros, das Cássias-Imperiais, dos Ipês-rosas, dos Lírios-do-brejo e dos Manacás-da-serra; para o Outono ele tem as flores das Espatódeas, Cássia-aleluia, das Quaresmeiras em três tons distintos, das Paineiras e dos Brincos-de-princesa; no Inverno, sua florada preferida, temos as flores do Ipê-roxo, das Suinãs, das Margaridas, dos Bicos-de-papagaio, das Hortênsias e Crisântemos. E para a Primavera, ele tem em seu canto, as Sibipirunas, Tipuanas, Ipês-amarelos, Ipês-verdes, Ipês-brancos e agora a mim um Pau-brasil.

Crescia sentindo o carinho e uma dedicação imensa para o meu desenvolvimento. E as minhas coirmãs sempre me diziam para que eu me tranquilizasse, pois, além de uma condição favorável para o meu desenvolvimento, tinha também uma fauna diversificada que, além

[48] Esse capítulo foi escrito gentilmente por AA que preferiu se manter no anonimato. Pedaço da minha alma que compartilha sonhos e esperanças.

de nos trazer diversos nutrientes, ainda se mostrava próxima e nos acarinhava a alma.

Você não imagina a alegria de ver os esquilos, saguis, bugios, pássaros e os mais diversos insetos, além das abelhas e borboletas, percorrendo e se aninhando em meu tronco e galhos. E posso ainda dizer da tristeza do sumiço dos bugios e de quando soube que eles estavam sendo dizimados pela febre amarela.

E a vasilha em que ele, os filhos e a Isabella alimentam os saguis está em uma árvore próxima a mim, uma laranjeira de Laranjas-da--pérsia, o que significa dizer que presencio esse espetáculo várias vezes ao dia. E isso, verdadeiramente, é uma grande dádiva.

A maneira como Angerami aprecia as floradas é peculiar, pois ele sabe dos diferentes Luamentos, e como cada um traz as floradas de cada estação do ano.

Anteriormente, ele podava as árvores frontais às janelas de sua sala para que pudesse apreciar as montanhas ao longe sem qualquer obstáculo. Atualmente, ele não faz mais qualquer poda para não atrapalhar o percurso dos bichos da mata. As únicas podas que ele faz atualmente é das galhas que avançam sobre o telhado da casa, mas isso é justamente para impedir que os bichos acessem o telhado e corram riscos de deslizamento e de quedas fortuitas.

E nesse período, presenciei as festas que ele faz em seu canto, as festas juninas, as festas de aniversários, de comemorações, era festa sem fim. Festas maravilhosas com muita gente presente, pessoas felizes por estarem em nosso canto. E a maioria delas com música ao vivo, afinal, a vida do Angerami é música acima de tudo, até mesmo da psicologia.

Ah, e foi em uma dessas festas que aconteceu um episódio muito enigmático de tudo que nos envolve nessa harmonia em que vivemos. Era uma festa junina, e a música estava solta com a cantoria e as pessoas dançando e conversando felizes, pessoas que não queriam mais nada da vida que não uma alegria igual à sua.

Eis que o Angerami é chamado ao telefone, e recebe por parte da portaria do condomínio uma reclamação de um morador que não estava conseguindo dormir devido ao som da festa. Angerami, então, pediu o telefone do reclamante e ligou para ele. Esse, ao atender o telefone, achou que seria um telefonema de insultos e agressões. Angerami se desculpou pelo som que impedia o reclamante de dormir. Esse se identificou como piloto de avião e que não estava conseguindo dormir depois de uma jornada exaustiva. Angerami, então, o convidou para vir para a festa, pois assim ele poderia, juntamente com sua esposa, ter momentos agradáveis. Ele de início titubeou, mas aceitou o convite e compareceu à festa. E aí, iniciou-se uma amizade duradoura.

A minha responsabilidade sempre foi imensurável desde o início, afinal, estaria junto das mais lindas floradas que se pode sonhar. Ah, e na Primavera, florimos juntas e formamos um conjunto magnífico de flores amarelas, eu, os Ipês-amarelos, as Sibipirunas, Tipuanas, como se fosse um caminho percorrido pelas borboletas e abelhas em busca dos nossos pólens e vitaminas. Veja na Imagem 15 que coisa mais linda.

Imagem 15 – Trilha das flores: Ipê-amarelo, Pau-brasil e Sibipiruna. Foto de Evandro Angerami

Ser uma árvore nesse contexto é bastante prazeroso, pois, além de sermos valorizadas e estimadas, temos plenas condições para um desenvolvimento saudável e harmonioso. Somos cuidadas e apreciadas em cada detalhe das nossas transformações ao longo das diferentes estações do ano. Aqui, somos admiradas quando lançamos nossas folhas ao vento e ficamos com os galhos totalmente sem folhas à espera da florada. E mesmo quando abrimos nossas flores ao vento até que sejam despetaladas, somos admiradas. Mas verdadeiramente quando estamos floridas, a admiração que nos envolve, do Angerami e de seus familiares e entes queridos, é simplesmente um toque de carícia em nossas almas.

Quando cheguei por aqui, fiquei sabendo de algumas atitudes efetivadas pelo Angerami para proteção de outras coirmãs. Soube que no início da construção de sua casa, e diante da necessidade da derrubada de um formoso Ipê-amarelo para a construção do arrimo de um dos platôs da construção, ele não titubeou: pediu que se fizesse um "L" na construção desse arrimo e, assim, a árvore foi preservada.

E, posteriormente, quando da construção da piscina, ele mandou remover a Paineira que estava no entorno para que ela pudesse se desenvolver. E hoje, na mata que nos circunda, ela é uma das coisas mais lindas dessa vida, tanto na florada como quando está coberta de painas (Imagem 16).

Imagem 16 – Paineira em flor. E essa é a Paineira da Isabella. Foto de Valdemar Augusto Angerami

Ah, teve também o Guatambú que estava no entorno da piscina e que, pelo seu tamanho e idade, não poderia ser removido. Então, ele pediu para que se fizesse uma sapata em suas raízes para que elas crescessem de forma uniforme e assim pudesse ser preservado.

E tem ainda o Açoita-cavalo, uma árvore centenária e que fica próximo à piscina e está sendo constantemente podada para facilitar o acesso dos esquilos que por lá fazem seu ninho de proteção às intempéries da mata. Antes das podas, os esquilos tinham dificuldade de acesso, devido ao modo como as galhas se espraiavam sob o telhado e mesmo para um Jerivá que está ao seu lado. Agora, o acesso está facilitado e os esquilos sobem pelo tronco principal e se aninam nas galhas que se distanciaram do telhado e do Jerivá, protegendo-os de possíveis predadores.

Ah, e a Suinã que se esgalha sobre as águas da piscina, simplesmente é a coisa mais linda. E por mais que muitas pessoas se mostrassem contrárias à presença da Suinã naquele espaço, o Angerami foi irredutível e a manteve ali sem esmorecimento. Afinal, a Suinã sempre foi a árvore preferida da Paulinha, sua filha tão querida, que desde a mais tenra idade acordava e perguntava ao Angerami se já era Inverno para irem ver a florada das Suinãs espalhadas pela cidade. E quando, finalmente, chegava o Inverno e a cidade estava repleta de Suinãs floridas, ele saia logo cedo com os filhos e cumpria o périplo de contemplação desse momento encantado. A Suinã em flor sobre a piscina é a coisa mais linda dessa vida (Imagem 17).

Imagem 17 – Detalhe da Suinã em flor. Foto de Valdemar Augusto Angerami

Imagem 18 – O esplendoroso tapete formado pelas flores do Ipê Roxo lançadas ao chão. Foto de Valdemar Augusto Angerami

CAPÍTULO 6

Início da trajetória de pós-graduação e o meu distanciamento do academicismo

6.1 – E desde o início, caminhos tortuosos

Sequencialmente à conclusão da minha graduação, iniciei curso de especialização em Aconselhamento Psicológico, na USP, ao mesmo tempo que ingressei no programa de mestrado em Psicologia Social, na mesma universidade. E, a partir desse momento, deixo de citar os diversos cursos de pós-graduação, tanto *lato sensu* como *stricto sensu* que realizei, pela simples razão de não aceitar como crível de que a minha proeminência profissional possa ser balizada pelos resultados de publicações e defesas acadêmicas. O fato de ter defendido trabalhos acadêmicos diante de bancas examinadoras tidas como qualificadas, na realidade, é apenas parte da encenação promovida pelo academicismo para premiar os que se submetem aos seus cânones. E, verdadeiramente, não foi isso o que me diferenciou em minha trajetória de vida. Inclusive, quando me pedem um pequeno currículo para que eu seja apresentado formalmente em seminários, cursos, congressos etc., jamais permito que sejam citadas titularidades acadêmicas, afinal, minha atividade profissional é por demais repleta de conquistas para se ater a algo tão minúsculo.

Titularidade acadêmica é uma deferência conferida por acadêmicos geralmente ligados às universidades públicas e que, na realidade, muitas vezes são verdadeiros funcionários públicos no sentido anacrônico do termo, ou seja, estão mofados em textos superados e que se perderam nas entrelinhas do tempo. Muitos, inclusive, jamais tiveram qualquer atividade prática em suas trajetórias profissionais, delimitando suas atuações em sala de aula e na produção e orientação de textos que têm o único propósito de se prestarem justamente para a obtenção de titularidades acadêmicas. Ou seja, intelectuais acadêmicos que nada conhecem da prática da psicologia e da psicoterapia, submetendo a crivos meramente estanques e formais atividades e realizações dos mais diferentes matizes.

Cito como exemplo dessa situação dantesca do academicismo o ocorrido com uma pessoa querida alguns anos atrás. Ela me procurou para saber se já havia saído uma edição atualizada do meu livro *As relações de amor em psicoterapia*[49], pois ela pretendia usá-lo para embasar sua dissertação de mestrado, mas não estava sendo aceito, pois ele tinha mais de cinco anos de publicação. Disse então a ela que a nova edição desse livro ainda iria demorar algum tempo, pois ele estava passando por um processo de revisão e atualização. Coloquei para ela que iria fazer um resumo do livro e publicá-lo em uma revista acadêmica, pois, dessa maneira, ela poderia se utilizar do livro e citar o artigo que estaria dentro do prazo exigido pelo academicismo. E assim foi feito, e ela pôde utilizar o livro, citando como referência o artigo publicado com seu resumo. Simplesmente dantesco.

E, de outra parte, se é fato que sou referência na área da psicologia e da psicoterapia, e os fatos mostram que sim, certamente isso se deve à minha prática profissional, que rompeu barreira e desvendou novos campos de atuação e acolheu o choro do desesperado e do desesperançado ao longo desses anos. Cada lágrima enxugada, cada vida resgatada em sua dignidade, dentre outras tantas realizações, são parâmetros muito mais significativos em termos de realização e proeminência profissional, do que uma banca de intelectuais, em sua maioria funcionários públicos de universidades públicas, avaliando publicações acadêmicas.

Inclusive, se considerarmos que a maioria das minhas publicações, retrata detalhes pormenorizados da minha prática profissional, a coisa, então, ganha contornos ainda mais drásticos.

E a partir de um determinado momento dessa minha trajetória, passei a considerar absurdo e desprovido de qualquer sentido toda e qualquer avaliação acadêmica envolvendo minhas publicações e minhas

[49] *As relações de amor em psicoterapia*, op. Cit.

atividades. Inclusive,, passei a impor à minha escrita padrões totalmente distante dos ditames acadêmicos, inserindo até mesmo poesias em meus livros e trabalhos considerados acadêmicos. E dessa maneira passei a fazer um contraponto incisivo aos padrões de escrita dos trabalhos considerados acadêmicos e mesmo científicos, em que a formatação da linguagem é totalmente rígida e, praticamente, não faz distinção entre as áreas de suas abrangências. Assim, temos a mesma formatação de escrita em trabalhos que versam sobre pesquisas na área de química e da área da psicologia.

Dentro desse prisma, deixei de publicar artigos em revistas acadêmicas e passei a publicar meus trabalhos e reflexões apenas na formatação de livros por considerar que sua abrangência é maior e mais inclusiva. As revistas acadêmicas ficam circunscritas apenas e tão somente ao meio universitário e exclui de sua inserção todos aqueles que não fazem parte desse contexto. E passei a recusar sistematicamente todo e qualquer convite para participar de bancas acadêmicas de avaliação científica.

Não creia que esse percurso foi simples e sem embates de matizes que variavam desde agressões pessoais a desqualificações profissional. E, na realidade, me foi muito difícil alcançar a verdadeira natureza dessas agressões e por que razões meus textos e livros causavam tanto desconforto. Aos poucos as coisas foram se elucidando e fui percebendo que o desconforto que eu estava provocando devia-se principalmente ao rompimento das barreiras estanques impostas pelo cientificismo aos seus membros, que, de maneira geral, não aceitam mudanças em suas postulações ditas acadêmicas e científicas. E por mais hilário que possa parecer, e segundo os próprios acadêmicos, os nossos livros são considerados uma das principais pontas de pesquisa do Brasil e da América Latina. Soube dessa maneira que ponta de pesquisa são publicações que serão pesquisadas pelos acadêmicos para elaboração de suas dissertações de mestrado e teses de doutorado. E disso falaremos mais adiante.

6.2 – Uma pipa solta no ar

No entanto, assim como uma pipa no ar, e que têm sua linha de controle rompida, apresenta seu percurso totalmente descontrolado, um livro segue uma trajetória que jamais podemos projetar quando de sua escrita e mesmo em seu lançamento editorial. E nossos livros, em que pesem toda a sorte de críticas e objeções, ganharam espaços nas principais universidades do país, na América Latina, Europa e América do Norte. E, de fato, a mim me parece totalmente insólita a repercussão desses livros, e isso ainda hoje, depois de todas as conquistas e do tanto que foram laureados. De outra parte, posso afirmar sem qualquer margem de erro, que a grande virtude dos nossos livros, como dito acima, é justamente refletir e discorrer sobre a realidade da psicologia no Brasil. Descrevemos desde sempre nossas atividades, tanto no âmbito hospitalar e da saúde, como nas áreas da psicoterapia e de intervenções no cenário de atividades junto aos combalidos pelas desigualdades sociais do nosso país. Com as publicações sobre suicídio tornando-se referências mundiais no estudo da temática.

E isso seguramente é um diferencial a fazer com que nossos livros sejam presença obrigatória nos mais diferentes cenários de concursos da área da psicologia, sejam eles destinados ao acesso ao meio acadêmico, para cursos *stricto sensu* e *lato sensu*, e, principalmente, nas lides da saúde, sejam eles de entidades públicas ou privadas.

Se considerarmos o esmero com que os nossos livros detalham a realidade brasileira, estar entre a bibliografia de referência nos diversos contextos acadêmicos e da saúde é primazia que nos faz cônscios de uma responsabilidade muito além das nossas condições reflexivas.

6.3 – Castelo de areia

Em trabalho anterior,[50] refleti sobre a arte de erigir castelos em areia, da necessidade de um aprumo na composição dos materiais, de maneira a torná-los sólidos em que pese serem construídos predominantemente com areia. E essa vivência ocorrida no fim da minha infância e início da adolescência me fez ter uma fé inquebrantável na possibilidade de erigir coisas sólidas com materiais sem solidez e sem apresentarem a rigidez e consistência necessária para isso.

[50] *Desespero e Flagelo Humano. Parêmias da Cracolândia* op. Cit.

E talvez alguns trabalhos dos quais participei, e mesmo alguns criados por mim[51] só tenham sido possíveis, seguramente, graças a essa condição de acreditar sem esmorecimento que podemos construir alicerces sólidos, mesmo com a fragilidade do que temos ao nosso dispor.

E a certeza de que estamos contribuindo com a construção de uma sociedade mais justa e fraterna nos dá condições de enfrentamento a tantos desatinos em atividades junto aos combalidos e desfalecidos quedados ao longo do caminho.

Os castelos de areia são uma construção pacienciosa que denota, além do esmero e cuidado com os detalhes, aprumo nos diferentes materiais a serem utilizados, e que darão consistência de solidez a essas construções.

Da mesma maneira, muitas dessas minhas atividades profissionais exigem detalhes e cuidados apurados para que a ousadia da empreitada não se perca diante dos diferentes obstáculos que surgem diante da caminhada.

Imagem 19 – Um simples castelo de areia

[51] Mais adiante, serão detalhadas as minhas diversas atividades profissionais.

O mar ao fundo e a brisa marinha tocando a pele e a busca incessante dos materiais necessários para a elaboração de um castelo que se originou no imaginário e na ilusão dos sonhos.

De minha parte, o fascínio por castelos se originou na magia que sempre tive pelos contos de fadas. E a construção desses castelos de areia significava a sedimentação real de algo que fazia parte dos meus sonhos desde a mais tenra idade.

E por mais que minha formação intelectual tenha se constituído a partir da leitura dos livros dos grandes romancistas, principalmente Dostoievski, Tolstoi e George Sand, dentre outros, o fascínio pelos contos de fadas e suas mensagens subliminares me envolveram a alma de modo indissolúvel e se vincaram em definitivo em minha vida.

Viagens, carros, e tudo o mais que se quiser arrolar, jamais tiveram o poder de me tirar do fascínio que esses detalhes tão pequenos da vida e da natureza me provocam.

Ainda hoje é difícil para muitas pessoas do meu entorno compreenderem o prazer que tenho em admirar a transformação das árvores até a culminação de suas floradas, ou ainda, da alegria que sinto na alma em conviver estreitamente com os saguis, cachorros e outros animais da mata. E, embora viaje bastante para cumprir uma extensa agenda de compromissos profissionais, o verdadeiro prazer que me alça a patamares ao encontro com a divindade cósmica são esses pequenos detalhamentos da vida em contato estreitado com a magia da natureza.

As mãos envoltas na areia para a construção de castelos, unhas completamente cheias de areia no imbricamento da carne; mãos sujas de bananas para alimentar os pequeninos saguis que correm ao meu encontro pelas manhãs; alimentar a matilha de cachorros da nossa casa; tomar um café envolvente e aromático com a magia da roça envolvendo a alma de modo indelével. E caminhar pela mata tendo a plenitude da vida se transformando em mais vida, tudo em harmonia com a necessidade de mais e mais vida plena e repleta de luz.

Um castelo na areia é a configuração de um sonho que se materializa no detalhamento de sua construção, na efetivação de formatação. E, assim como muitos dos nossos trabalhos e conquistas na área da psicologia, a construção de um castelo tem inúmeros pontos de convergência e similaridades.

De início, o castelo começa a ser construído por uma pessoa que de modo paciencioso agrupa os apetrechos necessários para o início da empreitada. Logo surge algum outro observador que simplesmente aprecia o desenvolvimento da construção sem qualquer participação. Outros, ao contrário, se aproximam e pedem para participar da construção, e como, na maioria das vezes, não dominam a arte envolta nessa elaboração, simplesmente são orientados em seus procedimentos. Assim, a construção inicial que contava apenas com o artesão idealizador da obra se vê dimensionada em vários artesãos que, mesmo sem experiência alguma nessa arte, seguem as orientações recebidas e contribuem de maneira significativa para a elaboração do castelo dos sonhos. Assim também ocorre com a preparação da procissão de Páscoa, em Ouro Preto.

6.4 – As procissões do Senhor Morto e de Páscoa em Ouro Preto

A semana santa em Ouro Preto tem na sexta-feira a Procissão do Senhor Morto. Uma procissão fúnebre, com os fiéis entoando cânticos e orações tristes, pois a temática é o sacrífico de Nosso Senhor Jesus Cristo. E, na realidade, embora com esse aspecto sombrio, é uma procissão cercada por um cenário lindíssimo, pois ela transita por um trecho significativo da cidade, tendo o Luamento sobre as montanhas a emoldurar seu cenário. Não se pode esquecer que a Páscoa é marcada no primeiro Luamento depois do Luamento de março, o que significa dizer que sempre temos Luamento na Páscoa. Na sequência, faz-se uma contagem regressiva de quarenta dias para a marcação dos festejos de carnaval.

Imagem 20 – O Luamento desceu sobre Ouro Preto.

A procissão do Senhor Morto acontece na noite da Sexta-Feira Santa. Os fiéis se agrupam em uma das igrejas da cidade (Imagem 21) e depois das orações iniciais, o cortejo sai entoando seus cantos e orações.

E a procissão do Senhor Morto segue pelas ladeiras de Ouro Preto com os fiéis empunhando lamparinas com velas coloridas, tendo ao fundo o mais lindo Luamento que se pode conceber. E, por mais triste que sejam os cânticos e orações, o cenário, além de mítico, traz uma beleza que os olhos não conseguem abarcar em sua amplitude e dimensão

Imagem 21 – concentração para a procissão do Senhor Morto.
Foto de Isabella Leão.

Mas é na preparação para a procissão da Páscoa que iremos encontrar similaridade e convergência com a construção dos castelos de areia e a implantação de novas atividades e serviços em psicologia.

Na noite de sábado, alguns artistas fazem um riscado no chão, geralmente imagens de igrejas, santos, flores e figuras míticas, para que outros tantos fiéis preencham essas figuras com flores. A maioria desses artesãos não tem experiência para a execução desses tapetes, mas seguem com determinação a orientação dos artesãos mais experientes e que conduzem os trabalhos com maestria invejável. Forma-se, assim, um tapete florido por onde a procissão dos fiéis irá transitar no domingo de Páscoa.

Imagem 22 – Confecção dos tapetes de serragem para a procissão de Páscoa. Foto de Evandro Angerami

Imagem 23 – Detalhe dos tapetes ornamentais feitos com serragem para a procissão de Páscoa. Foto de Evandro Angerami.

No domingo de Páscoa, a procissão transita triunfante sobre os tapetes confeccionados pelos fiéis, afinal, está sendo anunciada a ressurreição do Senhor Morto, a vitória exuberante sobre a morte.

Da mesma forma que os castelos de areia e o tapete de flores erigido para a procissão de Páscoa, as nossas principais atividades foram sedimentadas com a participação de inúmeros colaboradores que, inicialmente, apenas observaram e aos poucos ganharam dimensão na participação direta nessas atividades. Nas searas da psicologia.

Buscando novos horizontes e novos poentes ao entardecer.

A primeira Suinã florida desse Inverno[52]

Valdemar Augusto Angerami

Para
Paulinha...

Hoje
vi a primeira Suinã
florida desse Inverno...
E não há como não a trazer
para junto da minha alma...
Desde a tua tenra infância
a Suinã foi sua árvore preferida

Ontem
no parque onde passávamos as
manhãs você sabia em que parte
estavam as Suinãs...no caminho
de sua primeira escola você igualmente
sabia em que trechos do trajeto
você as veria floridas...e você ficava
indignada com o fato de elas
florirem apenas no Inverno...e inconformada
perguntava-me: "pai porque as Suinãs
não ficam floridas o tempo todo?"
E de nada adiantava te explicar que
cada tipo de árvore flora em uma
época do ano...você queria as Suinãs
floridas o tempo todo...

[52] Essa poesia foi publicada inicialmente no livro *Como as asas do assum preto.* ANGERAMI, V. A., Campinas: Editora Livro Pleno, 2007.

E depois das explicações
de que as Suinãs ficavam
floridas apenas no Inverno
você se desarvorava a me
perguntar, a cada manhã, quando
o Inverno iria chegar novamente...
E as minhas explicações de que o Inverno
só ocorria no sexto Luamento do ano
e que seguia uma sequência da Natureza
de nada adiantava...você queria apenas
entender por que teria de esperar
pelo Inverno para ver
tuas árvores floridas...

E tanto te falei do Luamento que
junto com as floradas você
também passou a admirá-los
e a tentar entender seus mistérios...
Você igualmente se tornou apaixonada
pelo Luamento...e mesmo no período
em que você morou em outro país
admirar o Luamento era uma
maneira de união de nossas almas...
E quando falávamos ao telefone a tua
Primeira pergunta era se
tinha visto a Lua da noite anterior....

Em nosso canto da Serra plantamos
várias Suinãs...inclusive temos
uma de flor branca, espécie rara
já que suas flores são vermelhas...
E o seu nome significa bico de arara em tupi...
em uma alusão não apenas às formas
mas também à cor...
E você queria que plantasse

um exemplar dentro da nossa sala,
como se fosse um mero arbusto
que não crescesse...
Não existe espaço de nossa vida
que não tenha a presença das tuas Suinãs...

Em nossa sala
juntamente com outros quadros
importantes e valiosos, temos
um quadrinho que você fez
quando tinha quatro aninhos de idade
e no qual você pintou as Suinãs floridas
encontradas em um passeio matinal...
Maior do que a simples
corujice de pai, exibir aquele quadrinho
junto aos demais, é a certeza de que
naquele pedacinho de arte
temos um pedaço eloquente
de nossas vidas estampadas
em cores de amor...

Hoje
falei com você ao telefone
você estava em uma
viagem distante...e você ficou bastante
emocionada quando te contei
da primeira Suinã florida desse
Inverno... disse até que sentia
inveja desse meu privilégio...
Rimos e certamente,
nesses momentos, você se
transforma na minha menininha
loirinha da infância...
Certamente é mais um Inverno
em que iremos passear

pelos nossos caminhos de Suinãs...
Hoje
você não mais aquela
menininha loirinha que no
Inverno levava para
passear nos diversos
cantos em que havia Suinã...
E para você plantamos
por São Paulo uma quantidade
incontável de Suinãs...agora você
é uma mulher adulta e que dá aulas
de filosofia... mas a magia das
floradas da Suinã sempre estará
com você e fará do teu coração
um toque de flor e amor
a cada um que se depare
em seu caminho...

As Suinã são mais
do que simples
árvores em nossas vidas...
são ponto de ligação
a nos unir à força cósmica
da magia da Natureza que
que impele sua florada diante
do sexto Luamento do ano
e quem as mantém em flor
até o nono Luamento...
Somos partes da Suinã dos
nossos caminhos...e igualmente somos
banhados em luz por sua energia...
E por sua magia...

Hoje
olhando a primeira
Suinã em flor desse Inverno
invoquei proteção à Santa Sara Kali
para que você nunca perca esse
encanto pelas floradas...pois isso
é encantamento que une
nossas almas ao longo
dos séculos...
E se hoje você é uma linda e
adorável mulher, em meu coração
você sempre será aquela menininha
que pedia para que eu
a levasse passear para ver
as flores da Suinã....

Serra da Cantareira,
numa manhã azul de Inverno.

CAPÍTULO 7

Algumas das minhas principais atividades profissionais

Em seguida, vou detalhar algumas datas que marcaram minha trajetória profissional:

7.1 – Penitenciária Feminina da Capital

Iniciei minhas atividades na Penitenciária Feminina da Capital (PFC), inicialmente como musicista, convidado que havia sido por uma das freiras que dirigiam aquela entidade para cuidar de seu coral musical, como descrito anteriormente.

Uma vez na PFC e diante do excelente relacionamento que mantinha com as freiras da Ordem do Bom Pastor que dirigiam aquela entidade, passei a estruturar algumas atividades com as detentas além da parte musical. Nesse momento, havia ainda estabelecido um vínculo bastante harmonioso com o Setor de Psicologia, o que permitiu que as minhas propostas junto à direção da PFC caminhassem em plena harmonia na entidade.

A partir de conversas com a direção, resolvemos implantar um serviço de suporte psicológico e social para as detentas que estavam prestes a ganhar a condição de liberdade, tanto pelo cumprimento da pena depois de anos na condição de reclusão, como ainda para aquelas que permaneceram presas em razão de medidas cautelares, e, portanto, com permanência bem menor na PFC

O trabalho foi implementado contando ainda o Serviço Social para o suporte das necessidades sociais das detentas, afinal, a vida fora dos muros da penitenciária era algo sempre assustador depois de anos de reclusão. Ruas antigas davam lugar a novos viadutos; casas conhecidas em seus bairros se tornavam prédios; amigos não mais se encontravam nos logradouros conhecidos. E, assim, uma série de transformações estruturais havia ocorrido em seus bairros, assim como em suas relações interpessoais.

Frise-se como agravante que muitas detentas, durante o longo período de reclusão, deixavam de receber visitas dominicais dos familiares e amigos, o que representava, por si, a perda de vínculos que poderiam servir de acolhimento quando do final da pena a ser cumprida. Muitos desses familiares e amigos simplesmente morriam durante o cumprimento da pena, ou mesmo esmoreciam em seu ideal de continuidade das visitas e mesmo do acolhimento dessa reclusa.

Ressalte-se que nesse momento ainda era graduando de psicologia e desenvolvi esse trabalho durante muito tempo no tocante aos aspectos de acolhimento psicológico a essas detentas praticamente sozinho, apenas tendo interlocução com o Serviço Social para os casos que envolviam o atendimento de demandas sociais. O Serviço de Psicologia tinhas outras demandas e mal conseguia resolver suas prioridades tal a quantidade de atividades exigidas.

As freiras do Bom Pastor mantinham uma casa que servia de abrigo para as detentas que deixavam a penitenciária e não tinham para onde ir. As detentas abrigadas nessa casa de acolhimento podiam ficar por lá por tempo indeterminado, até que conseguissem dar rumo seguro às suas vidas. Essa casa tinha o nome carinhoso de Casa do Amor do Cristo Andarilho, esse título dava a denotação de que todos estavam na condição de andarilhos, em busca de um alento para suas vidas.

E, embora minha determinação fosse a de prestar suporte psicológico para as reclusas que estavam prestes a ganhar o direito de liberdade, muitas situações surgiam e requeriam intervenções das mais inusitadas possíveis. Dentre elas, cito um episódio que me marcou a vida para toda a eternidade.

Em um determinado, dia estou junto com algumas detentas na capela sob os auspícios da música. Eu estava tocando violão clássico para elas e todas se entretinham e apreciavam a sonoridade das músicas, que incluíam principalmente peças de Villa Lobos. Ao terminar, uma das detentas, que tinha o apelido de Preta Antônia, se dirige a mim em nome de outras reclusas e argui se eu não conseguiria trazer seus filhos para visitá-las. Eram crianças e estavam em uma casa de abrigo infantil também dirigido pelas freiras da Ordem do Bom Pastor. Imediatamente, disse que sim e que apenas me organizaria, inclusive, solicitando à madre superiora da penitenciária para que dispusesse da kombi pertencente a elas para que pudesse efetivar o deslocamento dessas crianças até a penitenciária. A madre superiora, no âmbito de sua extrema bondade, imediatamente aquiesceu com a ideia e me colocou à disposição os motoristas da instituição para que me auxiliassem nessa empreitada.

No final de semana seguinte a esse episódio, eu estaria impossibilitado de fazer o transporte dessas crianças em razão de um compromisso pessoal. Então, combinamos para depois de três finais de semana desse encontro, pois, no final de semana subsequente ao que eu estava impossibilitado, elas teriam atividade junto aos órgãos penais.

Ocorreu, entretanto, que algumas delas, inclusive a Preta Antônia, foram transferidas para a Penitenciária Feminina de Tremembé, no interior de São Paulo, a cerca de 200 quilômetros da Capital. Isso significava dizer que para que eu cumprisse a promessa de levar seus filhos para esse convívio dominical teria de ir para Tremembé, algo bem mais complexo por causa da distância do que seria na PFC. Mas eu não titubei em meu propósito e procurei a madre superiora para que pudéssemos deliberar sobre essa nova realidade. Ela novamente se mostrou bondosa e disse que a kombi poderia levar essas crianças até Tremembé sem qualquer obstáculo. Cuidamos, então, para que inicialmente levássemos as crianças das detentas da Penitenciária de Tremembé e depois cuidaríamos das que estavam reclusas na PFC.

E assim ocorreu, no domingo seguinte, um domingo ensolarado e, logo nos primeiros horários da manhã, buscamos as crianças em sua casa de acolhimento e nos dirigimos para a Penitenciária de Tremembé. Levamos nove crianças nesse passeio, algo que tornou a lotação máxima da kombi, no limite de sua condição de transporte.

A kombi transitou pela estrada por mais de duas horas, e, finalmente, chegamos à cidade de Tremembé e, sequencialmente, nos deparamos diante dos portões da penitenciária. E tão logo a kombi adentrou ao pátio principal, houve surpresa geral das detentas que lá se encontravam recebendo suas visitas. Foi uma grande surpresa verem a kombi da PFC por lá em pleno domingo, pois ninguém havia sido avisado dessa visita das crianças. E quando correu a notícia de que eu estava na kombi com as crianças a coisa se tornou simplesmente indescritível e incontrolável.

Aquelas mães abraçaram seus filhos e choraram em misto de gratidão, saudades e sei lá que mais sentimento se pode acrescer. Lágrimas, sorrisos, abraços, beijos, tudo se misturando e envolvendo a todos numa emoção incontida. A direção da penitenciária havia organizado para que todos almoçassem juntos e assim aconteceu, e novamente algo inusitado de tanta emoção.

Ao final da tarde, no momento de despedida, novamente muitas lágrimas e muita emoção. E nesse momento, a Preta Antônia pega minhas mãos e, chorando, me diz:

— *Você nos fez muito felizes; ninguém mais esperava em ver seus filhos novamente. E saiba que enquanto eu viver, todas as noites rezarei para você. E saiba ainda que todas as nossas entidades espirituais zelarão por você a partir de agora. Vá em paz meu menino sonhador*

Jamais me esquecerei desse momento, e tampouco das palavras da Preta Antônia. Ela viria a morrer alguns meses depois desse episódio, vitimada por uma doença degenerativa fatal. E esse encontro dominical foi a última vez em que ela esteve com seu filho. Filigranas que a vida nos propicia e que nos leva a um arrebatamento de emoção que a razão não consegue.

Minha atividade junto às detentas que estavam prestes a ganhar a liberdade se manteve solitária por quase dois anos.

Quando fui convidado pela prof. MA para ministrar disciplinas na Unip, pude sistematizar algo mais abrangente, pois contava com as alunas que haviam escolhido uma das disciplinas oferecidas na clínica escola, *A psicologia na realidade penitenciária.* E o estágio das alunas consistia em acompanhar as reclusas que estavam prestes a ganhar liberdade, dando-lhes suporte psicológico para o novo momento de suas vidas. As alunas iam duas vezes por semana à penitenciária e na casa de apoio destinada às que saiam e não tinham paradeiro.

Havia ainda nessa estruturação formal de nossas atividades algumas empresas parceiras que se dispunham a acolher em seus quadros funcionais as egressas da penitenciária. Então, juntamente com o Serviço Social que cuidava do detalhamento dessa parceria, nossas estagiárias davam suporte psicológico para que as egressas fossem aos novos locais de trabalho preparadas para o enfrentamento da nova realidade.

E tudo caminhava de modo bastante satisfatório, até o momento em que fomos notificados de que as religiosas da Ordem do Bom Pastor deixariam a penitenciária depois de longos anos de atividade. E a nova direção da PFC, tão logo assumiu, modificou totalmente a estruturação das atividades que tinham seus alicerces fundamentados na presença das religiosas. E, assim, nossas atividades foram excluídas do novo projeto administrativo, e tudo que nos envolvia deixou de fazer parte das atividades da PFC. E até mesmo a casa de acolhimento para as egressas que ganhavam liberdade e não tinham paradeiro foi fechada.

Uma nova realidade amanheceu na PFC, e tudo passou a ser reminiscências de um passado em que se sonhou sonhos de esperança e dignidade para tantas pessoas que pelas mais diferentes razões estavam cumprindo penas naquela instituição carcerária. Assim também na Unip a disciplina *A psicologia na penitenciária* deixou de ser oferecida, em que pese a insistência dos alunos para sua continuidade.

7.2 – Atividades junto a pessoas em situação de rua

Quando ainda estava atuando na PFC, conheci as religiosas da OAF (Organização do Auxílio Fraterno). Elas eram religiosas que se dedicavam a cuidar de pessoas em situação de rua, e a mim coube o direcionamento para me inserir no grupo que atuava com crianças em situação de rua. E, embora estivesse com predominância no grupo destinado a crianças, atuava com bastante frequência de modo abrangente com pessoas em situação de rua como um todo.

Acompanhava a Irmã Fortunata, esse seu codinome religioso, em suas incursões pelas ruas de São Paulo em busca das pessoas por ela atendidas e acolhidas. E o que mais me assusta quando reflito sobre a realidade das pessoas em situação de rua daquele momento e da atualidade, é justamente o aumento abismoso e colossal de pessoas que se encontram atiradas às raias das intempéries da rua nesse momento.

Quando acompanhava a Irmã Fortunata em suas atividades junto a seus grupos, tínhamos um número estimado de cerca de 500 pessoas em situação de rua pela cidade de São Paulo. Embora fosse um número estimado, e, portanto, passível de erro projetivo, certamente já era um número bastante grande e mesmo absurdo para aceitarmos em nossa condição civilizatória. No entanto, quando se compara com os números atuais, em que as pessoas em situação de rua são estimadas em cerca de vinte mil, a coisa ganha tons de dramaticidade simplesmente desesperadores. Pessoas excluídas por um sistema capitalista que atira às raias da desesperança e do desespero todos que estão à margem de suas engrenagens. E, ao contrário do momento anterior, quando a Fortunata descrevia essas pessoas como sendo vítimas de diferentes situações, mas, principalmente, por questões pessoais.

Hoje temos famílias inteiras em situação de rua, e quando passamos próximos a alguns viadutos, vemos famílias com seus pertences domésticos — sofás, fogões, colchões etc. —, o que denota claramente que são pessoas que estão nessa situação por não terem mais condições de se manterem sob a égide de um teto residencial. E por mais que existam autores afirmando que o capitalismo está entrando em célere processo de colapso, certamente, os estragos que ainda irá provocar estão longe de findar.

A minha atuação na OAF era dividida com outras atividades que exercia, o que permitiu que me mantivesse nesse trabalho por alguns anos. Vivência rica de emoção e crescimento pessoal, em que, também, os ensinamentos da faculdade de psicologia eram colocados em xeque e rebatidos de modo inapelável. Assim permaneci por alguns anos e passei noites de Natal e réveillon na companhia da Irmã Fortunata junto às pessoas em situação de rua. E foi ainda na OAF, a partir de um de seus tentáculos, o Círculo Santa Verônica, que iniciei minhas atividades junto às vítimas de tentativa de suicídio. Frise-se sempre, eu ainda era apenas graduando de psicologia.

Deixei a OAF no início dos anos 80 do século passado, mas a minha atuação junto às pessoas em situação de rua se manteve através de outras entidades. E isso veremos adiante, na descrição das minhas atividades junto às vítimas da Cracolândia.[53]

[53] A Cracolândia, embora também contemple pessoas em situação de rua, traz a especificidade da drogadicção e do flagelo provocado por esse binômio indivisível e assolador.

Levarei por toda a eternidade a lembrança do sorriso da Fortunata nas noites de Natal e de réveillon, junto às pessoas em situação de rua. Sua alegria em estar com os combalidos, em maioria despojados também das famílias além da precariedade material, nesses momentos em que a saudade de entes queridos parece aflorar de maneira imbatível.

E se existe algo que me ficou muito claro a partir o meu desenvolvimento profissional foi a constatação de que muitas pessoas possuem a dádiva de compreensão da dor do semelhante, sem a necessidade de se debruçarem em livros técnicos, buscando subsídios teóricos para isso. Essas pessoas compreendem o sofrimento humano a partir da convivência estreita com os que padecem as agruras e mazelas da vida. Elas sabem da dor dos combalidos por ter-lhes enxugado as lágrimas diante das situações de flagelo e desespero.

7.3 – Atendimento junto às vítimas de tentativa de suicídio

Iniciei minhas atividades junto aos pacientes vítimas de tentativa de suicídio atendidos no Pronto-Socorro do Instituto Central do Hospital das Cínicas da FMUSP (Faculdade de Medicina da Universidade de São Paulo), como membro do Círculo Santa Verônica, e como dito acima, um dos tentáculos de acolhimento aos desesperançados da OAF. E, embora fosse uma entidade religiosa, a orientação de intervenção para os seus membros não envolvia qualquer quesito de religiosidade. Seguramente, um dos grandes aprendizados que tive nesse período foi o acolhimento a partir do silêncio. E como dito anteriormente, um dos meus capítulos mais marcantes, intitulado *A Arte da Psicoterapia*[54], versa justamente sobre a importância do silêncio na intervenção psicoterápica.

Permaneci no pronto-socorro através do Círculo Santa Verônica por alguns poucos meses, pois, quase sequencialmente, os responsáveis pelo Círculo Santa Verônica encerraram suas atividades e, consequentemente, deixaram o trabalho no pronto-socorro. Mas eu permaneci no pronto-socorro devido aos vínculos que estabeleci com a equipe médica do pronto-socorro, principalmente na figura do diretor, o dr. VP.

[54] *A arte da psicoterapia*, op. Cit.

E para que o nosso trabalho de acolhimento junto ao desesperançado não tivesse perda em sua continuidade, articulei com os responsáveis pela Pastoral da Saúde da Arquidiocese de São Paulo a criação de uma equipe para que atuasse no pronto-socorro.

E assim foi feito, uma equipe de profissionais da saúde com pessoas vinculadas à Pastoral da Saúde foi criada e passou a atuar junto às vítimas de tentativa de suicídio.

Eu ainda era graduando em psicologia e já estava na coordenação do grupo de trabalho da Pastoral da Saúde que atuava no Pronto-Socorro do Instituto Central do Hospital das Clínicas da FMUSP, simplesmente o maior complexo hospitalar da América Latina, e o pronto-socorro com a maior demanda de atendimentos graves e complexos, pois recebia, e continua recebendo, encaminhamento das diferentes unidades hospitalares do todo o Estado de São Paulo, e de muitos locais do Brasil.

A equipe de profissionais da saúde da Pastoral da Saúde, no entanto, depois de alguns meses, resolveu deixar as atividades no pronto--socorro — e, doravante, essa será a maneira como iremos nos referir à essa unidade hospitalar —, uma vez que outras prioridades foram elencadas, principalmente junto à população carente das periferias, e que estava à mercê em seus quesitos básicos de saúde.

E novamente permaneci sozinho no pronto-socorro, e dessa vez contando apenas com as equipes médicas e do Serviço Social, com quem tinha muita afinidade em nossas intervenções.

Felizmente, nesse momento eu já estava graduado em psicologia, o que me permitiu atuar com mais desenvoltura e sem riscos de estar cometendo algum possível deslize profissional. Criei, então, uma equipe de psicólogos que se dispuseram a intervir com essa realidade de pacientes e logo tivemos a adesão de outros profissionais, psiquiatras, enfermagem e assistentes sociais.

E assim foi estruturado um trabalho de grande magnitude e que viria a se tornar referência de intervenção na área hospitalar. Esse trabalho foi descrito no capítulo "A atuação do psicólogo na realidade do pronto-socorro às vítimas de tentativa de suicídio"[55], em nossa

[55] A atuação do psicólogo na realidade do pronto-socorro junto às vítimas de tentativa de suicídio, Angerami, V. A. Santos A. R., In *Psicologia Hospitalar. A atuação do psicólogo*

primeira publicação em psicologia hospitalar, *Psicologia Hospitalar. A atuação do psicólogo no contexto hospitalar*[56]. Esse trabalho consistia em um acolhimento inicial ao paciente quando de sua entrada ao pronto-socorro, vítima de tentativa de suicídio, tão logo ele tivesse condições de receber o atendimento psicológico.

Não podemos perder de vista que muitos pacientes, a depender do modo como tentou viabilizar o suicídio, demora dias ou semanas para estar apto para o acolhimento psicológico. Assim, por exemplo, uma paciente que dava entrada vítima de arma de fogo, ou da ingestão de substância venenosa necessitava de delicadas intervenções médicas antes de estar apta para o atendimento psicológico. Havíamos estabelecido com a direção do pronto-socorro que os pacientes teriam alta apenas após o atendimento psicológico, independentemente do meio utilizado na tentativa de suicídio. Assim, mesmo os casos de ingestão medicamentosa, em que a alta hospitalar é prescrita após a lavagem gástrica, teriam a liberação da internação hospitalar após o atendimento psicológico.

E o nosso trabalho basicamente consistia em fazer o primeiro acolhimento psicológico no pronto-socorro e deliberar por mais alguns atendimentos ainda nesse contexto, se fosse necessário, antes da liberação do paciente para a prescrição da alta hospitalar.

Alguns casos, devido ao teor do meio utilizado para a tentativa de suicídio, implicavam encaminhamentos para outras clínicas dentro da própria unidade hospitalar, pois iriam necessitar de outras intervenções clínicas e até mesmo cirúrgicas. É o caso, por exemplo, de tentativas de suicídio efetivadas através do uso de arma de fogo, ou mesmo branca, e os casos de ingestão de venenos altamente corrosivos e que demandam procedimentos mais delicados além da lavagem gástrica utilizada na ingestão de medicamentos menos lesivos. E mesmo os casos que eram encaminhados para outras clínicas dependiam da nossa avaliação da condição emocional desse paciente para a possível alta hospitalar.

E durante esse acolhimento psicológico havia também a deliberação para encaminhamentos tanto para o Serviço Social do pronto-socorro

no contexto hospitalar, Angerami, V. A. (org.) São Paulo: Traço Editora, 1984.

56 *Psicologia Hospitalar. A atuação do psicólogo no contexto hospitalar*, op. Cit.

para a resolução de possíveis assuntos sociais, como, ainda, para a psicoterapia através de uma rede de psicoterapeutas que estabelecemos e com os quais mantínhamos vínculos estreitados, inclusive de supervisão dos casos encaminhados.

Ressalte-se que todo o processo vivido pelo paciente, desde o acolhimento no pronto-socorro até a possível psicoterapia, era feito sem qualquer ônus financeiro para o paciente, pois não se pode perder de vista que o atendimento inicial ocorria em uma unidade de saúde pública, portanto, sem custo financeiro algum, e assim deveria ser mantido até o final do processo.

Os psicoterapeutas que estabelecemos para o recebimento de encaminhamento dos casos atendidos inicialmente na unidade do pronto-socorro, estavam cônscios dessa condição, e realizavam seus atendimentos com toda a disponibilidade possível e sem remuneração. As supervisões também não eram cobradas, e toda a estrutura desse trabalho implicava em uma determinação detalhada das condições sobre as quais ele se encontrava estruturado. Alguns dos profissionais eram contratados pela unidade hospitalar, mas se configuram na minoria dos membros que atuavam nessa estruturação de atendimento aos pacientes vítimas de tentativa de suicídio.

Aliás, um episódio muito marcante me envolveu nesse momento de vida, e diria mesmo, uma sabedoria transmitida e a ser guardada por toda a vida. Em uma determinada ocasião, procurei, o dr. VP, para reivindicar melhores condições de remuneração. Tão logo terminei minha explanação, ele ficou alguns segundos em silêncio, simplesmente a me observar, e depois vaticinou algo incrível e através de uma metáfora igualmente surpreendente:

— *Filho, você está em uma calçada da rua; sua visão alcança apenas o outro lado dessa mesma rua, e o final do quarteirão, nada mais. Eu estou no alto de um prédio e vejo além do quarteirão, vejo outros bairros e os vários caminhos que se seguem à rua onde você está. Creia, há de chegar o dia em que você conseguirá entender o que eu estou dizendo, o dia em que você irá constatar a grandiosidade do seu trabalho e ter uma remuneração e uma consagração que fará com que tudo o que você está vivendo aqui seja lembrado de forma magnífica.*

Na ocasião. fiquei ensandecido com as colocações do dr. VP, inicialmente, por não alcançar suas colocações diante de questões trazidas por mim e que envolviam apenas detalhes de remuneração, e ainda por não compreender a verdadeira dimensão do nosso trabalho, algo que ele já havia percebido e sobre o qual dedicava emprenho, além de muita admiração por tudo que fazíamos.

De fato, para o bem ou mal, a minha projeção profissional, aquilo que realmente me galgou a patamares diferenciados em minha trajetória profissional foi esse trabalho junto às vítimas de tentativa de suicídio. E desde publicações, até presença obrigatória nas referências acadêmicas sobre o tema de suicídio, tudo, verdadeiramente tudo, se originou nesse trabalho no pronto-socorro atendendo e coordenando o atendimento junto às pessoas vítimas de tentativa de suicídio. E, seguramente, toda a minha trajetória acadêmica em busca das respectivas titularidades, bem como tudo que implicava em avaliação curricular e de desempenho profissional, tinham nessa atividade no pronto-socorro junto às vítimas de tentativa de suicídio um diferencial a me situar em condições de respeito e excelência profissional.

Voltemos à realidade do pronto-socorro! Na estruturação da rede de psicoterapeutas que viria a acolher os encaminhamentos efetivados a partir do acolhimento inicial no pronto-socorro, foi necessário o enfeixamento de uma série de atitudes que seria o balizamento dessa intervenção psicoterápica.

Foi, então, criado um protocolo de intervenção junto às vítimas de tentativas de suicídio, que serve como referência a diversos compêndios de psicoterapia, até os dias de hoje. Inclusive publiquei um capítulo intitulado "Atitudes do psicoterapeuta diante da autodestruição"[57], no livro *Sobre o suicídio. A psicoterapia diante da autodestruição*, e que versa sobre esse conjunto de atitudes inicialmente concebidas nessa realidade.

Em 1982, fomos sumariamente expulsos da unidade hospitalar pelo governador nomeado pela ditadura militar, o sr. Paulo Maluf, que se indignou quando da publicação de uma pesquisa que versava sobre o número de desempregados que tentavam o suicídio. A repercussão desse trabalho causou incômodo nos poderosos, pois também apontava o número de casos de vítimas de tortura pelo aparato militar aos que

[57] *Atitudes do psicoterapeuta diante da autodestruição*, op. Cit.

ousavam discordar de suas barbáries, e que eram encaminhados ao pronto-socorro como casos de tentativa de suicídio.

Retornamos ao pronto-socorro em 1983, tão logo terminou o mandato do governador Sr. Paulo Salim Maluf. E continuamos com nossas publicações, principalmente, pontuando que juntamente aos casos de suicídio, tínhamos inúmeros casos que davam entrada no pronto-socorro como tentativa de suicídio, e que eram, no entanto, casos de vítimas de tortura dos porões da ditadura militar que nos assolou durante vinte anos.

Permanecemos com essa estruturação no pronto-socorro até meados de 1984, quando houve uma reformulação no Setor de Psicologia do Hospital das Clínicas e o nosso trabalho foi incorporado e totalmente desmantelado. O novo Setor de Psicologia estruturou atendimentos que colidiam frontalmente com as nossas propostas de intervenção, e isso em um momento que até mesmo a direção médica do pronto-socorro foi substituída. E, ao mudar suas diretrizes, deixou de ter a psicologia como aliada de intervenção clínica.

Da última vez que encontrei o dr. VP, nesse momento na condição de ex-diretor do pronto-socorro, ele simplesmente me falou da tristeza que sentiu ao ver o nosso trabalho desmoronar para ser incorporado a *algo ineficaz e sem razão de ser* (sic).

E, segundo ele, o trabalho do pronto-socorro que caminhava para patamares de excelência, e em breve teria reconhecimento da comunidade acadêmica nacional e internacional, simplesmente se tornou algo desconhecido até mesmo para os outros profissionais da saúde que atuavam no pronto-socorro. Ele ainda me disse que seu quadro de saúde se agravava dia a dia, o que o impediria de ver nossa consagração a partir desse trabalho no pronto-socorro.

De fato, caminhamos para o reconhecimento nacional e internacional na área de suicídio, e temos nossos livros sobre a temática adotados nas principais universidades do mundo.

Eu demorei alguns anos para alcançar a compreensão da metáfora sobre o meu posicionamento na calçada da rua que o dr. VP usou comigo. Sim, verdadeiramente, ele estava sobre um prédio e podia observar os caminhos para onde poderíamos trilhar, e de fato trilhamos. superando os mais diferentes desatinos surgidos ao longo do caminho.

O dr. VP não está mais entre nós desde o final dos anos 1980, e tenho para ele a mais nobre gratidão, não apenas pela validação e apoio incondicional ao nosso trabalho, mas, principalmente, por me mostrar a verdadeira dimensão do que fazíamos naquele momento, do que não tínhamos a menor consciência. E todas as vezes que ouço algum psicólogo falando da dificuldade de atuação na área hospitalar em razão da resistência dos médicos, sempre me lembro do dr. VP, e tenho claro que toda e qualquer resistência sucumbe diante da seriedade de propostas plausíveis de intervenção psicológica.

O Conselho Regional de Psicologia de São Paulo, CRP, em março de 1998, publicou uma entrevista feita comigo em que mostrava a importância desse trabalho pioneiro junto às vítimas de tentativa de suicídio[58]. Ali era mostrada a magnitude que o nosso trabalho havia atingido, e mais do que isso, a consagração de um modelo teórico criado por nós e que foi sedimentado em nossa prática diuturna nos meandros do pronto-socorro. Essa entrevista publicada pelo CRP se agrega a outras manifestações de reconhecimento e deferência ao nosso trabalho.

A mim me parece completamente inalcançável a dimensão disso tudo. Não sei a somatória das tantas dissertações de mestrado, teses de doutorado e de pós-doutorado feitos a partir dos nossos escritos, das publicações que retratam nossas atividades ao longo desses anos. E algumas coisas continuam me sendo totalmente inusitadas e inatingíveis para a minha compreensão. Como exemplo, cito um encontro com um grupo de pesquisadores de uma das principais universidades paulistas que me procuraram no afã de conhecer uma das principais *pontas de pesquisa* do Brasil. De início, fiquei, inclusive, até mesmo sem saber ao que eles faziam referência ao me denominarem como ponta de pesquisa. Foi então que me foi explicado que os meus escritos estavam dentre os mais pesquisados na prática para verificação das minhas asserções. Inclusive, me foi relatado que um dos meus trabalhos intitulado "Breve reflexão sobre a postura do profissional da saúde diante da doença e do

[58] https://www.crpsp.org/uploads/impresso/682/ToQmPIcxr3T96ceo3oQdG8EKFxq0yio9.pdf

doente"[59], estava não apenas dentre os mais pesquisados, como exibia primazia ainda na elaboração de dissertações de mestrado e teses de doutorado. Foi narrado que esse capítulo que havia sido escrito para a realidade da saúde havia sido transposto para a realidade penitenciária, com o autor do trabalho analisando os conceitos criados por mim a partir dessa realidade. Foi prometido que receberia um exemplar desse trabalho tão logo houvesse a defesa da dissertação, algo que até o presente momento não ocorreu.

Em outra publicação bastante interessante, cito um trabalho que me foi enviado recentemente por amigos da UERJ e que se intitula *Como se escreve, no Brasil, a História da Psicologia no contexto hospitalar?*[60] Esse trabalho, de autoria de Denis Barros de Carvalhos et cols. foi escrito por pesquisadores da Universidade Federal do Piauí e Universidade Estadual do Piauí e versa sobre a trajetória do psicólogo na realidade hospitalar. É mostrado, então, um apanhado das nossas publicações, de modo a inseri-las como sendo uma das principais referências da psicologia no Brasil e a sua influência sobre a prática do psicólogo na realidade hospitalar determinando seu histórico e abrangência.

O surpreendente para mim nesse trabalho foi o apanhado histórico realizado pelos pesquisadores e a maneira como detalharam a realidade da prática do psicólogo no contexto hospitalar, fazendo um contraponto direto com outras abrangências alcançadas pela psicologia.

Em meio aos mais diferentes fragmentos da repercussão do nosso trabalho, eu me sinto como uma criança que joga uma pedra sobre as águas em repouso de um lago. Sequencialmente, ela se surpreende com a quantidade incontável de círculos e com a maneira como a água se movimenta e que ocorre a partir de seu lançamento. Uma simples pedra lançada na água e um turbilhão de círculos, semicírculos e até mesmo transformações na coloratura da água.

[59] ANGERAMI, V. A. *Breve reflexão sobre a postura do profissional da saúde diante do doente e da doença* In ANGERAMI, V. A. (org.) *Psicossomática e suas interfaces. O silencioso processo do adoecimento*, São Paulo: Cengage Learning, 2012.

[60] http://www.revispsi.uerj.br/v11n3/artigos/html/v11n3a16.html

Se é fato, como dizem os espiritualistas, que a vida é um sopro indelével de passagem cíclica, temos como verdadeiro que essa repercussão nada mais significa que um farfalhar das folhas de uma árvore pela brisa matinal. Folhas farfalhadas e que são lançadas na terra pelo vento para que se transformem em adubo para novas transformações de vidas na Natureza. Um ciclo infindável e que se renova continuamente fazendo da própria vida uma transformação evolutiva.

7.4 – Comitê Brasileiro de Anistia

No final dos anos 1970, eu fazia parte do Núcleo de Saúde do Comitê Brasileira de Anistia (CBA), e era apenas recém-formado em psicologia. Atendia em psicoterapia os casos de pessoas vítimas de tortura empreitada pela ditadura cívico-militar que assolou o Brasil por longos vinte anos e que ceifou inúmeras vidas, além de deixar sequelas muitas vezes irreversíveis em suas vítimas.

Os militares perpetraram a tortura em centenas de vítimas como método de intervenção na busca de detalhes que pudessem auxiliar os torturadores e seus mentores na luta contra aquilo que essa idiotia militar considerava como sendo os inimigos da pátria. Os relatos desses atendimentos estão no livro *Existencialismo & Psicoterapia*[61], meu primeiro livro lançado em 1984, e que ganhou projeção, inclusive, graças a descrição desses casos. Na ocasião, era um jovem psicoterapeuta que acreditava ser impossível no futuro ver alguém bradar de modo impune e inconsequente a defesa da tortura, uma das barbáries mais desoladoras e impiedosas cometidas por um ser humano contra outro semelhante.

Continuo, jovem apesar das cãs dos meus cabelos brancos, pois não esmoreci na fé inquebrantável do resgate da dignidade humana. E acredito ser um verdadeiro pesadelo ver essa idiotia ser proferida em meio a ódio e de modo tão impune e inconsequente...

A experiência dessa atividade no início da minha condição de psicólogo recém-formado, e que se somou ao atendimento às vítimas

[61] *Existencialismo & Psicoterapia*, op. Cit.

de tentativas de suicídio no pronto-socorro do Hospital das Clínicas da FMUSP, além de outras atividades igualmente portentosas em termos de abrangência social — principalmente o acolhimento às pessoas em situação de rua —, certamente me forjou para seguir sendas que se distanciavam de maneira abismosa dos ditames propostos pela psicologia tradicional. E tal como o ferro sendo forjado em fogo brando, minha trajetória foi sendo sedimentada de modo a se constituir em algo sólido e resiliente para as adversidades surgidas ao longo da caminhada.

Recebíamos encaminhamentos de perseguidos políticos que procuravam pelo CBA em busca de ajuda em seus desatinos e sofrimentos. Frise-se que a crueldade da idiotia militar não apenas infringia castigos cruéis aos corpos dessas pessoas na forma de tortura física, como ainda perseguia seus familiares de maneira dantesca e impiedosa. E, de acordo com a condição emocional desses perseguidos políticos, eles eram encaminhados para a psicoterapia. Os atendimentos eram realizados na Cúria Metropolitana de São Paulo, em espaço cedido pela Pastoral da Saúde, na figura do Pe. Júlio Munaro. E nesse mesmo espaço, em dias alternados, também eram atendidas as vítimas de tentativa de suicídio e que eram encaminhadas para o processo de psicoterapia.

Éramos três profissionais a receber os encaminhamentos psicoterápicos do CBA, e mantínhamos perfeita sintonia com todas as partes envolvidas nesse processo. Afinal, além de acompanhamento psicoterápico, essas pessoas recebiam proteção legal pelos representantes da Cúria Metropolitana, pois eram perseguidas pela ditadura militar e estavam sujeitas a todos os tipos de intempéries. Ressalte-se que muitos estavam em condições de clandestinidade, uma vez que eram foragidos das masmorras da ditadura militar. Então, todo o aparato necessário para que a coisa fluísse de maneira satisfatória era alçada e todos tinham empenho incondicional nessa empreitada. Assim, desde apoio jurídico e social, toda uma rede de acolhimento estava articulada e enfeixada para atender aos designíos das pessoas que procuravam pelo CBA.

Um detalhe bastante importante é o fato de que a Cúria Metropolitana tinha e tem prerrogativa de estado, e, portanto, de consulado estatal, pois representa o Estado da Santa Sé[62], e uma vez que alguém estivesse dentro de suas dependências, tinha a proteção das condições internacionais de asilo consular.

A gravidade dessa situação implicava que, em alguns momentos, em ocasiões em que a ditadura militar procurava por alguém que houvesse afrontado seus princípios de idiotia, tinha-se o carro vistoriado, inclusive, no porta-malas, ao entrarmos e saímos das dependências da Cúria Metropolitana por oficiais do exército.

Esse trabalho junto às vítimas da ditadura militar era o determinante maior da psicoterapia sendo instrumento de resgate da dignidade humana tão açoitada nos porões da ditadura militar. Os casos que atendíamos eram revestidos de sofrimento simplesmente inominável. Situações em que a tortura tinha vincado no corpo da vítima com repercussões em sua condição psíquica, sofrimento de matizes traumatizantes e que envolviam, até mesmo detalhes de suas sexualidades.

Na ocasião em que o livro *Existencialismo & Psicoterapia*[63] foi lançado, e onde eram descritos alguns dos casos por mim atendidos nessa realidade do CBA, iria ocorrer em Porto Alegre um congresso internacional sobre logoterapia, inclusive, com a presença do dr. Victor Frankl. Fui convidado pelos organizadores para participar do evento e apresentar a faceta da psicoterapia em prol dos direitos humanos.

Dessa maneira, tornei-me psicoterapeuta de casos considerados muito difíceis e complexos, ora de tentativas de suicídio, ora de pessoas torturadas. E isso pareado ao trabalho desenvolvido no pronto-socorro junto às vítimas de tentativas de suicídio. Algo por demais ousado, principalmente se considerarmos que eu era, apenas e tão somente, um psicólogo recém-formado a trilhar caminhos inusitados e que não haviam sido explorados anteriormente. Ousadia e um desprendimento que foram fundamentais nessa etapa da minha trajetória profissional, detalhes determinantes para a superação dos tantos desatinos surgidos

[62] A Santa Sé é a cúpula do governo da Igreja Católica, chefiada pelo Papa e composta pela Cúria Romana, entendida como o conjunto de órgãos que assessora o Sumo Pontífice em sua missão. Por sua vez, o Estado da Cidade do Vaticano é o local onde está abrigada a Santa Sé.

[63] *Existencialismo & Psicoterapia*, op. Cit.

ao longo da trajetória e que necessitaram superação, e até mesmo ascese espiritual para a superação de tantos empecilhos e adversidades.

7.5 – Centro de Psicoterapia Existencial

Foi criado, inicialmente, com a determinação de estudar a confluência do pensamento de Sartre no campo da psicoterapia. E isso convergiu naturalmente para a criação de um curso de formação em psicoterapia fenomenológico existencial de vertente Sartriana. E dessa maneira procurávamos fazer um contraponto a outros institutos de matizes existenciais, e que eram embasados na filosofia de Heidegger.

O Centro de Psicoterapia Existencial iniciou sua trajetória em 1983 e encerrou definitivamente seu ciclo de atividades em 2019. O Centro de Psicoterapia Existencial começou tendo quatro psicólogos e depois de um breve tempo, coube a mim apenas ficar à frente de todas essas atividades.

E ao longo desses anos, tivemos a expansão para a promoção de inúmeros eventos além do curso de formação. Os principais nomes da psicologia, psiquiatria e filosofia do Brasil estiveram presentes no corpo docente do curso de formação, como também nos inúmeros congressos promovidos pelo Centro de Psicoterapia Existencial.

Os congressos promovidos pelo Centro de Psicoterapia Existencial foram marcados pela ousadia de trazerem temas que o universo acadêmico insistia em desprezar, como Espiritualidade e Prática Clínica e Psicologia e Religião. E inovou trazendo temas como Psicologia Hospitalar, Psicoterapia Existencial, Psicossomática e Psicologia da Saúde. Eis as principais realizações do Centro de Psicoterapia Existencial:

7.5.1 – Curso de Formação

Curso de Formação em Psicoterapia Fenomenológico Existencial. O curso inicialmente foi totalmente embasado na filosofia de Sartre, e depois com a filosofia de Merleau-Ponty. Era estruturado com uma duração de dois anos e um encontro de 16 horas mensais. Tivemos 34 turmas em nossos grupos de formação, com alunos dos mais diversos e distantes cantos do país.

Levamos nosso curso de formação para Manaus e Teresina e tínhamos, um deslocamento constante dos nossos professores para esses cantos para cumprimento dos respectivos módulos.

Os nossos cursos de formação se tornaram referência na formação de psicoterapeutas existenciais, e o número de pessoas que ainda nos procuram em busca desses cursos é imensurável, principalmente se considerarmos que, desde 2019, eles não estão sendo mais oferecidos. É dizer que a nossa proposta de propagação da psicoterapia sob a ótica de Sartre e de Merleau-Ponty foi consagrada e tornou-se referência para outros tantos cursos ao longo do país. Aliás, muitos alunos que fizeram sua formação existencialista em nossas lides hoje atuam em outros cursos de formação e até mesmo em diversas universidades, ministrando justamente disciplinas que contemplam a nossa proposta de intervenção existencialista. Outros ainda criaram centros de formação existencialista.

7.5.2 – Cursos de atualização

Atualização em Psicologia Hospitalar. Curso que era dedicado a profissionais que atuavam na área hospitalar e buscavam subsídios para sua prática profissional. Eram curso de apenas quatro módulos e que visavam trazer uma atualização tanto em termos teóricos e bibliográficos, como ainda dos novos instrumentais de intervenção clínica disponíveis para intervenção na área hospitalar. Tivemos a efetivação de 12 turmas nessa modalidade. Frise-se que nesse momento coordenávamos o primeiro curso de especialização em psicologia hospitalar, e que acontecia no Instituo Sedes Sapientiae.

Atualização em Psicoterapia Fenomenológico Existencial. Curso que era destinado a profissionais que haviam feito o Curso de Formação em Psicoterapia Fenomenológico Existencial do Centro de Psicoterapia, ou algo similar de outros institutos. Tivemos a efetivação de nove turmas nessa modalidade.

7.5.3 – Congressos

Congresso Brasileiro de Psicologia Hospitalar. Foram realizados 12 congressos brasileiros bienais de Psicologia Hospitalar, por onde desfilaram os principais nomes da área (Imagens 24 e 25).

Imagem 24 – Imagem da conferência de abertura do I Congresso Brasileiro de Psicologia Hospitalar

Imagem 25 – Um pequeno registro do V Congresso Brasileiro de Psicologia Hospitalar

Congresso Brasileiro de Psicoterapia Existencial. Foram realizados 14 congressos brasileiros bienais de Psicoterapia Existencial, e novamente tivemos os principais nomes da área se apresentando nesses eventos.

Congresso Brasileiro de Espiritualidade e Prática Clínica. Foram realizados dois congressos brasileiros de Espiritualidade e Prática Clínica, que, posteriormente, foi incorporado ao congresso de Psicologia e Religião.

Congresso Brasileiro de Psicologia e Religião. Foram realizados dois congressos brasileiros de psicologia e religião.

Congresso Brasileiro de Psicossomática e Psicologia da Saúde. Foram realizados seis congressos de psicologia da saúde e psicossomática.

Em relação aos congressos, principalmente os de psicoterapia existencial, somos procurados com frequência por colegas que insistem de maneira até exaustiva para que voltemos a promover novamente tais eventos, pois eles eram inclusivos e abrangentes, ao contrário dos que estão sendo promovidos na atualidade por outras entidades e que contemplam apenas e tão somente nichos específicos de profissionais. Eu ouço de maneira contemplativa, e, numa dialética comigo mesmo, concluo que o melhor é continuar apenas como palestrante nos congressos promovidos por outras entidades. Ponto!

7.5.4 – E o sonho acabou...

No ano de 2012, realizamos o nosso último congresso, e coube ao Congresso Brasileiro de Psicossomática e Psicologia da Saúde o encerramento desse ciclo. Foram décadas em que nossas atividades se enfeixavam e promoviam os congressos que atraiam centenas de colegas onde quer que fossem promovidos, São Paulo, Belo Horizonte, Campinas e Fortaleza. Infelizmente, uma das grandes decepções pessoais e profissionais, talvez a maior delas, tenha ocorrido justamente durante a realização desse último congresso.

A secretária da dra. CF havia me ligado dizendo que ela gostaria de participar desse congresso, mesmo sabendo não ser sua área, que era a de psicoterapia fenomenológico existencial. Ao chegar ao local do evento e constatar que estava em uma mesa redonda na companhia de outros notórios da área, ela não titubeou e começou a desferir todo o tipo de impropério em relação a mim, pois acreditava que teria uma conferência magna, coisa que a formatação desse evento não contemplou. A mim me parecia algo insólito, e mesmo inacreditável, que a dra. CF pudesse se alterar e lançar tantos impropérios diante de uma situação frustrante. Naquele momento, ela deixou de ser não apenas minha referência teórica, mas, principalmente, pessoal.

E depois de gritar e blasfemar comigo de todas as formas, isso sem considerar que ela estava nesse evento apenas porque aquiesci a um pedido seu, ela subiu ao auditório e, durante a sua apresentação, falou da importância do acolhimento ao semelhante, de empatia e tantas outras referências teóricas, mas que, naquele momento, depois de tudo que sofri, eram palavras vãs e desprovidas de sentido. Aquela gritaria foi algo que me acompanhou por meses, e me atormentou dias e dias, num contexto de total incredulidade.

Dessa maneira o Centro de Psicoterapia Existencial encerrou seu ciclo de congressos, e passou a oferecer apenas os cursos de formação em psicoterapia fenomenológico existencial até o ano de 2019, quando encerrou suas atividades de vez.

A mim coube permanecer como psicoterapeuta, supervisor, professor em algumas universidades e na condição de palestrante. E, assim, permaneço até os dias de hoje, e isso, no momento, me é plenamente prazeroso.

7.6 – Secretaria Municipal da Saúde[64]

Durante a gestão de Luiza Erundina de Souza como prefeita da cidade de São Paulo — 1989 a 1992 —coube a mim atuar na Assessoria de Saúde Mental junto ao dr. ND, na condição de assessor aos casos

[64] Essa atividade foi descrita inicialmente em Implantação do serviço de atendimento aos casos de urgência e suicídio na cidade de São Paulo. ANGERAMI, V. A. In *O doente, a psicologia e o hospital*, ANGERAMI, V.A. (Org.). São Paulo: Cengage Learning, 1996.

de violência e suicídio. E foi um período em que vários serviços foram implantados, e tornaram-se referência teórica e prática de atendimentos na área da saúde. Eis as nossas principais realizações:

7.6.1 – Serviço de atendimento aos casos de violência contra a mulher e a criança

A – Estratégia de atuação. Levantamento de dados

Esse serviço foi implantado concomitantemente em várias unidades de saúde da prefeitura de São Paulo. No planejamento inicial, decidiu-se que os atendimentos seriam realizados por profissionais da saúde que estivessem lotados nas diversas unidades da prefeitura e que optassem por participar desse trabalho. Assim, teríamos coordenadores em cada unidade e profissionais dessas unidades que receberiam treinamento para que, dessa forma, estivessem aptos a desenvolver o acolhimento necessário às vítimas que seriam atendidas em nossas unidades.

O grupo de profissionais da saúde que decidiu atuar diante dessa problemática foi inicialmente submetido a um processo de sensibilização, em que as questões inerentes a essa atividade foram discutidas e polemizadas. A sensibilização enfocou aspectos socioemocionais, sendo que as partes especificamente técnicas etc. foram sendo estruturadas e desenvolvidas a partir dos fatos surgidas ao longo do trabalho. Tal fato não derivou de uma falta de planejamento anterior, mas, ao contrário, foi uma decisão calcada no fato de que se estava diante de uma prática que teria que determinar procedimentos e atitudes a serem adotadas. Atitudes apriorísticas sem o contato direto com essa realidade certamente induziriam a erros maiores e até mesmo inconsequentes. Ao contrário, a estruturação de atitudes a partir do conhecimento determinado pela própria realidade é indício de uma possibilidade maior de acerto terapêutico.

B – Sedimentação teórico-prática

Foi estruturado um programa semanal de supervisão para que os atendimentos realizados pudessem ser discutidos. E, a partir disso, adotar-se o conjunto de procedimentos e atitudes.

A primeira temática que emergiu com muito vigor nos diversos grupos de supervisão foi a própria violência. Houve um sentimento muito grande de indignação diante do escancaramento e do acinte da violência. Esse inconformismo evidenciava que casos como estupros, espancamentos, seviciamentos etc. eram por demais aviltantes, e estavam praticamente incorporados à cotidianidade da realidade de muitas pessoas.

Convergiram-se, então, discussões para um melhor aprofundamento sobre o significado da violência e a sua repercussão na vida profissional e emocional de cada um.

A grande dificuldade era a aceitação pura e simples de que vivíamos numa sociedade altamente destrutiva e que, a partir disso, tinha-se institucionalizado a violência de modo normatizado e totalitário.

O fato de escolha pessoal dos profissionais da saúde em optarem por atuar com essa temática fez com que o grupo se iniciasse bastante fortalecido, pois a opção implicava, inicialmente, na tentativa de modificar uma realidade nua e crua que era a ocorrência e o atendimento dos inúmeros casos de violência cometidos contra a mulher e a criança. Algumas escolhas foram determinadas por questões ideológicas e outras por questões humanitárias, outras, ainda, por interesse de aprofundamento ou mesmo um melhor conhecimento da temática.

C – Órgão de atuação

Violência contra a mulher

E os entraves iniciais ao pleno desenvolvimento do trabalho surgiram quando os primeiros casos apareceram em nossas unidades em busca de atendimento e acolhimento aos seus dramas pessoais.

A questão com a qual nos deparamos, e que impeliu a mudanças estruturais, deveu-se ao fato de que muitos dos profissionais da saúde que optaram por esse trabalho, o fizeram por questões meramente humanitárias, quando essa opção deveria ter ainda fundamentação ideológica em relação à igualdade da mulher. Exemplo dessas colocações é um caso atendido em uma de nossas unidades e que envolvia uma mulher que havia sido brutalmente espancada pelo marido após ser flagrada em adultério. Houve a necessidade de diversas cirurgias, inclusive, uma genital; Chamaremos essa paciente de M. Como era praxe, discutíamos os casos com a presença dos profissionais da saúde envolvidos no atendimento para que pudéssemos balizar posturas e até mesmo novos procedimentos diante de casos futuros, e não foi diferente com o caso de M.

E, após a exposição do caso, inclusive, com detalhamentos de como ela havia sido levada ao pronto-socorro, e, depois dos procedimentos iniciais, encaminhada para o serviço de atendimento aos casos de violência contra a mulher. Na unidade de saúde preparada para esses casos, após os exames de praxe e a abordagem psicológica,, ela foi encaminhada para as diversas cirurgias que se faziam necessárias. Estávamos tecendo considerações sobre o caso com os diversos profissionais da saúde envolvidos no atendimento pontuando as mais diferentes considerações sobre os aspectos que envolviam a violência da qual M havia sido vítima. Em dado momento, o médico cirurgião que havia feito os procedimentos cirúrgicos mais delicados, o dr. JC, simplesmente coloca que o caso de M era bastante delicado pelo teor das agressões sofridas por ela, mas que, se fosse sua esposa, a coisa seria muito pior, pois ele não aceitava em qualquer hipótese a situação de adultério. E passou a tecer comentários que mostravam o teor machista de suas considerações.

De nada adiantaram as diversas interseções pontuando que todo caso de adultério precisa ser compreendido na essência de sua busca, e que a pessoa que intenta uma relação extraconjugal está procurando suprir em sua vida algo que o casamento não está contemplando. Certamente não faltaram as colocações de que o mais saudável seria as pessoas envolvidas nesse drama conjugal conversarem entre si e tentarem se acertar nos pontos de desarmonia do casal, em vez de simplesmente se buscar uma relação extraconjugal. Mas, no entanto, era sabido que muitas pessoas não estão abertas para esse tipo de diálogo e que acontece frequentemente a simples busca de casos extraconjugais. Mas todas as colocações caiam no vazio e faziam com que o médico cirurgião apenas vociferasse com mais virulência suas posições machistas e que colocavam a mulher em situação de inferioridade, que deviam, como compromisso, inclusive, feito no altar durante o casamento religioso, obediência servil e absoluta ao homem.

Esse caso mostrou que era necessário algo além da questão humanista para adesão a esse trabalho envolvendo casos de violência contra a mulher, deve-se aceitá-la como um ser com direito ao respeito à sua condição, como um ser digno e merecedor de total compreensão em suas atitudes em busca de liberdade e imposição social.

Efetivamos mudanças estruturais em nosso contexto de acolhimento à essas vítimas, pois não era crível para as pessoas envolvidas nesse trabalho que um médico cirurgião que tece comentários tão pejorativos a uma mulher violentada não poderia ter isenção para o acolhimento emocional necessário no pós-cirúrgico. E, paulatinamente, conseguimos estruturar o serviço, em todas as suas configurações, de modo a torná-lo verdadeiramente uma referência de cuidados e acolhimento à condição da mulher violentada.

Houve, a partir desse atendimento, uma reflexão nos diversos grupos, ou seja, uma incursão na qual se discutiu sobre os caminhos em que a violência se manifesta no cotidiano, inclusive, muitas vezes, nas atitudes do próprio profissional da saúde diante da vítima da violência social e familiar. Foi mostrado que estupros, crimes ocorridos a partir de simples colisões no trânsito, assaltos, homicídios, brigas e mortes em estádios de futebol etc. estavam de tal forma normatizados no íntimo das pessoas, que, na maioria das vezes, sequer provocavam alguma reação diante de sua ocorrência. Exceção feita, naturalmente, naqueles casos em que havia pessoas envolvidas emocional ou familiarmente em tais ocorrências. Essa violência não tinha espaço nem mesmo nos meios de comunicação tal era a frequência de sua ocorrência.

Essas reflexões, apresentavam um teor de indignação que era apontado como elemento dificultador no processo de atendimento às vítimas de violência que davam entrada nas unidades hospitalares. E essa indignação se apresentava de maneira multiforme no sentido de que a abrangência do conceito de violência tornava-se presente em aspectos inerentes à própria atividade profissional. Era como se, repentinamente, a partir da constatação da institucionalização da violência, uma série de gestos triviais presentes no cotidiano, nas situações mais simples e despretensiosas estivessem revestidos dessa mesma violência. Eram, por assim dizer, uma das muitas facetas através das quais a violência se apresenta.

E a primeira constatação dessas reflexões emergiu praticamente no mesmo momento nos diversos grupos supervisionados, ou seja, os casos atendidos nas unidades hospitalares nada mais eram do que o excesso dessa violência há muito legitimada em todos os níveis sociais. Assim, uma criança atendida no hospital vitimada pela violência era, na verdade, apenas acometida pelo excesso, de uma violência normatizada pela sociedade. Bater no filho com o intuito de educá-lo e até mesmo como corretivo de determinados comportamentos e condutas sociais, é algo aceito em todas as camadas sociais, e isso em que pese a sua absurdidade. No entanto, essa violência legitimada se excede e provoca situações em que os pais ou responsáveis pela criança superam as raias da irascibilidade e provocam lesões e sequelas físicas muitas vezes irreversíveis.

Os casos de mulheres estupradas, espancadas e seviciadas sexualmente fazem parte da nossa cotidianidade, por mais dantesco que possa parecer. Nos hospitais, apenas assiste-se o excesso em seus níveis mais abusivos e invasivos até mesmo dos limites da própria razão. A violência nada mais é do que algo perfeitamente assimilado como sendo direito do algoz sobre a vítima.

E se o algoz tem o direito de atacar sua vítima de maneira ensandecida, que o direciona a atos de total falta de escrúpulos, fica evidente que o hospital nada mais é do que o próprio desaguadouro dessa violência.

Como figura meramente ilustrativa, vale o registro das normas legislativas e judiciais de alguns países onde a punição para os casos de estupros é agravada se o ato for cometido sem o uso de preservativos, fato que implicaria até mesmo na aquisição de doenças venéreas, mormente na atualidade, a aids. Dessa forma, parte-se do pressuposto de que o estupro é algo previamente planejado de forma distante e racional, permitindo, inclusive, a determinação do uso de preservativos. Ou ainda, segundo trabalho apresentado no Seminário Internacional *Maltrato Institucional – Adoção e a dignidade humana da criança*, realizado em São Paulo, em dezembro de 1990, quando foi colocado que na Alemanha, cerca de 80% das mulheres estupradas ainda sofrem nova tentativa de estupro por parte dos profissionais da saúde que cuidam da sua saúde. Ou ainda, nas palavras do Sr. Paulo Salim Maluf durante campanha eleitoral, quando apresentava seu programa de ação contra a violência e afirmou que "estuprar pode, não pode é matar" (sic). O estupro está legitimado a partir de sua própria ocorrência, sendo que, na realidade, buscamos o estancamento de sua ocorrência, e não sua normatização pura e simples.

Questões morais envolvendo sexualidade foram outra temática muito presente nos grupos de discussão e supervisão, pois o estupro, acima de tudo, representava o total desrespeito aos valores ético-morais das vítimas. Foram questionadas, ainda, as atitudes a serem adotadas diante dos casos em que a vítima, além do estupro, tinha que se submeter aos trâmites legais para, num futuro, se necessário, ter direito ao aborto dentro dos parâmetros legais. O trâmite legal implica na realização de exame de corpo de delito que será instrumento comprobatório da violência física e sexual numa possível e futura solicitação de aborto dentro da rede municipal da saúde. Isso, naturalmente, além da ocorrência policial registrada numa Delegacia de Polícia. E em que pese a existência de inúmeras delegacias da mulher, essas mulheres vitimadas pela violência física e sexual, ainda encontram uma outra forma de violência, a social, que as impele a um longo e tortuoso caminho a ser percorrido em busca de sua dignidade.

A equipe médica, assumindo uma postura de resgaste da dignidade dessas vítimas, adotou um procedimento bastante inovador, visando evitar o desgaste emocional provocado pela imposição das vias legais. Afinal, estávamos diante de mulheres que já estavam bastante cicatrizadas pela violência física e sexual em si, e, dessa maneira, não precisariam passar por mais constrangimentos no cumprimento dos passos legais impostos sem a menor consideração sobre o estado emocional dessas vítimas.

Adotou-se a prescrição do uso de uma medicação hormonal com a presença de progestogênio, a chamada pílula do dia seguinte. E sua ação depende da fase menstrual em que seja ingerida. Na primeira fase, antes do ocorrer a ovulação, atua atrasando ou inibindo a ovulação e, portanto, impedindo a fertilização (lembrando que ovulação ocorre geralmente no 14° dia do ciclo menstrual). Na segunda fase do ciclo, ou seja, depois que ocorre a ovulação, a pílula do dia seguinte torna o muco cervical espesso, dificultando a penetração dos espermatozoides e também o transporte do óvulo nas tubas para dificultar a fecundação.

Essa medicamentação atua de maneira eficaz, evitando a gravidez com índice de falha pequeno. De acordo com a literatura concernente, efeitos colaterais são bastante raros.

A grande dificuldade da adoção dessa atitude, porém, derivava do fato de que nem sempre a vítima procurava pelo atendimento no período de abrangência da medicação. Esse aspecto mostrou-se sem dúvida alguma como sendo fator de muita polêmica e discussão gerando colocações em que o argumento nem sempre se estribava na razão, mas muito mais em colocações passionais.

Era como se estivesse em pauta a discussão mera e simples da liberação do aborto e não atitudes a serem adotadas diante de uma pessoa vitimada por abuso sexual e que, em consequência, ainda poderia engravidar e até mesmo parir sem o menor amparo social. Isso tudo sem nos esquecermos do fato de que muitas vezes essas vítimas são menores e que são violentadas, em grande e absurdo número de casos, pelo pai ou padrasto, ou ainda algum outro familiar. Como mera ilustração, cito o caso de uma adolescente de 14 anos de idade que havia sido estuprada pelo próprio pai, numa família em que sua irmã mais velha já havia dado luz a um filho desse mesmo pai. Tratava-se de uma violência tão absurdamente institucionalizada e normatizada que se discutir sobre a necessidade ou não da prescrição da pílula do dia seguinte era algo distante dos fatos e da própria realidade.

Houve muita polêmica na equipe médica sobre a adoção desse tipo de atitudes. E questões das mais diversas naturezas sobre aspectos éticos, filosóficos, morais afloraram de maneira intensa e profunda, mostrando que muitos aspectos não estavam devidamente elaborados para a sedimentação de uma prática que envolvia temática tão polêmica e difusa. Ficava, então, evidenciado que uma coisa era decidir por um trabalho em que seriam atendidas vítimas desumanizadas num processo de muita violência física e sexual, e outra era a realização de uma prática que envolvia a discussão sobre temas tão polêmicos como aborto e sexualidade. Era necessário que a mulher fosse compreendida de uma forma muito mais ampla do que conceitos meramente formais e que a colocavam em situação de subserviência ao homem. A situação da mulher como sendo um ser humano e, portanto, merecedora de respeito e dignidade era algo que precisava ser cristalizado como real e irreversível nesse quadro de atendimentos. E o mais surpreendente nesse aspecto é que essa conceituação era de difícil aceitação e mesmo assimilação até mesmo pelas mulheres pertencentes ao quadro de profissionais da saúde que se propunham ao atendimento de mulheres vitimadas por uma violência e, que, inclusive, traziam em si essa conceituação sectária e reducionista da mulher. A questão que se fazia presente com muita veemência era como se esperar um atendimento humanizado e que tivesse acolhimento emocional compatível com a fragilidade da vítima se estávamos diante dessa visão fragmentada e distorcida da realidade da mulher?!

A partir dessa discrepância de conceitos e fatos, não houve como conseguir uma atitude uniforme dos profissionais médicos, havendo alguns que passaram a prescrever a chamada pílula do dia seguinte enquanto outros sequer aceitaram tal posicionamento. No entanto, é importante ressaltar-se que, mesmo entre aqueles profissionais que se recusavam a discutir questões envolvendo a prescrição da pílula do dia seguinte, houve grande transformação no sentido de entender-se o aborto de uma maneira que não aquela que engloba conceitos religiosos, filosóficos, éticos, morais. Talvez a própria situação de preconceitos que envolve a questão do aborto faça com que essa temática dificilmente seja compreendida de uma forma mais livre e plena, inclusive, como um sério problema de saúde pública face ao grande número de intercorrências derivadas de abortos clandestinos feitos sem qualquer condição de assepsia e cuidados médicos. Nesse sentido, não há como não lembrar uma citação presente nas bandeiras que lutam pela legalização do aborto que diz que se o homem engravidasse, o aborto já estaria legalizado.

E a pílula do dia seguinte, inclusive, está muito distante daquilo que é preconizado como sendo aborto.

Nesse sentido, a grande atenuante para a resistência desses profissionais a uma postura menos tendenciosa frente ao aborto é aquela que os direciona a uma reflexão sobre o número de abortos clandestinos ocorridos no Brasil e que, além das sequelas físicas irreversíveis, muitas vezes provocam muitos óbitos. Segundo estimativa da Organização Mundial da Saúde, ocorrem anualmente cerca de 300 mil abortos no Brasil. Mas é sempre bom ressaltar que é um número estimado e que, seguramente, estão muito distantes da realidade.

Se não foi possível conseguir uma atitude uniforme sobre essa questão, por outro lado, o avanço sobre a humanização dos atendimentos realizados com essas vítimas é indiscutivelmente promissor.

Violência contra a criança

No tocante a crianças, a questão mostrou-se bastante alvissareira quanto aos procedimentos adotados. Afinal, se existe algo que provoca comoção indistintamente a todos direta e indiretamente envolvidos nos cuidados a uma criança violentada é a crueldade e brutalidade que não são aceitos de maneira alguma em qualquer segmento social. E até mesmo acerca do conjunto de posturas assumidas diante dos trâmites legais sobre as atrocidades cometidas contra crianças.

Isso em que pese a legislação apresentar procedimentos e normatizações que são inviáveis pela dramaticidade de que são revestidos, e assim, simplesmente, se tornam inviáveis. Como mera citação, podemos pontuar os casos de crianças que são violentamente agredidas pelos próprios pais, a ponto de necessitarem intervenções clínicas e até mesmo cirúrgicas. O teor da brutalidade é de tal intensidade que a própria criança teme a presença dos pais agressores na unidade hospitalar. Nesses casos específicos, a legislação prevê que os pais percam a guarda dessa criança, e que essas sejam transferidas para um abrigo infantil. No entanto, a realidade asilar disponível para elas é tão precária e ineficiente que a busca do recurso de perda da guarda infantil raramente é utilizado, priorizando-se um trabalho junto a esses pais de conscientização e reflexão sobre a questão da violência em si. E, na existência de parentes próximos, como avós principalmente, que tenham melhores condições emocionais e mesmo materiais para cuidar dessa criança violentada, a transferência da guarda pode ser requisitada ainda durante a hospitalização.

O consenso das atitudes a serem adotadas nessa atividade foi praticamente absoluto, não havendo divergências significativas que mereçam registro.

Se o atendimento às crianças acometidas por violência por um lado não aborda questões de nível moral, como o aborto, por outro, atinge nossas raízes emocionais em seus patamares mais profundos e sensíveis. Evidentemente que nos casos de crianças estupradas, não importando se pelo próprio pai ou por estranho, aquelas questões anteriormente levantadas que envolvem a questão do aborto estarão presentes com mais intensidade e vigor. O agravante de se tratar de criança em toda questão pertinente à violência contra a condição humana tem suas cores tingidas em tons muitos mais fortes e contundentes. É o próprio retrato sem retoques da degradação humana em seus escombros mais aviltantes.

Não há como não sentir asco diante da violência cometida contra uma criança, pois isso consiste no escarro maior da condição humana, já que acomete seres desprotegidos pela vida e que são violentamente castigados pelas mãos dos adultos. Falamos de asco, mas seguramente nesse rol de indignação podemos incluir sentimento de revolta, indignação e consideraremos tais atos como grotescos e aviltantes à própria condição humana. Adultos que de maneira repugnante açoitam a própria dignidade humana ao cometer todo tipo de atrocidade contra seres tão indefesos.

De outra parte, podemos afirmar que não há como se adotar uma atitude marcada pelo distanciamento profissional quando à nossa frente se encontra uma criança violentamente espancada pelos pais e que, em consequência, apresenta um quadro altamente comprometedor de politraumatismo. Ou de uma criança que apresenta sinais contundentes de queimaduras provocadas pela mãe através de ferro elétrico. Ou ainda de criança seviciada sexualmente pelo próprio pai.

Esse é um trabalho envolvente e surpreendente e que está a exigir constantemente superação dos profissionais da saúde envolvidos, pois a sua contundência e dinâmica se alterna nas formas de violência suscitadas. E mesmo com a minha experiência anterior de atuação junto a crianças vítimas de tentativas de suicídio, inclusive registrada no trabalho *Suicídio infantil. O escarro maior da condição humana*[65], me foi muito difícil, e diria mesmo insuportável, em alguns momentos, me deparar com o teor de violência apresentado nessa atividade. Era algo que parecia um corolário infindável de novos casos que pareciam ter o firme propósito de se superarem uns aos outros continuamente.

[65] *Suicídio infantil. O escarro maior da condição humana*, op. Cit.

Verdadeiramente, nada me abalou emocionalmente com tanta intensidade como esse trabalho envolvendo violência contra a criança. Ainda que se evoque que desde o início da minha trajetória profissional sempre me dediquei a casos de suicídio e tortura, além de outros combalimento, ainda assim, a questão da violência envolvendo crianças me atinge de maneira indescritível.

E, na realidade, eu não atendia diretamente esses casos, apenas supervisionava os atendimentos, além de coordenar os modos de atuação das diversas equipes envolvidas nessa atividade. Mas o teor emocional dos depoimentos trazidos pelos profissionais que realizavam os atendimentos, pareados a tudo que envolve essa realidade, decididamente era algo que me desestrutura emocionalmente de modo ímpar. Não me é crível que um pai, no afã de educar o filho, bata seu rosto contra a parede para que ele aprenda as regras de convivência social. E se esse corretivo educacional provocava sangramentos, ferimentos e muitas vezes a necessidade de intervenções cirúrgicas, isso era algo que, na visão desses pais, fazia parte do processo educacional. Mas, decididamente, para mim isso era apenas um gesto extremado de covardia desferido contra alguém que apenas está iniciando sua trajetória de vida. Ou mesmo o caso acima citado da mãe que fere o próprio filho com o ferro elétrico. Não me é possível que isso seja real e que faça parte do repertório educacional dos pais para com os filhos.

O serviço de atendimento a crianças vítimas de violência era algo que jamais poderia ter sido desativado tal a magnitude de sua amplitude. Mas, infelizmente, conjeturas políticas o desativaram, e sobre isso falaremos mais adiante.

7.6.2 – Pessoas em situação de sofrimento psíquico e o plantio de árvores na cidade de São Paulo

A – Estratégia de atuação. Levantamento de dados

Certamente esse é um dos trabalhos mais fascinantes e emocionantes que realizei ao longo da minha trajetória profissional. Ele surgiu a partir de uma discussão teórica com vários integrantes das unidades de atendimento municipais sobre a necessidade de se criar procedimentos incluindo práticas que contemplassem atividades físicas para os usuários de saúde mental atendidos na rede municipal de São Paulo. Dessa maneira, um dos princípios de laborterapia seriam atingidos, além de outras funções e objetivos complementares que igualmente seriam abarcados. Houve grande entusiasmo dos profissionais da saúde, principalmente daqueles ligados à área de Terapia Ocupacional quando a estruturação das atividades foi apresentada, bem como os passos necessários para a sua efetivação. E assim surgiu o programa de plantio de árvores por pessoas em situação de sofrimento psíquico nas principais avenidas e logradouros da cidade de São Paulo. E verdadeiramente sempre me emociono, tanto em falar dessa atividade, como, principalmente, ao passar por algumas dessas avenidas e contemplar as árvores que plantamos e que contribuem para que São Paulo seja exuberante também nesse detalhamento de árvores e floradas.

B – Sedimentação teórico-prática

A partir de uma ação conjunta com o Depave (Departamento de parques e áreas verdes), efetivamos uma atuação envolvendo usuários e profissionais de saúde mental de várias unidades de saúde da rede municipal de São Paulo.

E o trabalho consistia no plantio de árvores pela cidade de São Paulo. Efetivávamos a saída em duas kombis com mudas de árvores e um grupos de pessoas em sofrimento psíquico e que eram atendidas e acolhidas nas nossas unidades de saúde, além de alguns profissionais que atuavam em saúde mental. Dois técnicos do Depave nos acompanhavam para a devida orientação do modo exato de como realizar o plantio das árvores, pois detalhes do tamanho das cavas e a quantidade de terra para o plantio de cada muda de árvores era algo especificamente técnico e que cabia a esses profissionais a determinação dessas especificidades.

C – Órgão de atuação

Mudas de árvores, terra, adubo, pás, escavadeiras e demais utensílios necessários para o plantio. Tudo era devidamente acomodado nas kombis que saiam pelas avenidas levando não apenas pessoas em sofrimento psíquico e demais profissionais envolvidos nessas atividades, mas, principalmente, o sonho e a esperança desse gesto de contribuição para o embelezamento da cidade de São Paulo. As ruas e avenidas que seriam protagonistas desse plantio foram previamente escolhidas a partir de diversas e diferentes configurações que iam desde a ausência de árvores nesses locais, como ainda pela necessidade de uma flora que desse contornos de embelezamento a esses diversos logradouros.

E saíamos pelas ruas e avenidas da cidade plantando milhares de mudas das mais diferentes espécies, Suinãs, Quaresmeiras, Chorões, Jacarandás-mimosos, Cássias-aleluia, Paineiras no Outono, Ipês-amarelos, Ipês-roxos e Sibipirunas.

Alguns desses locais foram marcantes em minha vida, como no entorno do Obelisco no Parque do Ibirapuera. Lá plantamos cerca de duzentas mudas de suinã, e, por ser a árvore preferida da minha filha, esse ritual se revestiu de uma emoção e simbolismo únicos. Na atualidade, cerca de trinta anos depois, e com o crescimento das mudas plantadas e o surgimento de novas árvores a partir da criação de sementes a partir do plantio inicial, temos uma floresta inteiramente vermelha no auge de sua florada, o Inverno. Emoção indescritível por todos os séculos dos séculos...

Outro ponto bastante importante e que se tornou impactante foi ao longo da Av. Ricardo Jafet, avenida que se inicia ao lado do Museu do Ipiranga e leva ao acesso da Rodovia dos Imigrantes rumo ao litoral paulista. Isso além dos inúmeros bairros e cidades do ABC aos quais ela também leva ao acesso. Essa avenida ladeia o Riacho do Ipiranga, o que se torna ambiente propício para o plantio de chorão, que se dá muito bem com a proximidade de rios, lagos etc. Lá foram plantadas centenas de mudas de chorão e que deram um toque muito delicado pela ornamentação propiciada por essas árvores.

E houve ainda um plantio intenso de Quaresmeiras, Cássias aleluia, Paineiras no Outono, Paus-ferros e Sibipirunas nas encostas e no canteiro central da Av. 23 de Maio, certamente uma das mais importantes avenidas da cidade de São Paulo. E na época de suas floradas — Quaresmeiras, Cássias-aleluia no Outono, Sibipirunas na Primavera e Paus-ferro no Verão —, temos uma floração verdadeiramente magnífica.

Várias ruas e avenidas no mais diferentes bairros foram contempladas com esse plantio, apenas cito aquelas que me são mais significativas, muito mais por serem logradouros que já faziam parte da minha vida do que por qualquer outra razão. Espaços pelos quais já transitava em minha cotidianidade e que passaram a ter o embelezamento das árvores plantadas por nós.

Foram meses e meses em que as kombi saiam logo cedo nas manhãs das quintas-feiras da sede central da Secretaria Municipal da Saúde e iam pelas unidades de saúde buscando os usuários e profissionais de saúde mental que participariam da empreitada. O último local em que as kombis buscavam participantes era justamente a sede do Depave, no parque do Ibirapuera, onde, além dos profissionais envolvidos, também estavam as mudas das árvores e demais apetrechos para a nossa empreitada.

Então íamos em buscas dos locais que receberiam o plantio das árvores escolhidas.

Para se ter uma ideia do impacto e da importância dessa atividade, principalmente junto aos usuários de saúde mental, cito um episódio ocorrido alguns anos atrás no Instituto Sedes Sapientiae, onde eu era docente. Estava na lanchonete do instituto tomando um café quando se aproxima de mim um homem de cerca de 50 anos e pergunta se eu não o reconhecia. Ele não podia saber da minha péssima memória visual, e diante da minha expressão de desconhecimento, ele, então, se identificou como sendo uma das pessoas em sofrimento psíquico que participou do projeto de plantio de árvores. Disse ainda da emoção em ver parte da cidade florida graças as árvores que ele havia contribuído para o plantio.

E ao detalhar a emoção incontida na apreciação em ver as árvores floridas depois de anos de seu plantio, seus olhos lacrimejaram, e ele ainda pontuou que de tempos em tempos levava seus familiares para apreciarem o espetáculo dessas floradas. Inclusive, ele me pediu se poderia trazer o seu filho até o instituto em dia em que estivesse dando aulas para que ele me conhecesse e pudesse ver o *mentor* (sic) de uma das coisas mais incríveis que ele havia vivenciado em toda a sua vida. Impossível não se emocionar com um depoimento tão lindo e impactante. E se ele já estava com os olhos marejados, ele também me levou às lágrimas com algo tão sensível e maravilhoso. Decididamente, esse tipo de situação nos faz continuar em nossa trajetória, por mais árduas e pedregosas que possam ser as trilhas da caminhada.

Algo que sempre se preconiza em nossas atividades é justamente a superação do paciente das condições que possam estar agrilhoando sua vida. Buscamos incessantemente fazer com que ele rompa com os grilhões que estancam seu desenvolvimento existencial, como ainda, a superação dos desatinos emocionais que possam estar cerceando sua caminhada. E a partir de um depoimento como descrito, temos a sensação de plenitude que pode nos elevar em nossos anseios e nos fazer a creditar da potência de nossa atuação.

Nossa atuação profissional é sempre envolta em surpresas e desafios contínuos, pois não sabemos as condições emocionais com que o paciente se nos apresenta, e tampouco com o que se faz necessário para o seu soerguimento existencial. Somos frágeis em nossas intervenções, e nem mesmo podemos prever suas consequências.

No caso específico dessa atividade envolvendo pessoas em sofrimento psíquico no plantio de árvores pelas ruas de São Paulo, jamais poderia conceber que teria um efeito tão fantástico em seus participantes. Citei o depoimento de um dos usuários dos serviços de saúde mental, mas ao compartilhar esse depoimento com outros colegas igualmente envolvidos nessa atividade, outros tantos depoimentos foram trazidos à baila, e não apenas desses usuários, mas também dos profissionais de saúde envolvidos nessa atividade. Decididamente, foi algo que marcou a vida de maneira definitiva de todos os envolvidos nessa realização, um toque de fragrância a nos envolver e nos eternizar em sua envolvência.

E a vida brotou mais vida. Vida que pede mais vida...

7.6.3 – Atendimento aos casos de urgência e suicídio junto à Companhia do Metropolitano de São Paulo – Metrô[66]

A Companhia do Metropolitano de São Paulo, através do Departamento de Controle Centralizado, procurou pela Secretaria Municipal de Saúde de São Paulo para efetivar a implantação de um serviço de atendimento aos casos de urgência e suicídio, face ao grande número de usuários do Metrô que tentam o suicídio no interior de suas estações.

Apesar de a Companhia do Metropolitano de São Paulo (Metrô) não estar nos planos iniciais do nosso projeto, optou-se em priorizar

[66] Ibid. op. Cit.

o trabalho naquela entidade uma vez que a sua solicitação era estribada na ocorrência de um número bastante grande de casos,[67] além da situação inusitada que envolvia funcionários, usuários e todos que, direta ou indiretamente, participavam através da presença física do ato de tentativa de suicídio ou de suicídio. Assim, iniciamos um trabalho que passou por diversas etapas, descritas em seguida.

A – Estratégia de atuação. Levantamento de dados

Inicialmente, foram estabelecidas algumas reuniões na sede da Companhia do Metropolitano de São Paulo para detectar-se a real dimensão da problemática a ser atendida. Foi, então, apresentado pelos representantes da Companhia do Metropolitano de São Paulo os números aproximados de tentativas de suicídio e suicídio ocorridos no interior de suas estações.

Constatou-se que a maioria dos casos era composta de pessoas que se atiravam na frente do trem tão logo esse surgia na estação. Nesse sentido, foi colocado que uma grande dificuldade verificada no atendimento às vítimas era a necessidade premente da liberação da via férrea após o acidente. Essa liberação necessita de muita rapidez para desobstrução do fluxo de trens e passageiros, uma vez que a interdição mais acentuada na via férrea acarreta danos incalculáveis aos usuários do Metrô.

À guisa de simples observação, basta imaginar-se o transtorno que seria a via férrea interditada por cerca de quinze minutos no período das 18h. Indiscutivelmente, haveria um aglomerado de pessoas com a inevitável geração de tumultos e outros atos imprevisíveis. Assim, se a necessidade de desobstrução imediata da pista pode parecer algo desumano à primeira vista, no entanto, revela a preocupação de se evitar uma cadeia imensurável de acidentes das mais diferentes naturezas.

Foi detectada, ainda, a existência de inúmeras tentativas de suicídio que diferiam da citada anteriormente, pois tratava-se de pessoas que, ao contrário, buscavam o interior das estações e tentavam o suicídio

[67] Deixamos de apresentar os números absolutos de tentativas de suicídio e suicídio ocorridas nas dependências do Metrô em função de uma normatização desta empresa que proíbe a divulgação desses números ao público em geral.

das mais diferentes formas. E, em alguns casos, tínhamos o suicídio consumado. Como exemplo, citamos o caso de uma mulher de cerca de 20 anos de idade que se trancou no banheiro existente no interior de uma estação e lá mesmo se enforcou. O caso foi descoberto por uma faxineira quando limpava os banheiros ao observar o sangue que corria por debaixo da porta. Existem ainda os casos bastante numerosos de pessoas que se atiram do vão existente em algumas estações e se estatelam na plataforma ao lado de usuários que aguardam a chegada de trens para embarque.

Ainda foram mencionados aqueles casos em que as pessoas buscavam pelas estações de metrô em suas tentativas de suicídio por serem lugares em que possibilidade de socorro era iminente. Mas isso é minimamente discutível, pois as inúmeras variáveis presentes em um ato de tentativa de suicídio exigem que nos afastemos de explicações simplistas que não considerem a realidade emocional dessas vítimas. Em trabalho anterior[68] citamos a complexidade dos inúmeros casos de pessoas que enveredam pelos caminhos do suicídio buscando por lugares repletos de pessoas das mais diferentes naturezas. Dessa maneira, vamos encontrar pessoas por demais solitárias, que, naquele que seria o último momento de suas vidas, buscam pela presença de pessoas, as mesmas pessoas ausentes em sua vida.

B – Sedimentação teórico-prática

Posteriormente ao levantamento de dados, deliberou-se por uma reflexão teórico-prática intensiva sobre a tentativa de suicídio para que a temática pudesse ser mais bem dimensionada pelas pessoas que atuariam nessa atividade. Participaram, então, os responsáveis pelo Departamento de Controle Centralizado do Metrô, elementos responsáveis na formação dos funcionários que atendiam e socorriam os usuários por ocasião dos acidentes, e profissionais da saúde ligados à Secretaria Municipal da Saúde de São Paulo.

Houve uma sensibilização sobre a extensão do ato da tentativa de suicídio, seu significado, abrangência e o desespero contido em cada

[68] *Solidão. A ausência do outro*, ANGERAMI, V. A. Belo Horizonte: Artesã Editora, 2017.

gesto. A própria irascibilidade presente na unidade hospitalar quando do surgimento dos casos de tentativa de suicídio também estavam presentes nos elementos que representavam o Metrô. Assim, julgo morais, éticos e até mesmo religiosos encontrados na prática dos profissionais da saúde que atendem esses pacientes se faziam presentes no discurso dos profissionais do Metrô. E da mesma forma que na unidade hospitalar, a sensibilização para uma nova compreensão do ato de tentativa de suicídio mostrou-se como condição indispensável para a estruturação de um serviço que atendesse a esse tipo de problemática.

Durante essa preparação, teórica também foram elencados alguns temas escolhidos pelos elementos do Metrô para discussão de procedimentos e atitudes. Dentre os temas sugeridos podemos citar *suicídio e espiritualidade, suicídio e violência urbana, suicídio e preconceito moral*, dentre outros.

As discussões visaram também restabelecer uma nova norma de atitudes a serem adotadas diante dos casos que envolvessem funcionários e as vítimas de tentativa de suicídio. E uma coisa facilmente observável era o fato de que, à medida em que se aprofundava nas discussões de casos, também se aprimorava na adoção de novas atitudes a serem assumidas diante dos casos de tentativas de suicídio.

O suicídio, assim, passava a ser compreendido de forma mais abrangente e livre de conceitos constritos que sempre traziam atrás de si formas parciais em um julgo tendencioso e que muitas vezes era até mesmo desprovido de razão.

O simples fato de o suicídio ganhar nova compreensão e dimensão era, por si, sustentáculo para que o trabalho se solidificasse na sua própria concretitude. A própria experiência mostrada pelos representantes do Metrô era aproveitada no sentido de se direcionar a reflexão a parâmetros conhecidos. Teorizava-se sobre uma realidade conhecida, que era a ocorrência da tentativa de suicídio e mesmo suicídio nas estações do Metrô. Havia, então, a premência de se viabilizar uma prática a partir de uma vivência em que a cotidianidade apresentava inúmeras ocorrências, com os mais variados enredamentos. A reflexão teórica embasava determinadas atitudes e fundamentava determinados posicionamentos, mas em momento algum anulava o conhecimento adquirido em anos de prática diuturna tantos pelos representantes do Metrô como pelos profissionais da saúde envolvidos nessa atividade.

Esse aspecto do trabalho institucional é bastante importante e merecedor de uma reflexão pormenorizada. Em toda implantação de trabalho institucional, qualquer que seja a instituição objeto de análise e intervenção, é importante que tanto a realidade institucional como a vivência dos elementos pertencentes à instituição sejam respeitadas e preservadas. A transformação, se necessária, deve ocorrer após um processo de maturação que possa abranger a todos os envolvidos no processo, indistintamente. Impor transformações institucionais desrespeitando limites e parâmetros institucionais é, na realidade, desrespeitar as próprias circunstâncias pelas quais esses limites e parâmetros se estabeleceram.

A intervenção institucional, muitas vezes, determina mudanças estruturais em suas bases, mas, ainda assim, a realidade institucional deve ser considerada em sua amplitude e até mesmo no determinismo de sua ocorrência. Mudanças estruturais pedem aspectos multiformes de transformação dos elementos institucionais, mas nunca assolapar a realidade institucional pura e simplesmente. Esses aspectos justificam, inclusive, o fato de muitas análises e transformações institucionais se tornarem redundantes e fadadas ao fracasso.

A nossa preocupação em não acachapar a vivência desses elementos com um sem-número de teorias fazia com que o grupo se fortalecesse e adquirisse textura e solidez emocional necessárias para um bom desempenho da atividade proposta. A cada encontro crescia a certeza de que o passo seguinte, que envolveria atitudes e procedimentos a serem adotados diante dos casos atendidos nas dependências do Metrô, teria um grupo coeso e fortalecido em suas bases estruturais.

C – Órgão de atuação

Foi delimitado, então, que os casos de tentativas de suicídio ocorridos na via férrea seriam atendidos inicialmente pelos funcionários do Metrô, que já teriam deliberações e procedimentos a serem adotados.

E se uma determinada ocorrência necessitasse hospitalização imediata seria acionado o Departamento de Controle Centralizado que enviaria uma ambulância ao local que removeria essa vítima a uma unidade hospitalar da Secretaria Municipal de Saúde de São Paulo.

Delimitou-se, inicialmente, o encaminhamento para apenas duas unidades hospitalares cujos elementos participaram desse grupo desde sua formação até a implantação propriamente dita do trabalho. Dessa maneira estaria assegurado que os casos de tentativas de suicídio ocorridos nas dependências do Metrô seriam acompanhados desde o atendimento inicial até a alta hospitalar pelo grupo como um todo. Assim seria possível o estabelecimento de discussões sobre procedimentos, atitudes adotadas e até mesmo uma reflexão sobre os determinantes daquela dada ocorrência.

Por outro lado, quando o caso não necessitasse de atendimento hospitalar, igualmente o Departamento de Controle Centralizado determinaria um elemento que se deslocaria e efetuaria o atendimento a essa vítima no próprio Metrô. A deliberação e consequente encaminhamento seriam determinados a partir da peculiaridade de cada caso. Assim, por exemplo, diante de uma pessoa que apresentasse sinais evidentes de sofrimento psíquico e que, por consequência desses distúrbios, tivesse atentado contra a própria vida, seria feito encaminhamento a uma unidade hospitalar que atendesse a esse tipo de ocorrência. De outra parte, naquelas situações em que as pessoas se encontrassem desesperadas e diante do próprio titubeio do desespero ficassem hesitantes até mesmo com relação à tentativa de suicídio, a deliberação seria o encaminhamento dessa pessoa a um dos inúmeros serviços existentes na rede hospitalar da Secretaria Municipal da Saúde. Esse aspecto, no entanto, é bastante delicado, pois não há como definir com precisão o que vem a ser uma atitude suspeita e que evidencie um eventual titubeio diante de uma possível tentativa de suicídio anteriormente assumida. Como simples ilustração, cito a ocorrência do caso de um rapaz que se mostrava muito ansioso diante da aproximação do trem na estação, chegando a exceder os limites da faixa de segurança, faixa essa que determina os limites onde os passageiros devem permanecer até a parada definitiva do trem. Depois da passagem de vários trens e da mesma atitude carregada de ansiedade, os funcionários do Metrô que acompanhavam sua movimentação através do circuito interno de câmeras e monitoramento intervieram junto a ele no sentido de se evitar a ocorrência de algo mais sério. Ele contou, então, que a sua ansiedade não era derivada de nenhum titubeio sobre uma possível tentativa de suicídio, e sim, pelo encontro que havia marcado com sua namorada naquela estação. A cada trem que se aproximava ele se mostrava ansioso aguardando a chegada do veículo para verificar se a sua namorada finalmente havia chegado.

O serviço foi estruturado ainda com a proposta de supervisão sobre os atendimentos realizados. A estrutura foi solidamente embasada, embora aberta a tantas mudanças quantas se fizessem necessárias para o êxito e abrangência do trabalho. Trata-se de uma iniciativa inédita que tem como objetivo oferecer um atendimento eficaz e capaz de trazer alívio à desesperança representada pelo ato da tentativa de suicídio. Outro aspecto bastante importante de tentativa de suicídio nas estações do Metrô diz respeito aos condutores de trens daqueles casos em que a vítima se joga na frente do veículo tão logo esse adentre ao espaço da estação. Existe uma situação de grande abalo emocional nesses funcionários, havendo, inclusive, por parte do Departamento de Controle Centralizado uma preocupação no sentido de atender esse tipo de ocorrência com seus funcionários. Até mesmo o Sindicato dos Metroviários já havia procurado pela Secretaria Municipal da Saúde para ver de possibilidade de um trabalho de recuperação emocional desses elementos. Até o presente momento, esse projeto ainda não havia sido concretizado, estando apenas idealizado.

A estrutura de atendimento aos casos de tentativas de suicídio nas estações do Metrô foi inicialmente efetivada, o que não significa dizer de forma definitiva nem estática diante da publicação deste e de outros trabalhos.

7.6.4 - Atendimento aos casos de tentativas de suicídio nos prontos-socorros da rede municipal hospitalar da cidade de São Paulo

Esse programa tornou-se uma das prioridades nessa gestão da Secretaria Municipal da Saúde. Era nossa intenção a determinação de mudanças de atitudes dos profissionais da saúde frente às vítimas da tentativa de suicídio. Na realidade, algo similar ao que já havíamos feitos na atividade do Pronto-Socorro do Instituto Central do Hospital das Clínicas da FMUSP. Lá percebemos que um dos aspectos mais surpreendentes era a repressão moral que os profissionais da saúde impunham sobre esses pacientes.

Os dados de tentativas de suicídio naquela ocasião, e que permanecem até o momento atuais, mostravam que a grande incidência de pessoas vítimas de tentativa de suicídio eram aquelas situadas na faixa etária localizada entre 15 e 20 anos de idade, pertencentes ao sexo feminino e que tentavam o suicídio através da ingestão excessiva de comprimidos medicamentosos. Assim, quando dava entrada naquele pronto-socorro uma paciente que apresentava tais características, a atitude médica era praticamente uniforme e conceituava essa paciente como sendo um simples caso de chantagem emocional, havendo, inclusive, a efetivação de rotulações muitas vezes pejorativas. Chegamos a ouvir da parte médica que se tratava de simples caso de viadagem. Como se a paciente, através de seu gesto, estivesse não apenas atentando contra a própria vida, mas também, e principalmente, atentando contra a eficácia desses profissionais. É dizer que precisa ser trazido à baila que uma das principais obras sobre suicídio se intitula *Cry for helps*[69], e mostra justamente essa questão de se buscar o suicídio para se pedir socorro para uma vida desesperadora e sem cor e sentido existencial.

De fato, sou obrigado a me render a uma questão por demais simplista, e, no entanto, avassaladora. Ou seja, apesar das décadas lidando com casos de tentativas de suicídio e mesmo suicídio, ainda não consegui atingir compreensão para esse comportamento tão irascível das pessoas em geral, e mesmo dos profissionais da saúde diante de uma vítima de tentativa de suicídio.

E irmanados desse ideal, demos inícios às tratativas e estruturação do trabalho propriamente dito. Temos sempre presente que se não houver um rechaço determinante e conciso do julgo moral e ético envolvendo a questão do suicídio, dificilmente se obterá um atendimento junto a essas vítimas que seja realmente dignificante.

Imbuídos desses princípios, sistematizou-se uma normatização de procedimentos necessários à implantação do serviço de atendimento aos

[69] *Cry for helps*, FARBEROW, N., apud ANGERAMI, V. A. *Suicídio. Uma alternativa a vida*, op. Cit.

casos de tentativas de suicídio dentro da realidade hospitalar abrangida pela Secretaria Municipal da Saúde na cidade de São Paulo. E diante do número de unidades hospitalares contempladas nessa intervenção, não há como não lembrar dos castelos de areia, afinal, a dificuldade a ser enfrentada é algo tão insólito como a construção desses castelos. Números tão elevados, tanto das unidades hospitalares, quanto dos profissionais da saúde envolvidos, que a sedimentação de uma atividade que contemple as vítimas de tentativas de suicídio torna-se algo cuja construção implique no detalhamento minucioso e preciso do instrumental necessário para se obter êxito em empreitada dessa envergadura.

Não mais um adolescente cavando a areia para buscar elementos para a construção de castelos, ao mesmo tempo em que busca pedaços de madeiras, ou de crustáceos que sirvam de escora para essa construção, mas sim um outro sonhador a acreditar que irá conseguir sedimentar escoras para a magnitude de um atendimento hospitalar dessa envergadura. A diferença é que, na implantação desse atendimento hospitalar, as escoras precisam ser definidas e posteriormente buscadas para se efetivar sua sedimentação. Mas quem já construiu castelos de areia tem fé inquebrantável de que tudo é possível, pois a busca por escoras e aparadores é contínua e não sofre esmorecimento em seus ideais.

A – Estratégia de Atuação. Levantamento de dados

A primeira dificuldade surgida nessa questão é a mudança de postura e procedimentos sobre a questão do suicídio.

A sensibilização dos profissionais da saúde diante da temática de suicídio é fundamental para que o paciente seja compreendido de uma forma mais digna e mesmo humana. Assim como foi descrito anteriormente, sempre é necessária uma profunda revisão sobre os conceitos de suicídio como condição indispensável para se pensar na estruturação de atividades que envolvam essa temática.

Lidar com profissionais da saúde que agem com verdadeiro escárnio diante das vítimas de tentativa de suicídio é o primeiro, e talvez o principal desafio a ser superado na implantação dessas atividades. Fazer com que o suicídio seja aceito como inerente à condição humana, e não uma afronta aos preceitos de dignidade morais, sociais e religiosos, é algo sensível e que denota superação em cada etapa dessas atividades.

A dificuldade que emerge nessas circunstâncias deriva do fato de que os profissionais da saúde, assim como as pessoas em geral, tiveram todo o desenvolvimento de suas vidas calcado em preconceitos construídos meticulosamente e que conceituam o suicídio como algo que não possui espaço no esteio da vida social.

Ocorre ainda, que perdemos muitas vezes o parâmetro de que os profissionais da saúde são pessoas com todas as contradições, virtudes e adversidades inerentes à condição humana. É dizer que muitas vezes tratamos os profissionais da saúde como seres que não são humanos, e, portanto, distantes dos sentimentos e questões que afetam a quase totalidade das pessoas. No entanto, quando tentamos sensibilizar esses profissionais com a temática do suicídio, vamos nos deparar com pessoas que simplesmente se mostram como pessoas, agem como pessoas e verdadeiramente são pessoas, com todo o significado dessa condição humana. E nesse sentido vamos encontrar o tecido social permeado em filigrana de suas almas e sentimentos. E o suicídio com toda a sua conceituação preconceituosa, difusa e misteriosa a embrenhar seus valores morais, éticos e religiosos. Mas se existe algo que nunca nos atemorizou foi a dificuldade a ser enfrentada na implantação dos mais diferentes tipos de atividades. E nos casos de serviços que contemplam o atendimento a pessoas vítimas de tentativa de suicídio, certamente, um dos principais entraves sempre é a conceituação que as pessoas fazem do suicídio e de seus derivativos. E dessa maneira a sensibilização desses profissionais sobre a temática do suicídio é algo pertinente e prioritário na implantação dessa atividade. Posteriormente, busca-se o instrumental e as condições adequadas para o desenvolvimento dessa atividade, mas, inicialmente, o foco de atenção é totalmente voltado para os profissionais que irão desenvolver esse acolhimento às vítimas de tentativa de suicídio.

B – Sedimentação teórico-prática

A sedimentação teórico-prática deve direcionar a ótica dos profissionais da saúde envolvidos nesse serviço para o fato de que, ao contrário do que afirmam alguns sofismas, o suicídio não é ato de coragem, tampouco de covardia. Trata-se de um ato de desespero que sempre, mesmo naqueles atos em que a morte é fulminante e, a princípio, sem sinais evidentes de dor física, é revestido de muita violência. O ato do suicídio em si já é a configuração real da violência, e, portanto, não depende do instrumento utilizado ou da maneira como o ato tenha sido efetivado.

Abordamos essas questões inerentes ao suicídio explicitando que não será possível a implantação de um atendimento eficaz se não houver desapego de conceitos que possam prejudicar o desenvolvimento da atividade. E por mais repetitiva que possa parecer a questão envolvendo a reflexão do suicídio com os profissionais da saúde, decididamente, não há como os atendimentos serem implementados sem uma mudança radical das conceituações preconceituosas que envolvem a temática.

A medicina é considerada a arte de manter acessa a chama da vida. E todos aqueles que direta ou indiretamente atentam contra a própria vida estão, muitas vezes, na visão dos profissionais da saúde, atentando igualmente contra o princípio norteador da medicina. A dificuldade surgida nesse sentido se agrava com o fato de muitos desses profissionais não terem durante sua formação acadêmica um espaço em que a questão da morte é abordada ou mesmo polemizada. Dessa maneira, vai-se para o pronto-socorro sem que a morte tenha sido abordada ou polemizada, e se depara com pacientes que atentam contra a própria vida, buscando a morte como alternativa aos sofrimentos existenciais. Resultado: o paciente vítima de tentativa de suicídio é alguém que, na visão médica, está ferindo a dignidade profissional de tantos quanto estejam de plantão em um pronto-socorro para acudir e acolher aqueles casos em que a medicina não precisa de conceitos éticos e filosóficos para proverem o respectivo atendimento.

Essa questão é bastante delicada, pois soma aos aspectos ético-morais que envolvem o suicídio aqueles que revestem a medicina da condição de infalibilidade. Nesse sentido, é importante salientar que mesmo naqueles casos em que a medicina se depara com doenças até então tidas como irreversíveis, a postura profissional da equipe médica, na maioria dos casos, reveste-se de conceitos de fracasso diante da iminência da morte. É como se, individualmente, todos fossem responsabilizados pelo fato de a medicina ainda não conseguir superar determinadas doenças. Ou, então, que seus pares que se dedicam a pesquisas e buscas de soluções para a cura de determinadas doenças, e que não conseguindo êxito nesse intento, estariam igualmente tornando a prática médica como um todo passível de falha e inoperância inaceitáveis.

O suicídio escancara tais fatos de maneira irreversível e torna os argumentos contrários mera e vã digressão filosófica.

É muito importante que, juntamente com a preparação técnico-operacional dos profissionais da saúde que irão lidar com os casos de tentativa de suicídio, seja feito um trabalho bastante profundo que embase emocionalmente a superação desses limites. Limites que embora não sejam estanques, tendem a tornar os atendimentos algo retilíneo na superação desses desatinos. E o que é pior, em detrimento da eficácia do atendimento à vítima.

C – Órgão de atuação

A primeira providência para a implantação do Serviço de Atendimento aos Casos de Urgência e Suicídio foi a implantação de um curso abordando a temática do suicídio destinado aos profissionais da saúde pertencentes aos quadros da Secretaria Municipal da Saúde que aderiram à proposta desse serviço.

Esse curso, além dos elementos pertencentes à Secretaria Municipal da Saúde, também foi muito procurado por pessoas de outras entidades que igualmente atuam com a temática do suicídio. Assim, tivemos a participação de membros do Centro de Valorização da Vida (CVV), Porta Aberta, Companhia do Metropolitano de São Paulo (Metrô), Missão Belém, dentre outras.

Além de efetivar o início das atividades do serviço de atendimento aos casos de tentativas de suicídio, esse curso foi uma marco na própria Secretaria Municipal da Saúde de São Paulo, na medida em que, pela primeira vez as portas foram abertas para que entidades pertencentes à comunidade pudessem sedimentar teoricamente suas práticas dentro da temática do suicídio.

Após o curso, foi então possível sedimentar e estruturar o atendimento às vítimas de tentativa de suicídio, pois, ainda que de maneira bem genérica, os profissionais da saúde estavam sensibilizados e disponíveis para o início das atividades. Isso não significa dizer que anteriormente à essa implantação os casos que dessem entrada nas unidades hospitalares da rede municipal de São Paulo não recebessem atendimento médico, clínico e até mesmo cirúrgico de qualidade. A diferença era que se tratava de atendimentos que eram realizados sem uma padronização e que dependiam da determinação e iniciativa das equipes das diferentes unidades hospitalares.

Inicialmente, estruturou-se nosso modelo teórico de intervenção para as vítimas de tentativa de suicídio em três unidades hospitalares, com a intenção de expandi-lo para outras unidades na sequência das atividades.

A estrutura básica determinava que tão logo o paciente desse entrada nas unidades hospitalares em busca do socorro médico e clínico diante da tentativa de suicídio, ele tivesse o atendimento necessário de imediato, e tão logo tivesse condições, fosse acolhido pelo atendimento psicológico ou psiquiátrico. As condições necessárias para esse atendimento de suporte emocional implicam a recuperação de suas funções básicas, relacionadas, portanto, aos meios utilizados para a tentativa de suicídio.

Como exemplo, podemos citar os casos de ingestão de comprimidos, quando a condição necessária para o suporte emocional se configura após a lavagem gástrica efetivada pela equipe médica. Nos casos da utilização de arma de fogo para a tentativa de suicídio, as condições de atendimento, muitas vezes, são determinadas a partir de fatores tais como eventuais cirurgias e até mesmo processo intensivo de fisioterapia e outros procedimentos clínicos.

O objetivo inicial do primeiro atendimento psicológico ou psiquiátrico, é o estabelecimento de um sustentáculo emocional para que o paciente possa, em seguida, descobrir novas possibilidades e alternativas para a sua vida. Nesse primeiro atendimento não se tem a intenção nem a pretensão de uma abordagem profunda no tocante aos problemas existenciais vividos pelo paciente. Sabemos que nesse primeiro momento acenamos como sendo uma luz de esperança no universo turvo de suas possibilidades. Muitas vezes, inclusive, somos uma ilusão tangenciada pela fé perceptiva desse paciente em desespero, pois uma proposta de atendimento mais abrangente não pode ficar restrita às limitações impostas pelo atendimento realizado no hospital e, mais especificamente, na maioria das vezes, nos corredores sombrios de um pronto-socorro.

Nesse atendimento inicial também se delineia a deliberação do encaminhamento do caso para uma ajuda posterior, e que, em princípio, daria sequência ao acolhimento realizado na unidade hospitalar. Os pacientes são encaminhados segundo os preceitos do serviço, isso tudo, além de, naturalmente, considerar-se a especificidade de cada caso. Apenas visa-se suprir esse paciente das condições ideais para que, posteriormente, possa ser efetivado um trabalho de maior profundidade sobre os conflitos emocionais que o levaram ao encontro do desespero da tentativa de suicídio.

Evidentemente, falamos daqueles casos em que a pessoa tem consciência dos próprios atos, ainda que tenha sido movida por situações de desespero. Diante da presença de sofrimento psíquico que implica na total falta de consciência dos próprios atos, a obnubilação psíquica determina, muitas vezes, um tratamento medicamentoso que necessita ser criteriosamente avaliado para fazer parte da proposta inicial desse serviço.

Existe uma preocupação de integrar todos os profissionais da saúde que atuam no pronto-socorro no sentido de se dar à atividade consistência e solidez necessárias para que o trabalho cumpra os objetivos inicialmente traçados.

Igualmente, iniciamos nesse campo uma trajetória cercada de muita controvérsia e discussão. Mas que segue como sendo um modelo teórico de intervenção para outras tantas realidades hospitalares nos mais diversos cantos desse país.

Enfrentamos esse grande desafio de mostrar nossa prática através da publicação de livros. A palavra escrita tem um peso muito maior do que a palavra transmitida através de aulas, conferência, mesas redondas, simpósios, congressos etc. Através de textos escritos, a palavra registrada não sofre a distorção da palavra transmitida numa conferência, por exemplo. Ou ainda, usando de uma alusão anônima: palavra eterna é a palavra escrita. Daí a importância de um livro, de uma publicação científica num contraponto com a palavra que se perde na transmissão oral.

É necessário que o coração esteja aberto e a certeza de que mais do que expor às possíveis críticas as descrições das nossas atividades, estamos criando sendas para que tantos outros profissionais possam dispor dessas descrições para a criação de novas atividades até mesmo em outros patamares teóricos. E mostrar que é possível a criação de uma psicologia escorada em nossa própria realidade.

Somos construtores de uma nova realidade teórica. De uma nova fundamentação educacional. E mais do que tudo, da transmissão de uma nova concepção de realidade institucional. Da sistematização de que é possível, ainda que esteja a nos exigir esforços incalculáveis, a implantação de diversas atividades em contextos em que anteriormente sequer poder-se-ia supor tal investida.

A impressão que se tem é que seria mais fácil, como de fato o é, teorizar sobre determinadas temáticas à luz de certos pressupostos teóricos e até mesmo doutrinários do que refletir sistematicamente sobre uma atividade estribada em realidades institucionais totalmente adversas.

Essa atividade envolvendo o atendimento de pessoas vítimas de tentativa de suicídio certamente continuará frutificando e a mostrar que é possível intentar atividades inovadoras em cenários diferentes daqueles concebidos como ideais para a prática do psicólogo. A realidade das unidades hospitalares da rede municipal de São Paulo, por mais aridez que pudesse apresentar, ainda assim, mostrou que a determinação na elaboração de projetos e mesmo ideais, pode nos levar a superação dos possíveis desatinos da caminhada.

7.6.5 – E o sonho acabou...

Na eleição seguinte, a direita conservadora retomou o poder na cidade de São Paulo através da figura funesta do sr. Paulo Salim Maluf que, então, desativou vários serviços implantados na gestão de Luiza Erundina de Souza, na Secretaria Municipal da Saúde. E dentre eles, os serviços que implantamos e que foram descritos anteriormente. E não significa dizer que foi apenas na Secretaria Municipal da Saúde que a saga de destruição do sr. Paulo Salim Maluf fez estragos. Ao contrário, em todas as secretarias e setores da municipalidade o sr. Paulo Salim Maluf imprimiu sua marca pessoal de destruição e arrasou com todas as iniciativas que tentavam dar um pouco de dignidade àquela parcela da população desvalida e que, na quase totalidade das vezes, é atirada aos raios do total abandono em seus preceitos básicos de dignidade humana. E que tinha na gestão da sra. Luiza Erundina de Souza um foco de esperança rumo a novos horizontes de vida.

E, ao contrário do que aconteceu no período de trevas da ditadura militar, quando o sr. Paulo Salim Maluf foi nomeado pela idiotia militar para governar o estado de São Paulo, dessa vez, esse senhor foi alçado à condição de prefeito da cidade de São Paulo pelo voto popular, por mais indigesto e absurdo que isso possa se configurar.

E por uma dessas ironias hilárias da vida, mais uma vez o sr. Paulo Salim Maluf interrompe um trabalho em que estávamos envolvidos e que era referência para muitos profissionais da saúde.

Ao sabermos da desativação dos serviços que havíamos implantados e que foram acintosamente desativados pelo secretário municipal da saúde do sr. Paulo Salim Maluf, o dr. RC, marcamos uma reunião com ele em uma vã tentativa de fazer com que mudassem essa diretriz e mantivessem esses serviços ativos. O que mais nos preocupava por sua desativação era justamente o atendimento aos casos de violência contra mulheres e crianças pela repercussão social que a magnitude desse serviço havia alcançado.

O dr. RC nos recebeu e durante horas ficou tergiversando sobre a violência contra a mulher, a violência contra a criança, a violência institucional e suas diferentes configurações. Falou da importância dos trabalhos que havíamos implantado e de como isso era fundamental para uma nova realidade no universo da saúde. Ele estava acompanhado de sua assessora de saúde mental que simplesmente apenas observou a explanação filosófica de seu superior.

Ao final, nos despedimos e obtivemos a promessa do dr. RC que eles iriam rever essas desativações e que em breve seríamos notificados das novas modalidades de funcionamento, e, inclusive, perguntou se poderia contar com o nosso auxílio caso fossem necessários subsídios para essa nova implantação. Anuímos prontamente a essa ideia e ficamos aguardando um novo contato, um possível chamamento para essa empreitada.

E, certamente, iremos esperar por todo o sempre por esse chamado. Os serviços foram totalmente desativados, sem qualquer outra contrapartida.

Ponto!

7.7 – Atuação junto às vítimas da Cracolândia

A minha atividade junto às vítimas da Cracolândia ocorreu entre 2014 e 2017. A minha atuação se deu a partir de inserção em um grupo de membros do Vicariato Pastoral de Rua que atuava naquele contexto. Inicialmente, acompanhava esse grupo em atividade que acontecia nas tardes de domingo, e, posteriormente, em outros períodos, inclusive nas madrugadas. Como dito anteriormente, essa atividade foi descrita em detalhamentos no livro *Desespero e Flagelo Humano. Parêmias da Cracolândia*[70].

Quando iniciei essa atividade, era um período em que havia escassez de água na cidade de São Paulo em razão de os reservatórios que abastecem a cidade estarem funcionando abaixo de seus limites de capacidade. Dessa maneira, as vítimas da Cracolândia não conseguiam água junto aos comerciantes da região para satisfazerem suas necessidades básicas. Considerando-se ainda que o uso contínuo de crack associado à ingestão indevida de alimentos de toda natureza, provocam uma necessidade de ingestão de água ainda mais acentuada, temos um cenário de verdadeiro colapso humano. E, a partir disso, os membros do Vicariato Pastoral da Rua se aproximavam dessas vítimas oferecendo água. Nesse momento, água era o que mais essas vítimas desejavam para continuar em sua peregrinação de vida e flagelo. E quando chegávamos com nossos carros nas ruas próximas ao fluxo da Cracolândia e éramos identificados, formavam-se enormes filas em busca de água para saciarem uma de suas necessidades básicas. E, a partir da água, pudemos estabelecer um vínculo muito afetivo e que nos permitiu momentos de partilha de seus dramas pessoais, como ainda a deliberação de ações que pudessem ajudá-los em suas trilhas de vida.

Depois de um tempo atuando nas tardes de domingo, passei a atuar nas madrugadas, e chegava na Cracolândia por volta das 22h para acompanhar a troca do plantão noturno das polícias que faziam ronda no local. A Cracolândia é um espaço urbano sitiado por policiamento dos dois lados de sua confluência, de um lado temos policiais da Polícia Militar, de outro, policiais da Guarda Civil Metropolitana. E tudo em

[70] Op. Cit.

perfeita consonância para controlar essas vítimas dentro desse espaço, utilizando todos os meios que se fizerem necessários.

E se a situação dessas vítimas já era degradante durante os períodos do dia, com vários deles amontoados em total entorpecimento diante dos efeitos da droga junto a lixos amontoados nas calçadas e restos de comida, no período da noite a coisa se configurava como o caos total da degradação humana. Na noite, somada a esse quadro estonteante e degradante, tínhamos ainda a presença de dezenas e dezenas de ratos disputando entre si o lixo amontoado e o resto de comida espraiados pelas calçadas. Simplesmente inacreditável, algo que não é possível dimensionar apenas pela descrição.

Depois de alguns anos nessa atividade comecei a ter divergências com os demais membros envolvidos nesse trabalho e decidi encerrar minha participação. Publiquei o livro acima descrito em que relato essas experiências de modo pormenorizado, e, ainda assim, principalmente em razão do livro, continuo a ser referência quando o assunto abordado é o drama das vítimas da Cracolândia. Ainda sou procurado para falar sobre a temática, algo que, na atualidade, declino, indicando alguém que ainda esteja envolvido de fato nessa atividade.

7.8 – Psicoterapia

A minha condição de psicoterapeuta se iniciou de modo formal no atendimentos aos casos de tentativas de suicídio encaminhados para psicoterapia. Posteriormente, atendi também os casos de vítimas de tortura no núcleo de saúde do Comitê Brasileiro de Anistia. E por estar imbricado de modo irreversível à temática do suicídio, praticamente me tornei psicoterapeuta de casos envolvendo essas questões. Inclusive, é de minha autoria um trabalho muito utilizado por psicoterapeutas que desejam atuar junto a esses pacientes[71].

Assim, desde vítimas de tentativas de suicídio, passando por familiares e pessoas próximas de vítimas de suicídio, e até mesmo de pessoas que presenciaram atos de suicídio, é fato que são poucos os

[71] *Atitudes do psicoterapeuta diante dos casos de autodestruição*, op. cit.

casos por mim atendidos ao longo dessas décadas que não tenham a presença de suicídio em seu bojo.

E de minha parte, mesmo os casos que me procuram e alegam outras questões, sempre existe a minha postura de espera de que a temática do suicídio possa emergir com o desenrolar do processo psicoterápico. E, em muitos casos, depois de um período com outros temas, a questão do suicídio surge com vigor e de modo bastante envolvente.

Em outro trabalho abordando a postura do psicoterapeuta[72], ainda que os enfeixamentos de atitudes sejam mais amplos e contemplem outros temas além do suicídio, o caso ilustrativo de análise igualmente envolve a temática do suicídio.

De outra parte, ainda na seara da psicoterapia, faço parte do grupo que trouxe a filosofia de Sartre para o campo da psicoterapia, sendo que a primeira obra no mundo que faz essa junção é justamente o meu primeiro livro publicado[73].

Recentemente, publicamos uma obra[74] que traz vários autores que trabalham no enfeixamento da filosofia de Sartre com o campo da psicoterapia, e igualmente uma obra inovadora que apresenta detalhes e nuances desse detalhamento.

E várias outras obras[75] igualmente contemplam subsídios teóricos para a prática da psicoterapia e que foram escritos a partir da nossa prática de psicoterapeuta. Inclusive no livro *Psicoterapia e subjetivação,*[76] inovamos trazendo o pensamento de Merleau-Ponty para o campo da psicoterapia.

Somos os artífices da construção de um novo modelo de psicoterapia, modelo esse que contempla, principalmente, a especificidade de cada paciente como sendo um ser humano único e merecedor de uma

[72] *A arte da psicoterapia*, op. Cit.

[73] *Existencialismo & psicoterapia*, op. Cit.

[74] A psicoterapia sob Sartre, ANGERAMI, V. A. (Org.). Belo Horizonte: Artesã Editora, 2021.

[75] *Histórias psis. A ótica existencial em psicoterapia*, ANGERAMI, V. A. São Paulo: Editora Pioneira, 1999; *Psicoterapia e subjetivação. Uma análise de fenomenologia, emoção e subjetivação*, ANGERAMI, V. A. São Paulo: Thomson Learning, 2004; *A psicoterapia diante da drogadicção,* ANGERAMI, V. A. São Paulo: Cengage Learning, 2005.

[76] *Psicoterapia e subjetivação,* op. Cit.

compreensão que englobe sua vivência e peculiaridades que lhes são inerentes. E ademais, a obra de Sartre traz em si um comprometimento com a construção de uma sociedade mais justa, digna e fraterna, algo que faz com que nossos sonhos de utopia social encontrem arcabouço teórico e filosófico a estribar nossa prática psicoterápica.

CAPÍTULO 8

Reflexões de um violão[77]

O meu dono, o Angerami, teve sempre a música como proeminência em sua vida. A psicologia o roubou da música. Não que nesse momento ele não dedique horas preciosas em que desfia em minhas cordas os acordes temáticos das obras dos grandes autores do violão clássico. Mas antes era ainda mais incrível, pois ele não levava a psicologia a sério e passava boa parte de seus dias me envolvendo em seus braços, seja para estudos técnicos, seja ainda para tocar as coisas mais lindas dessa vida. Ah, quando ele dava recitais, daí então era a maior emoção que um violão podia sentir, a plateia aplaudindo e ele deslizando seus dedos intrépidos sobre as minhas cordas, era tudo muito indescritível. Aliás, mesmo a música estando hoje em papel secundário, o cuidado e esmero que ele me dedica, e ao outro violão que ele possui, é admirável e nos eleva aos caminhos da espiritualidade.

Imagem 26 – O violão em estase. Foto de Evandro Angerami

[77] Esse capítulo foi escrito por AA, minha alma gêmea e fraterna, que preferiu novamente se manter no anonimato.

E nunca me preocupei quando ele se aventurou nos caminhos do rock, pois sabia que, com o conhecimento de música que ele possuía, não seria possível permanecer naquilo por muito tempo. Era uma empolgação da juventude e que ele viveu intensamente por alguns anos, mas depois cansou e voltou a se dedicar intensamente à música clássica. E mesmo nos tempos da escola de samba, quando ele se envolveu com o cavaquinho, também não me preocupei, pois sabia que isso era apenas um deleite que ele buscava pelo fascínio que a música em todas as suas variações sempre lhe provocou. E nesse período de samba, ele não deixou a música clássica de lado, e alternava esses dois mundos, mas priorizando de maneira exemplar o universo da música clássica, afinal, era a partir disso que ele podia transitar por outros gêneros musicais sempre em destaque, graças a técnica que possuía pelo estudo de música clássica.

Ah, mas quando ele foi para a Penitenciária Feminina da Capital para cuidar da parte musical juntamente com as freiras responsáveis por isso, senti que algo estrondoso estava para acontecer. Sabe aquelas coisas que sentimos e que não conseguimos nominar e sequer identificar, mas que nos mostram que algo está para acontecer e que irá mudar drasticamente o rumo dos fatos!? Então, foi lá que ele começou a se interessar pela psicologia e aos poucos muitas sendas e caminhos se abriram em sua trajetória, e, paulatinamente, a música foi ficando, de início, em um plano levemente secundário, e depois, em um patamar muito aquém da psicologia.

No começo ele tentou conciliar o interesse pela psicologia com o entranhamento da música em sua alma. Mas, aos poucos, foi ganhando uma projeção e notoriedade na psicologia praticamente sem esforço, afinal, ele havia sido forjado para a compreensão da condição humana desde a tenra idade nas leituras de Dostoievski, Tolstoi, George Sand, dentre outros. E na música, ao contrário, seria necessário muito estudo e dedicação para que tivesse a mesma projeção que estava se configurando na psicologia. Naturalmente, a vaidade fez o resto, a mesma vaidade que leva muitas pessoas a buscarem a glória vã e perene, mas que enaltece e engrandece principalmente quem está iniciando em determinada atividade. E assim o Angerami aos poucos foi me deixando de longas horas diárias, para apenas momentos de reflexões musicais, ainda que igualmente diárias.

Imagem 27 – O violão em exuberância.
Foto de Valdemar Augusto Angerami

Foi muito difícil para mim essa transição; muito estranho ver que o violão ficou emudecido em boa parte do dia, até mesmo por alguns dias. Muito doído ver ainda que o Angerami, depois de tantas conquistas na psicologia, daria tudo para voltar atrás e permanecer na música, deixando tudo ao relento. O universo musical é o que verdadeiramente lhe traz prazer e enche sua alma de alegria infindável.

Estamos esperando por sua volta às nossas cordas e ao nosso universo de maneira totalitária, assim como era no princípio.

CAPÍTULO 9

Depoimentos. Sobre mim a partir do olhar do outro

Depoimentos

Pássaros de mesma plumagem voam juntos
Sabedoria cigana

Os depoimentos contidos nesse espaço foram escritos livremente e cada autor teceu suas considerações da maneira que julgou a mais conveniente. Não houve delimitação de espaço e sequer de formatação. Cada um pôde se expressar da maneira que considerou a mais expressiva e mais pertinente para fazer parte deste livro. Dessa maneira, não há qualquer padronização nesse capítulo, pois ele simplesmente expressa a maneira como cada autor preferiu tecer suas considerações.

De outra parte, existe ainda o registro de que algumas pessoas foram convidadas a escreverem seus depoimentos sobre mim, e, por mais diferentes razões, não me entregaram seus escritos. A mim me parece completamente fora de qualquer parâmetro tentar interpretar e compreender essas ausências, apenas faço esse registro para que se tenha a dimensão dos diferentes ângulos pelos quais esses depoimentos se desdobraram.

Evidentemente, convidei para essa empreitada pessoas muito queridas e das quais se esperava que tivessem palavras elogiosas, e até mesmo prazerosas sobre mim. E, verdadeiramente, não sei qual seria a minha reação se viessem críticas ácidas sobre mim e a minha atividade profissional. Não sei!

Sempre me lembro de um amigo que escreveu um pequeno livro com anotações do seu cotidiano de advocacia, com relato de fatos pitorescos e exóticos de seus clientes, e que pediu para que um amigo escrevesse a apresentação de seu livro. E o que esse amigo escreveu foi uma verdadeira desconstrução do livro e do próprio autor, dizendo, inclusive, que ele não tinha uma escrita qualificada, e que mesmo não tendo a pretensão de se tornar escritor, não era crível que ele se dignasse a publicar um livro.

Ao ler essa apresentação tão ácida e pejorativa, procurei por esse amigo, pois estava inconformado com tal situação, e com o fato de ele ter mantido mesmo assim a apresentação, isso em um livro em que ele estava pagando pela impressão. Ou seja, ele poderia decidir o que seria ou não publicado, sem qualquer outro impeditivo.

Ele simplesmente disse que uma vez que pediu para que o amigo fizesse a apresentação, ele a inseriu no livro a despeito de tanta depreciação. Fiquei verdadeiramente incrédulo, e quando tive a oportunidade de falar com outros amigos dele sob o livro, isso em uma festa que ele promoveu, ouvi diversas críticas igualmente depreciativas sobre o livro, mas todos eram unanimes em dizer que a apresentação não poderia de forma alguma desqualificar o livro daquela forma.

A mim me parece surreal manter em um livro em que você decide o que vai ser publicado críticas tão ácidas e destrutivas sobre a obra. Não sei como seria comigo; verdadeiramente, não sei. E uma coisa que me ocorre nessa reflexão a partir da apresentação do livro desse amigo é que, embora tenha sido convidado diversas vezes para escrever a apresentação de uma obra, sequer sei dizer em quantos livros estou presente nessa condição, em nenhum dos novos livros foi convidado alguém para fazer a apresentação ou mesmo prefaciar nossos títulos. E isso é um dado interessante e para o qual eu não teria uma resposta para dar.

Talvez nunca houvesse a necessidade de se recorrer a alguém que emprestasse seu prestígio para qualificar nossos títulos. Simples assim...

Os depoimentos aqui presentes me foram dados em condições muito especiais. Eles se constituem em uma preciosidade que fará parte de modo inextricável da minha vida; eles são uma dádiva a acarinhar minha alma de modo suave e pleno. Como as flores do

Ipê-roxo anunciando o esplendor do Inverno, esses depoimentos me fazem especial, me fazem um ser plenamente cercado do que existe de mais virtuoso na condição humana. Minha eterna gratidão a essas pessoas que se dedicaram a tecer considerações tão magnificas sobre mim, sobre as minhas andanças e cheganças pela vida.

Sobre a melodia existencial de Angerami: uma cadência de estórias, encontros e desafios

Luiz José Veríssimo[78]

A vida de Angerami atravessa várias veredas com uma assinatura pessoal que deixa muitas boas sementes. Entre os caminhos explorados por Angerami, encontra-se a sua atividade de psicoterapeuta, de docência, de pensador, de artista, não apenas interessado no conhecimento, como engajado com os reais problemas sociais e de cada pessoa, enfim, interessado na edificação do ser humano: enquanto ser singular e de relações, ser de afeto e contradições, como diria uma conhecida expressão de Sartre, ser humano como uma totalização em curso (Sartre, 1987), que se apresenta na existência com um eterno inacabamento ontológico. A propósito, vale a pena acompanharmos um trecho da exposição de Angerami sobre um atendimento a uma paciente, onde observamos a confirmação do sentido que não fecha, essa angústia insinuante ou explícita, que indica o que significa, em termos existenciais, a consideração da pessoa.

> [...] por mais que se possa estudar, ler, refletir e discorrer sobre uma determinada temática, sempre estamos separados de maneira abissal de cada ocorrência em si. Por maior que seja o número de atendimentos realizados envolvendo a temática, cada caso se mostra com peculiaridades tão específicas que é praticamente impossível qualquer tentativa de generalização ou até mesmo de extrapolação. A singularidade de cada pessoa, tão decantada nas

[78] Psicólogo clínico – PUC-RJ; mestre, doutor e pós-doutor em Filosofia – UERJ. Professor universitário; membro do Grupo de Estudos A Clínica Sob Sartre, coordenado por Valdemar Augusto Angerami. Publicou livros, capítulos e artigos na área de Psicologia Fenomenológico-Existencial, Psicologia Junguiana, Amor e Afetividade, Ética, Filosofia da Religião e Ecologia.

> lides existenciais, deixava de ser uma simples cantilena na qual se esboçam determinadas configurações teóricas e filosóficas para se tornar realidade (Angerami, 2018, p. 67).

Angerami prima pela originalidade e pensamento próprio. Pensamento *próprio*, não apenas uma reprodução de ideias e de conceitos estabelecidos. Angerami pensa *a partir de*, e não pensa *segundo*... Nesse sentido, Angerami me remete a uma inspiração buberiana. Angerami não fala simplesmente *sobre,* ao contrário, ele fala *com* os autores, desenvolve diálogos profícuos que convidam o leitor a não apenas compreender, como a vivenciar os temas abordados.

Angerami não é apenas uma importante referência para os estudos da doutrina fenomenológico-existencial. Além de desenvolver suas considerações como um genuíno pensador, e não mero reprodutor de conceitos estabelecidos, é um articulador do pensamento fenomenológico-existencial com temas atuais da maior importância, como o suicídio, o amor e as relações, a solidão, a dor e a psicossomática, a espiritualidade e a fé.

E Angerami não é apenas um articulador de temas e autores centrais do existencialismo, como um aglutinador de *pessoas*. Fui apresentado ao Angerami através da psicóloga, também interessada em Sartre, Tereza Erthal. Logo que me viu, num congresso em São Paulo, Angerami me recebeu de braços abertos, num acolhimento entusiasmado, dando-me a impressão de um reencontro de amigos de anos de convivência.

Nos inúmeros eventos promovidos por Angerami, encontrei colegas com formação em psicoterapia existencial, conheci várias pessoas interessantes, configurando um sentido de genuíno *encontro*. Angerami promovia um encontro entre pessoas, e não apenas um evento do calendário da psicologia.

Hoje uma das formas da atualização do encontro se dá nos trabalhos do grupo *A Clínica em Sartre*, onde trocamos impressões acerca dos temas atuais e existenciais a partir de uma interlocução com Sartre, numa roda interdisciplinar, que abraça diversos saberes e a psicoterapia. São convidados pesquisadores, profissionais, professores para arejarem e inspirarem o pensar e as nossas vivências. E o que mais nos motiva nada mais é do que o próprio encontro, escutar um ao outro, dividir ou expressar inquietações, desfraldar o inesgotável espectro da angústia existencial, limar a paixão pelo apelo ao humano, celebrarmos o nosso congraçamento, são pessoas, como bem diz Angerami, "muito queridas".

É com gratidão que queremos ressaltar o espaço que Angerami tem propiciado para a publicação e o desenvolvimento de ideias, projetos, trabalhos, pesquisas de vários profissionais e professores da área fenomenológico-existencial, abrindo chancela, também, para a costura de uma interdisciplinaridade, aceitando, volta e meia, produções que bebam da filosofia, da psicologia analítica (Jung), da psicanálise, da ética humanista (consideração da pessoa), estudos de espiritualidade e religião, da área hospitalar, assim por diante.

Dessa forma, Angerami, pelos seus livros de autoria própria, pelos diversos livros compartilhados com profissionais da área, pelos inúmeros congressos que organizou com as suas equipes, foi criando e sedimentando um espaço democrático para o desenvolvimento das pesquisas em psicologia fenomenológico-existencial. Pelos corredores e salas dos eventos e congressos, pelas páginas das publicações organizadas podemos encontrar várias escolas interpretativas e reflexivas dos temas acerca da existência e os seus desdobramentos contemporâneos.

A aposta nesse espaço de produção democrático é da maior importância. Permite uma visão ampla das pautas em torno das problemáticas envolvendo as perspectivas de inspiração hermenêutica, existencial e fenomenológica no que concerne a relação do ser humano com o mundo. Aqui, devemos chamar a atenção para a evitação do pensamento *monológico*, onde uma ótica, um veio interpretativo deseja se impor sobre os demais. É interessante a atuação de pesquisa e prática em favor de uma política dialógica.

No veio monológico, é como se um autor só fosse considerado à luz de uma determinada perspectiva. Nesse enquadre, a apropriação monológica do pensamento de uma abordagem ou autor é de alguma forma acatada passivamente ou imposta como condição para integrar um grupo de trabalho. Sempre é bom estar atualizado quanto ao problema de que o conhecimento não é apenas uma construção de consenso, mas envolve também discussão, embate entre perspectivas, explorações insuspeitas.

Dessa forma, nada mais justo do que o termo que usamos acima, *política*. O político diz respeito a construção do *ethos*, do espaço comum. Mas o caráter comunitário não implica dissolver as diferenças em relações de poder ou em relações basicamente de autoridade. Ele envolve a constatação de que o que concerne ao humano, se faz num espaço *conjugado*, num espaço compartilhado, donde a importância do diálogo. E se consideramos o diálogo, admitimos alguma diversidade de posições na construção de saberes e práticas.

Ao recorrer a essa expressão *saberes e práticas*, lembramos de ressaltar o projeto de Angerami de promover uma psicologia *brasileira*. Mesmo trabalhando uma sólida base epistemológica a partir da inspiração numa filosofia que tem sua aurora formal na Europa, como é a perspectiva fenomenológica e existencial, atravessando leituras de Sartre, Merleau-Ponty, Kierkegaard, Heidegger, Husserl, Angerami valoriza a abordagem de temas e problemáticas que residem na nossa cultura. Os temas vão desde a saúde, a ecologia, a religião, sociedade e instituições, mídia e redes sociais até questões de gênero, violência, suicídio, ética, antropologia. Por isso, convida autores diversos, que não se atêm apenas à área da psicologia, que apresentam suas pesquisas e perspectivas, mediando o conteúdo teórico com a realidade nacional.

Angerami é um exímio contador de estórias. Seus textos e sua prosa, ainda que embasados pelo trato epistêmico, são permeados de vivências ímpares. Lembramos, por exemplo, do relato de sua aventura à noite pela mata (ANGERAMI, 2014), do acolhimento e interlocução com pacientes para além de engessamentos normativos, de suas angústias em alguns atendimentos, revelando a face humana do seu *tornar-se*.

O trabalho de Angerami é, sem dúvida, exitoso. Mas, é mister considerar que não se trata de se escorar numa suposta satisfação de ter se tornado uma pessoa reconhecida, referência no meio intelectual e profissional. Isso é produto de um trabalho árduo e persistente. Mas, tal percurso não retira Angerami de seu engajamento com a vida, desde seus matizes mais simples e cotidianos. Trata-se, antes de um tornar-se, de um eterno andarilho, de um amante do humano e da natureza. A propósito de se sentir tomado como uma espécie de marca de sucesso profissional por algumas pessoas, Angerami nota o seu tornar-se objeto de um sem-número de idealizações, e reivindica o valor da pessoa, como nessas linhas: "E, sem me dar conta, fui me tornando isolado de uma realidade de construção da minha própria imagem, [...] que, uma vez idealizada, não permitia minimamente que a minha humanidade se revelasse (Angerami, 2011, p. 26-27). Eis o que está em jogo, o que Angerami incansavelmente se presta a abraçar: a reivindicação do humano em todas os nossos afazeres, pensares, enlaces, em todas as nossas navegações.

O contar estórias, remete-nos à face estética de Angerami. Seu apreço pelo imaginário, pelo estético, especialmente a música, a literatura e o cinema. Lembremos que a paixão de Angerami pelo cinema o revelou como uma referência nos estudos acadêmicos da sétima arte para além da área da psicologia. Mas, na verdade, a literatura não fica devendo, sobretudo sob a inspiração dos grandes autores russos, como Dostoievski. Angerami nos conta nos encontros do grupo *A clínica em Sartre*, o quanto a literatura formatou a base existencial do seu pensamento. E a música ecoa pelo seu ser, desde o começo do dia. "Um café da manhã contemplativo aos encantos da serra sob a música da minha Santíssima Trindade Musical, Mozart, Debussy e Rachmaninoff" (Angerami, 2018, p. 52).

Fomos testemunha dessa paixão, numa ocasião em que Angerami nos convidou para dar uma prosa sobre Martin Buber no seu curso de formação em Psicoterapia Fenomenológico-Existencial, em São Paulo. Após uma manhã de trabalhos, ele mesmo fez e nos ofereceu o almoço. Após a refeição, Angerami nos surpreendeu e encantou ao pegar o violão e tocar para nós, desde o clássico até as nossas raízes, o chorinho.

A sua paixão pela música é conduzida a um *dionisismo* sem freios (também expresso na paixão pelas artes, pela natureza, pelo humano). Seu projeto de ser estampa, por sua vez, o seu enamoramento eterno com a música, ainda que por vezes velado pelo consciencioso trabalho com os pacientes nos atendimentos psicoterápicos e hospitalares, Sem dúvida, a música se faz ecoar, inclusive na seara da psicologia, a inspirar e por que não dizer, a reger um autêntico *tocar*. Tocar como sinônimo de uma espécie de execução musical permanente que orienta uma escuta sensível ao outro que se apresenta em seu sofrimento e sensibilidade; e tocar de tocar o coração, pelo diálogo com as pessoas, seja em atendimento, seja em interação, seja nos seus escritos.

Tudo isso aparece com vigor e ternura, nessa interlocução de Angerami com os seus leitores.

> Troco o CD, e agora ouço *En bateu*, ainda de Debussy. *En bateu* é divina, e traz um diálogo maravilhoso entre os instrumentos em sua estruturação temática. Diz a harpa: *Eu sou a florada de Inverno, as mais lindas flores dessa vida.* E a flauta responde prontamente: *Eu sou a florada da Primavera que também é maravilhosa.* Os violinos na sequência afirmam: *E nós somos a vida que pulsa em busca de mais vida.* Deus materializa-se e faz-se presente: *Essa música, assim como a de Mozart, também é a Minha música* (Angerami, 2019, p. 30).

Referências

ANGERAMI, V. A. Paradoxo, angústia e psicoterapia. *In* ANGERAMI, Valdemar Augusto (Org.). *Angústia e psicoterapia. Uma visão multiteórica.* 2. ed. Rev. e amp. São Paulo: Casa do Psicólogo, 2014, p. 15-63.

ANGERAMI, V. A. Atitudes do psicoterapeuta diante da autodestruição. *In* ANGERAMI, V. A. (Org.). *Sobre o suicídio. A psicoterapia diante da autodestruição.* Belo Horizonte, Artesã, 2018, p. 15-106.

ANGERAMI, V. A. (Org.). O desespero na noite de Natal. *In Suicídio e suas interfaces. O ardiloso emaranhado da autodestruição.* Belo Horizonte, Artesã, 2019, p. 11-41.

ANGERAMI, V. A. Na noite sonhamos. *In Psicoterapia e Brasilidade.* São Paulo: Cortez, 2011, p. 17-97.

SARTRE, J-P. *Questão de método.* Trad. de Bento Prado Júnior. 3.ed. São Paulo: Nova Cultural, 1987 [Os pensadores, vol. Sartre, p. 111-191].

Das Flores em mim... Uma ode ao meu Lindo

Isabella Leão[79]

Andante Cantábile

Gratidão é a palavra iniciada neste espaço. E com carinho eu abraço esse momento para falar desse instante único e especial através do meu rabisco.

O seu tecer frente a vida diz muito do Ser nas relações vividas e em cada canto construída. Um olhar amplo nesse existir que conecta sempre a sensibilidade no nosso viver e no nosso interagir.

Visão suave, delicada, do Ser humano em seu contexto de vida em que diz muito o olhar endereçado envolto de mistérios e enfeixando construções em diferentes instantes. E que alcança o sensível presente em todos os momentos, na escuta, no falar, no estar. Trago assim esse momento, envolto de significados em cada linha que você, Lindo, torna tão presente na minha vida.

Alegro Maestoso

Você...

O lado sensível, amoroso, intenso e marcante de tudo que há de mais belo nesta vida...

[79] Isabella Leão, esposa de Valdemar Augusto Angerami, é graduada em psicologia pela FUMEC, especialista em Psicologia Hospitalar pela PUC-MG. Já atuou nos serviços de saúde mental, unidades básicas de saúde e hospitalar na rede SUS de Belo Horizonte. Atualmente, atua no serviço ambulatorial na rede de educação de Minas Gerais.

Detalhes...

Tudo que nos envolve, música, filmes, culinária, plantas, flores... Detalhes nas músicas que regam os nossos diferentes momentos...

Os animais...

Uma ligação sagrada e sensível, um aprendizado diário e crescente, nos tornando cada vez melhores, alimentando o nosso olhar sensível frente a vida.

O cuidado...

Tudo adentra de maneira tão única na nossa existência. O cuidado a tudo e a todos tornando momentos simples sendo totalmente sentidos e vividos em sua total plenitude.

Da felicidade...

Estou feliz em fazer parte da sua vida. Em uma caminhada iniciada pela psicologia, isso cronologicamente, e tempos depois alcançada em níveis tão profundos nessa troca física.

O tear...

A vida foi tecendo detalhes até então não alcançados por mim, principalmente um cadinho distante de onde estava e em determinado momento, eis me aqui.

Do convívio...

Nesse convívio diário, adentrando em cada preciosa situação em que alimento diariamente o sensível de simplesmente existir ao seu lado. Fazer parte da sua história vai além do que alcanço nesta existência.

Da troca...

Cada minuto, uma troca incrível, uma sintonia indescritível. O lado humano, sensível frente a tudo que lhe envolve, nos imanta a cada minuto do dia nos diferentes momentos: no café da manhã em seu toque especial nos preparos de cada detalhe dos alimentos, da música escolhida, o tempo que passamos juntos na mesa entre xícaras, bolos maravilhosos, enfim, refeições criadas por você na disposição dos ingredientes na forma, no prato, na mesa, no cuidado em pensar o almoço do dia e o jantar.

De instantes...

Instantes tornam inesquecíveis o estar com você. Sempre os detalhes presentes em tudo que nos envolve, na minha escuta atenta aos seus saberes e a sua história de vida. Detalhes nas músicas que regam os nossos diferentes. A sua sensibilidade na conexão a tudo, aos pequeninos animais, às plantas, à culinária, à música, à relação com todas as pessoas que nos cercam. Isso o faz ser uma pessoa muito especial para mim.

Alegretto

Tudo em você é beleza... Seu olhar, seu corpo, sua voz...

O pensamento deslizando nas palavras...

As palavras percorrem, adentram meu corpo alcançando a essência...

O aprumo das suas poesias... Ah, seus poemas... Ora nos vestem, ora nos despem uma sintonia que nos pauta... Suas mãos incendeiam e percorrem meu corpo eternizando cada detalhe do nosso momento.

Sentimento intenso, presente...

A sua presença sempre profunda em cada detalhe, em cada momento nessa troca diária e delicada da vida. De como é doce e meigo ser chamada de *Cadinho* por você...

Um amigo raro

Geraldo Majela Pessoa Tardelli[80]

Para alguém como eu, antigo militante de causas sociais, conhecer alguém em uma entidade de defesa de Direitos Humanos, a Comissão Justiça e Paz de São Paulo, é meio caminho andado para uma amizade, pois quem se dispõe a dar seu tempo gratuitamente para defender aqueles que não possuem qualquer voz, muito menos recursos financeiros, possivelmente tem muita coisa em comum comigo.

Logo começamos um convívio que, no início, se limitava a encontros em bares após as reuniões da Comissão Justiça e Paz de São Paulo, e logo passou para um convívio mais próximo.

Nisso, conheci uma pessoa disposta a passar madrugadas frias de São Paulo com os religiosos da Pastoral da Rua na Cracolândia, lutando para dar um mínimo de dignidade para pessoas que não mais possuem nem noção do que isso se trata. Alguém que em todos os Natais passa de plantão junto com entidades que prestam atendimentos aos desesperados, para atender solitários a beira do suicídio, para levar esperanças que motivem essas pessoas a continuarem suas vidas.

Angerami poderia estar coberto pelo sucesso de um pesquisador que consegue a proeza de ser um dos autores mais lidos na sua área de atuação, mas, paralelamente a esse trabalho que lhe dá prestígio e sustento, está o ser humano que se preocupa com o próximo mais fragilizado.

Tudo que alguém diz a respeito de um amigo pode parecer suspeito, mas com fatos como esses relatados, é fácil elogiar e constatar que se trata de um amigo raro mesmo.

80 Geraldo Majela Pessoa Tardelli é advogado. Membro da Comissão Justiça e Paz de São Paulo.

Minha Jornada com Angerami

Márcia Campos[81]

Conheço Angerami desde 2017 e, ao longo do tempo, fui aprendendo mais sobre o seu trabalho. Tive a honra de participar de uma maravilhosa festa de lançamento do seu livro *Sobre o Suicídio* e a partir desse momento comecei a acompanhar de perto o seu trabalho, seus cursos, seus vídeos e seus livros. O primeiro que li dele foi *As Relações de Amor em Psicoterapia*, e desde então me tornei uma admiradora.

Trabalhar para Valdemar Augusto Angerami tem sido uma experiência verdadeiramente enriquecedora. Como psicoterapeuta existencial, ele possui uma sólida trajetória de sucesso com seus pacientes, o que se reflete em seus livros. Sua dedicação apaixonada e inteligência são inspiradoras. Angerami, como eu o chamo, é atencioso e generoso, sempre disposto a compartilhar seu conhecimento e ajudar a todos ao seu redor. Seja em suas aulas, *workshops*, livros, palestras ou atendimentos, sua habilidade brilha em cada projeto que ele realiza.

Além disso, Angerami cultiva um ambiente positivo, encorajando a expressão e o crescimento pessoal de cada indivíduo. Sinto-me

[81] Marcia Campos, uma profissional dedicada de 44 anos, vive com felicidade os desafios de ser mãe solo. Sua formação em Turismo e Tradutor Intérprete, aliada aos seus interesses pessoais em literatura, viagens, cultura e história, agregam conhecimentos valiosos à sua trajetória. Com experiência diversificada, Marcia encontrou seu verdadeiro talento nos serviços administrativos e secretariado. Sua expertise nesses campos desempenhou um papel fundamental na organização e eficiência de escritórios de empresas de grande porte. Atualmente, sua paixão está voltada para a pesquisa e estudo de questões relacionadas a ESG (Environmental, Social and Governance). Com um olhar atento às melhores práticas de sustentabilidade e governança corporativa, Marcia está comprometida em promover um impacto positivo e contribuir para a construção de um futuro mais sustentável. Márcia é minha secretária desde 2018.

extremamente grata por fazer parte desse contexto e ser testemunha do seu trabalho. Escrever este depoimento é uma verdadeira honra, pois reflete minha profunda gratidão por poder participar e contribuir, sempre que possível, para o legado duradouro de Angerami.

Algumas palavras sobre uma amizade de mais de 40 anos

Ricardo Werner Sebastiani[82]

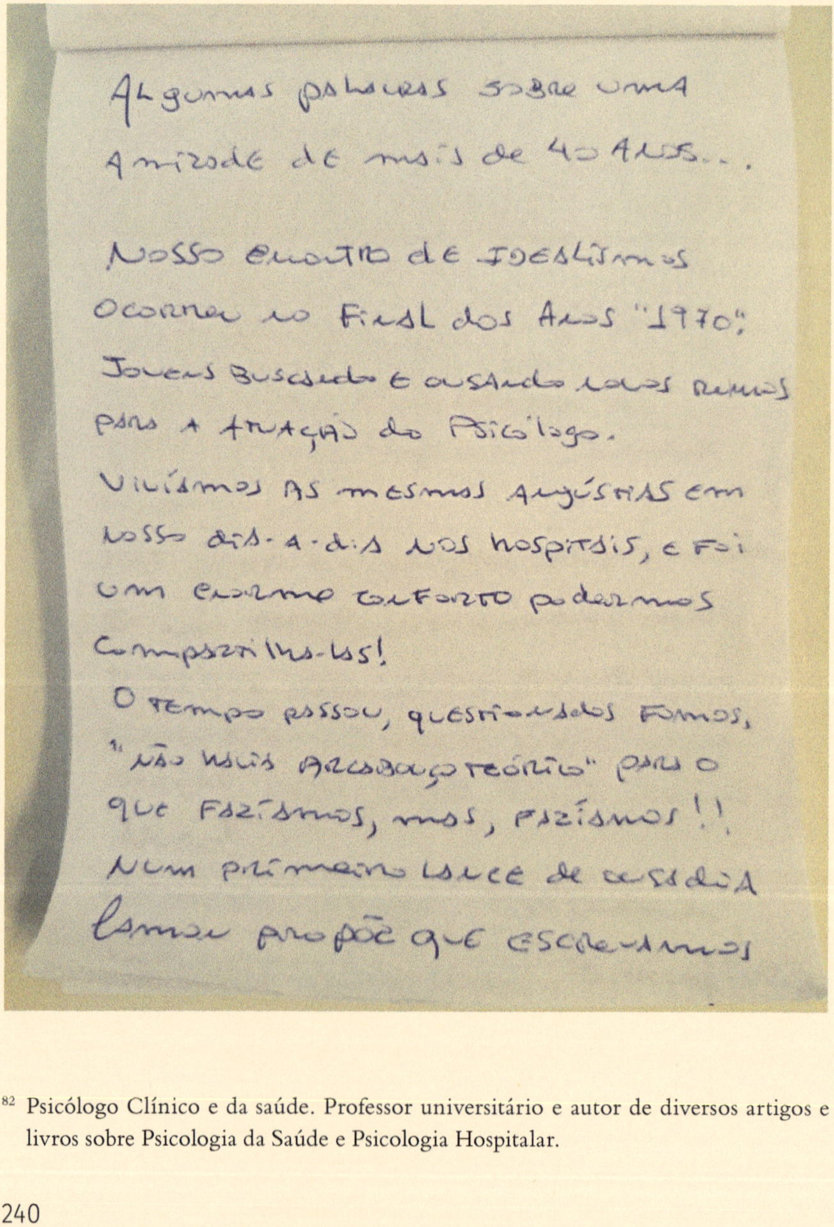
Algumas palavras sobre uma
amizade de mais de 40 anos...

Nosso encontro de idealismos
ocorreu no final dos anos "1970";
Jovens buscando e ousando novos rumos
para a atuação do Psicólogo.
Vivíamos as mesmas angústias em
nosso dia-a-dia nos hospitais, e foi
um enorme conforto podermos
compartilhá-las!
O tempo passou, questionados fomos,
"não havia arcabouço teórico" para o
que fazíamos, mas, fazíamos!!
Num primeiro lance de ousadia
Ismael propõe que escrevamos

[82] Psicólogo Clínico e da saúde. Professor universitário e autor de diversos artigos e livros sobre Psicologia da Saúde e Psicologia Hospitalar.

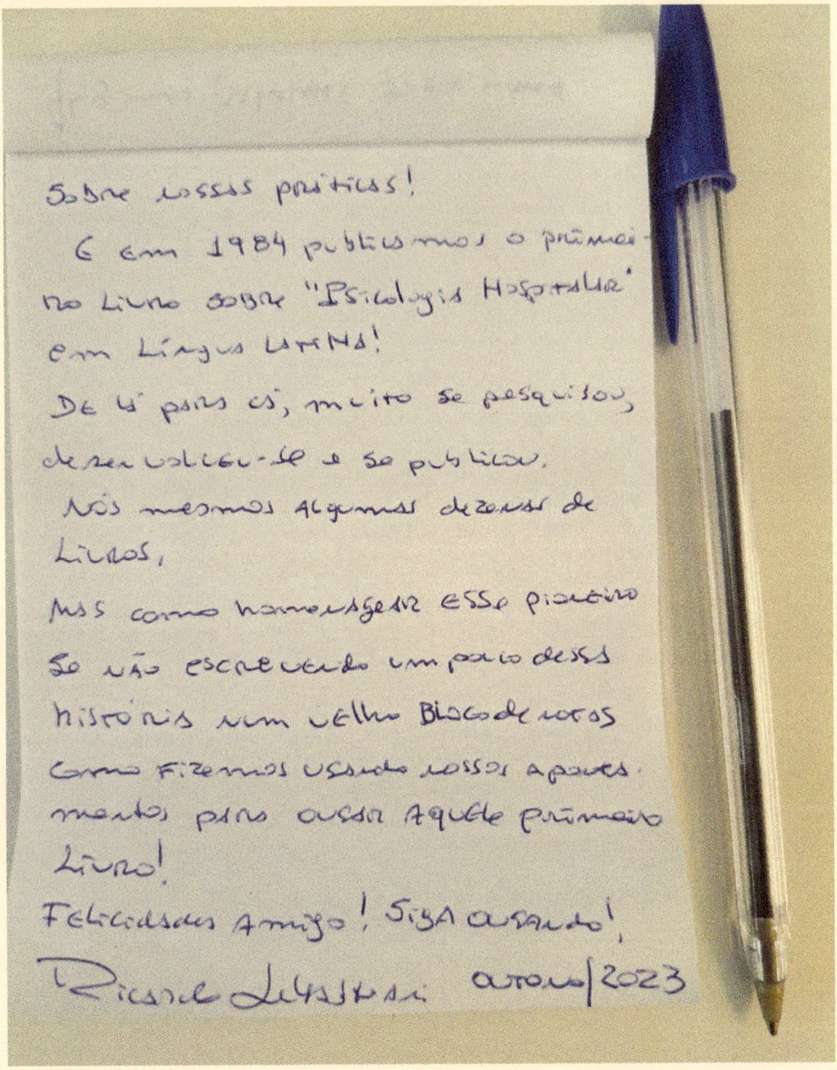
Sobre nossas práticas!
E em 1984 publicamos o primei-
ro Livro sobre "Psicologia Hospitalar"
em Língua Latina!
De lá para cá, muito se pesquisou,
desenvolveu-se e se publicou.
Nós mesmos algumas dezenas de
Livros,
Mas como homenagear esse pioneiro
se não escrevendo um pouco dessa
história num velho Bloco de notas
como fizemos usando nossos aponta-
mentos para ousar aquele primeiro
Livro!
Felicidades Amigo! Siga ousando!
Ricardo Sebastiani outono/2023

Camon, demasiadamente Camon

André Roberto Ribeiro Torres[83]

Assim que me formei, já havia decidido sobre minha abordagem teórica na Psicologia. É comum que esse seja um dilema nessa ciência, além de buscarmos nossos campos de atuação. Eu que sempre me dividi entre Psicologia e Filosofia, encontrei o que queria estudar na Fenomenologia Existencial.

Por sorte, a prof. Débora Azevedo — minha supervisora substituta no último ano do estágio em clínica na faculdade — no fim do ano, entregou para a nossa turma de supervisão um panfleto de divulgação do curso em que dava aula: Psicoterapia Fenomenológico-Existencial. Era tudo o que eu queria!

O curso, no entanto, era em São Paulo e aos fins de semana. Sendo eu de Campinas, participar dele me exigiria investimentos, esforços e sacrifícios. E lá foi o jovem psicólogo recém-formado do interior (embora não tão distante) enfrentar sozinho a capital do estado.

Apesar de gostar muito de ler e estudar, eu não era muito antenado em atualidades e nomes de psicólogos atuantes. Conhecia pouco além dos meus próprios professores. Achava que os autores que estudávamos eram em sua totalidade estrangeiros, antigos ou já falecidos.

Eis que chegou o primeiro dia de aula e consegui vencer a insegurança e chegar ao conjunto comercial da Avenida Angélica, onde seria o curso. Isso depois de consultar mapas de listas telefônicas, pegar dicas de trânsito com várias pessoas e conseguir imprimir alguns trechos do trajeto a partir da internet, o que ainda era novidade na época.

[83] André Roberto Ribeiro Torres é psicólogo. Doutorando em Educação pela Unicamp. Pesquisador do grupo Paideia. Mestre em Psicologia pela PUC-Campinas.

Entre as outras pessoas que também tinham ido ao curso de diversos lugares do país, estava lá aquele homem comum, sentado ao sofá, falante, fazendo gracinhas e comentários com todos os presentes.

Soube, então, que era o coordenador do curso: Valdemar Augusto Angerami, mais conhecido como "Camon".

Foi nesse momento que as peças começaram a se encaixar na minha cabeça: aqueles livros expostos na arara traziam o nome dele. E eram alguns dos livros que havíamos utilizado na faculdade. Um ser humano vivo, brasileiro e comum e que estava lá. Era ele mesmo o autor que havíamos estudado e era o responsável pelo curso que eu estava começando. Eu tinha ido só pelo tema, sem nenhuma expectativa maior e já fiquei no lucro logo na chegada.

O curso como um todo foi muito enriquecedor e mostrou uma das principais facetas do Camon: agregar gente muito competente, realmente boa no que faz. Que aulas! Que novas publicações surgiram! Que Congressos assistimos! Naquele momento, não imaginava que, depois de algum tempo, eu também tomaria parte nessas aulas, congressos e publicações que o Camon tão magistralmente organizava.

Com o tempo, a construção de uma amizade foi inevitável. Camon me apresentou muitas coisas. Direta ou indiretamente me mostrou mundos diversos, pessoal e profissionalmente. Aprendi que a crítica podia ser ácida e direcionada até a teorias consagradas, conheci arte de primeira qualidade, música, pintura, as árvores da cidade de São Paulo. Camon sabia dizer onde ficavam as árvores das quais gostava e as usava de referência na cidade, em vez de mencionar prédios e construções, saindo radicalmente do lugar comum paulistano. Ele mesmo morava na mata e nos convidava para as festas na Serra da Cantareira, geralmente animadas com uma banda de forró pé-de-serra. Ali dormia um monte de gente alocada nos quartos, salas, biblioteca e onde coubessem mais colchões. Convivendo em sua casa, a gente participava do café-da-manhã ouvindo Mozart enquanto o pão esquentava na chapa e o café coava na garrafa.

Conhecíamos, então, o seu vegetarianismo, as receitas especiais, seu amor pelos animais, os cachorros adotados, sua forte espiritualidade sem religião e sem nome específico. Entre suas paixões, o cinema. Conheci através do Camon filmes maravilhosos que mudaram minha vida.

Todo mês ele me emprestava alguns DVDs com clássicos consagrados. Filosoficamente, ele me apresentou Merleau-Ponty, filósofo que viria a balizar muitos dos meus trabalhos teóricos futuros e minha prática clínica.

Conhecíamos suas rotinas, sua disciplina e seu ócio, alternando entre a escrita e a leitura e um recital de violão clássico na beira da piscina. As conversas eram infinitas.

Com o Camon aprendi que a discordância não precisa virar briga e é possível discutir intensamente numa mesa redonda e, em seguida, tomar um café amigável, despretensioso e descontraído com o opositor. Sua devoção às pessoas em sofrimento, seja pela ideação suicida, pelas tragédias da vida ou pela miséria econômica sempre foi admirável. O lazer e a cultura também foram marcantes: conheci bares famosos, casas de show e de dança e amizades memoráveis.

Posso dizer que surfei nas oportunidades que ele me abriu: aulas, publicações, palestras em grandes congressos, viagens para lecionar em várias cidades do Brasil, contato com pessoas fantásticas e convites diversos derivados desses feitos. Camon me propiciou uma estrutura para que eu construísse boa parte da minha carreira e experiência profissional. Experimentei da parte dele também uma grande parceria e presença em momentos importantes da vida: aniversários, casamento, defesa da dissertação de mestrado...

Mas, então, por que não estamos mais trabalhando juntos?

Se houve um lado que me encantou, também houve um lado que me afastou.

À medida em que a idade e a experiência avançam, as necessidades concretas e a criticidade aprimoram-se. Quando jovens, topamos tudo em qualquer condição. Mas o tempo nos exige maior planejamento e preparação. Foi nesse quesito que passamos a destoar.

Os anos passavam, e eu começava a perceber, a partir da perspectiva do submundo da Psicologia, que as paixões e os prazeres tão marcantes na vida do Camon eram exercidos de forma bastante intuitiva. E não há nada de mal nisso, claro. Nesse sentido, a gente consegue comprovar e admirar sua notável inteligência. Porém, cada vez mais eu, silenciosamente, divergia da perspectiva dele nesse entendimento sobre as coisas. Eu, mais metódico, me convencia da necessidade de uma estruturação mais formalizada dos projetos. Contínuo me dedicando a planilhas e planejamentos de etapas, aliás, adoro estudar e aplicar técnicas de organização no dia a dia. Bem diferente da energia quase caótica do Camon, embora, como já disse, competente da sua própria maneira. Nas poucas vezes em que eu mencionava algo semelhante, ele me chamava de "enxadrista", demonstrando até uma forma de elogio, penso eu (risos).

Eu queria ousar na estruturação formal do Centro de Psicoterapia Existencial, mas sentia falta de um apoio maior, senti-me "na fogueira" algumas vezes e sei que alguns nomes hoje famosos da Psicologia já tiveram uma péssima aula, em parte por falha minha, em parte pela confiança e responsabilidade excessiva que me fora depositada e não verificada se seria suficiente se houvesse um programa elaborado de cada disciplina com ementa, referências e núcleos temáticos (sim, coisas chatas, como eu costumo fazer... risos). Se o Camon foi uma espécie de "pai profissional" para mim (e, sim, eu tinha praticamente a mesma idade da Paula e do Evandro, filhos dele e também companhias amigas frequentes da época), chegava o momento em que o filho passava a buscar sua própria identidade na forma de fazer as coisas.

Aliás, uma das coisas que eu mais admirava nessa observação constante era sua capacidade de ser um "fazedor", ou seja, alguém que saía do campo inerte das ideias, o que é tão característico na Psicologia, e realmente faz, realiza, concretiza enquanto outros divagam. Sei que ele era (e talvez ainda seja) alvo de críticas do ponto de vista teórico, mas os críticos dificilmente realizavam qualquer empreendimento semelhante. Conversávamos sobre isso: como é inevitável que haja fofoca e calúnia quando estamos em evidência. Nunca fui de me levar por julgamentos de outras pessoas sobre outras pessoas. Quero conhecê-las diretamente e julgar pela minha própria experiência, independente das opiniões alheios e passadas sobre a pessoa. Ignorava as falas que me traziam sobre o Camon.

Nesse sentido, voltando à crítica pela minha própria experiência, na minha cabeça, eu acreditava ter assistido à não efetivação de projetos que poderiam ter sido maravilhosos com a estrutura e as pessoas que o Centro de Psicoterapia Existencial tinha naquele momento: nome respeitado, profissionais e professores de primeira qualidade, reconhecimento nacional e eventos científicos de grande relevância.

Até aí tudo bem, mas os então já praticamente 14 anos de convívio começaram a mostrar que essa característica me geraria instabilidades financeiras, o que destoava muito das minhas necessidades pessoais. Namorei, casei e tive uma filha. E essas mudanças passaram a me demandar uma presença e uma estabilidade que me levaram a buscar meus próprios empreendimentos e rendimentos, que podiam até faltar sem muitos problemas para o jovem e empolgado André, mas não para o André pai de família.

E foi assim que me afastei.

Todo o conhecimento, experiência, oportunidade e contatos humanos, no entanto, me ajudaram muito na construção desse período mais meu.

Não houve nenhuma briga ou discussão, apenas a dedicação de cada um a seus próprios projetos e caminhos. Eu continuava admirando os belos rituais mantidos pelo Camon e concordo com diversos aspectos de seus pensamentos e métodos, embora discordando de outros, como ocorre em qualquer dialética. Cheguei a oscilar entre descontentamento, empatia e gratidão. Sabia que sua disposição sempre havia sido grande, mas também sabia que eu precisava manter uma distância segura e voltar minhas expectativas para outro momento e outro lugar. O afastamento foi uma evolução natural dessa amizade duradoura, que ainda existe à distância.

Via que outras pessoas se afastavam também, o que até certo ponto é comum em épocas das vidas diversas, mas também via que outras relações se mantinham por anos a fio. Eu via um Camon solitário, por vezes se escondendo atrás de um violão enquanto esbanjava seu talento musical anunciado, camuflado em falas exageradas em que podia proteger sentimentos mais profundos.

Sua aparente "malandragem", no sentido de uma simpatia brincalhona, contrastava com um certo fechamento protetivo, povoado de sonhos que soavam para mim ingênuos e belos. Uma pessoa paradoxal, simultaneamente simples e complexa.

Nesse sentido, poderia dizer que uma das pessoas mais humanas que já conheci em muitas das contradições que a humanidade oferece. Tão humanamente universal e tão ele mesmo por si.

Demasiadamente humano e demasiadamente Camon.

Café com Mozart[84]

Sueli Guerreiro

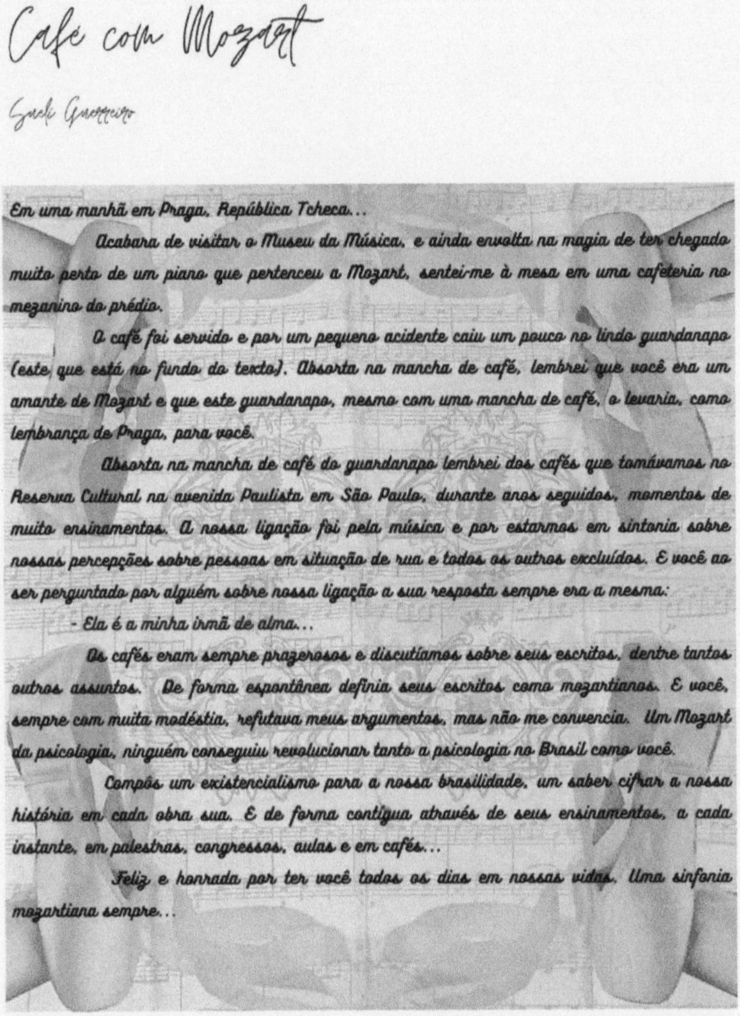

Café com Mozart

Sueli Guerreiro

Em uma manhã em Praga, República Tcheca...

Acabara de visitar o Museu da Música, e ainda envolta na magia de ter chegado muito perto de um piano que pertenceu a Mozart, sentei-me à mesa em uma cafeteria no mezanino do prédio.

O café foi servido e por um pequeno acidente caiu um pouco no lindo guardanapo (este que está no fundo do texto). Absorta na mancha de café, lembrei que você era um amante de Mozart e que este guardanapo, mesmo com uma mancha de café, o levaria, como lembrança de Praga, para você.

Absorta na mancha de café do guardanapo lembrei dos cafés que tomávamos no Reserva Cultural na avenida Paulista em São Paulo, durante anos seguidos, momentos de muito ensinamentos. A nossa ligação foi pela música e por estarmos em sintonia sobre nossas percepções sobre pessoas em situação de rua e todos os outros excluídos. E você ao ser perguntado por alguém sobre nossa ligação a sua resposta sempre era a mesma:

- Ela é a minha irmã de alma...

Os cafés eram sempre prazerosos e discutíamos sobre seus escritos, dentre tantos outros assuntos. De forma espontânea definia seus escritos como mozartianos. E você, sempre com muita modéstia, refutava meus argumentos, mas não me convencia. Um Mozart da psicologia, ninguém conseguiu revolucionar tanto a psicologia no Brasil como você.

Compôs um existencialismo para a nossa brasilidade, um saber cifrar a nossa história em cada obra sua. E de forma contígua através de seus ensinamentos, a cada instante, em palestras, congressos, aulas e em cafés...

Feliz e honrada por ter você todos os dias em nossas vidas. Uma sinfonia mozartiana sempre...

[84] Sueli Guerreiro é psicóloga com formação em psicoterapia fenomenológico existencial pelo Centro de Psicoterapia Existencial. Atua com pessoas em situação de rua desde 2014. Coautora de livros em Psicoterapia Existencial e Suicídio.

De imaginário e realidades

Paulo Suraci Angerami[85]

Foi uma verdadeira honra participar do livro de meu tio Camon. Por outro lado, após testemunhar tantos outros lançamentos ao longo dos anos, sinto até que foi justo! Como sobrinho, Paulinho, reflito sobre as inúmeras lembranças entrelaçadas ao longo de nossa jornada, onde o meu tio, mas acima de tudo renomado psicólogo e autor de múltiplos livros, e me influencia até mesmo em meu caminho de empreendedor.

Algumas experiências que queria destacar:

1. Empreendedorismo

No cenário empreendedor, a história se desenrola desde o ano 2000, quando contribuí como *web designer* para o site do meu tio. Essa colaboração não apenas ampliou horizontes para mim, mas também abriu portas significativas. Os congressos por ele organizados, percebidos anos depois, mostraram-se à frente de seu tempo, proporcionando *insights* valiosos. Seus inúmeros livros, além de nutrir o autoconhecimento, foram faróis que guiaram minha jornada de estudos e reflexão.

2. Conexão e Amizade

Aos domingos, em casa da Vó Maria, surgiam partidas de botão e xadrez/dama, momentos que transcendiam jogos para se tornarem laços profundos de conexão e amizade. As festas na casa da serra da

[85] Paulo Suraci Angerami, sobrinho de Valdemar Augusto Angerami, é engenheiro de produção. CEO da Zeta Dados, e conselheiro de gestão da ONG Gerando Falcões.

Cantareira se tornaram marcos de alegria e memoráveis experiências. A lembrança do tapete queimado por meus amigos na festa da minha entrada na USP que meu tio promoveu, é um exemplo tocante da compreensão e generosidade dele.

3. Cultural

A esfera cultural foi permeada por filmes criteriosamente selecionados e pontos de vista vanguardistas, como não lembrar do filme Papillon que nunca mais devolvemos para ele. Seus *insights* sobre mídias de TV, escolha vegetariana e críticas econômicas moldaram não apenas meu entendimento, mas também influenciaram minha própria visão de mundo.

4. Imaginário

A casa na árvore na Cantareira, indiscutivelmente, marcou minha infância com muita imaginação e aventura (talvez nem ele saiba que isso marcou tanto a minha infância). E as palavras sobre os ipês-amarelos e roxos, em seus textos, transcenderam a descrição botânica, tornando-se símbolos poéticos de beleza e inspiração de vida.

Assim, ao expressar minha gratidão, reconheço a riqueza dessas experiências compartilhadas e a influência profunda que meu tio Camon exerceu em minha vida. Que estas considerações possam inspirar seus leitores em pelo menos uma fração mínima de como essas experiências tocaram a minha vida. Obrigado!

Colaborando nas entrelinhas: Uma jornada de arte e palavras

Karol Oliveira[86]

Ao longo dos anos, tive o grande privilégio de criar diversas capas para os seus livros. Essa experiência foi uma jornada inspiradora e enriquecedora, tanto profissionalmente, quanto pessoalmente.

Desde o momento em que fui apresentada ao trabalho de Valdemar Augusto Angerami, fiquei admirada pela profundidade de suas palavras na abordagem de temas tão complexos. Ao me envolver nesse processo criativo, tive a chance de mergulhar em cada uma dessas narrativas e encontrar uma essência que poderia ser transmitida por meio de conceitos visuais. Através de intervenções nas obras do artista plástico Evandro Angerami, conseguimos chegar em resultados impactantes e diferenciados no seguimento de Psicologia.

Todas as vezes em que compartilhei minhas ideias e conceitos para as capas, fui recebida com abertura e entusiasmo, o que permitiu que nosso trabalho conjunto se transformasse em uma verdadeira colaboração artística.

Além disso, acompanhar suas obras ganhando destaque nas prateleiras das livrarias, é algo que me enche de orgulho. Sinto-me honrada por ter contribuído, mesmo que modestamente, para essa trajetória de sucesso e, espero sinceramente, que minhas capas tenham sido capazes de capturar a essência e o impacto das suas palavras, incentivando os leitores a mergulharem em suas páginas.

Obrigada por me permitir fazer parte dessa jornada literária!

Com sincera gratidão.

[86] Designer pós-graduada em Marketing Digital - Negócios e Estratégias pela PUC-MG. Graduada em Comunicação Social com ênfase em Publicidade e Propaganda pelo Centro Universitário Newton Paiva e Comunicação Visual - Design Gráfico pelo SENAI /CECOTEG.

Meu pai[87]

Luciano Augusto Meleti Angerami

Meu pai Camon...
É uma grande pessoa...
De grande personalidade...
Muito ligado na Natureza...
Sempre foi atencioso
E prestativo comigo

[87] Luciano Augusto Meleti Angerami, filho de Valdemar Augusto Angerami, é químico.

Desde o casarão da Rua Arthur Prado

Ronilda Iyakemi Ribeiro[88]

O Casarão da Rua Arthur Prado na capital de São Paulo era imponente e estava a serviço da formação de quintanistas da Psicologia da Universidade Paulista. Aposentos do Casarão abrigavam grupos de supervisão, salas de atendimento psicológico e atividades administrativas. O movimento de alunos e professores era intenso. Não faltava um jardim bem cuidado na parte de trás do Casarão e, ali, naquele jardim, havia uma edícula que incluía uma sala grande destinada a atividades de supervisão, uma saleta de professores e uma pequena cozinha para preparo do indispensável cafezinho.

A saleta dos professores estava destinada não somente ao repouso dos supervisores e supervisoras de estágios em Psicologia Educacional e Clínica, mas também, talvez principalmente, ao encontro para um dedo de prosa.

Foi nessa saleta que conheci Valdemar Augusto Angerami, o jovem Camón, supervisor da recém-criada Psicologia Hospitalar. Camón, pioneiro dessa área, era bom de prosa e ali passamos horas e horas trocando figurinhas. Não percebi na ocasião e nem teria imaginado que Camón viria a ser o amigo leal, o amado amigo de toda a vida, aquele amigo que todos desejam ter, o arquétipo do Bom Amigo.

Estávamos na década de 1970. Nós, supervisores-aprendizes, tínhamos um pouco a ensinar e muito a aprender e nossos diálogos também foram nossos mestres. Era muito bom vivermos parte de nos-

[88] Ronilda Iyakemi Ribeiro é etnopsicóloga Doutora em Psicologia (USP) e em Antropologia da África Negra (USP). Docente-pesquisadora do Instituto de Psicologia e do Programa de Pós-Graduação em Integração da América Latina (USP).

sas vidas no Casarão. O clima era harmonioso como sempre foram os climas propiciados por Marília Ancona-Lopez aos integrantes de suas equipes de trabalho.

Numa certa noite, entre um grupo de supervisão e o seguinte, encontrei Camón para mais um dedo de prosa e nessa noite ele estava com um relógio de bolso muito especial que ele havia levado para avaliação especializada. Especial por ser um mecanismo de relógio embutido numa moeda de dólar banhada a ouro

É lógico que eu tinha olho comprido naquela joia rara. E o inesperado estava para acontecer: numa daquelas noites, Camón me presenteou com aquele relógio maravilhoso para atender a determinações de um sonho que tivera. Não que o relógio fosse de pouca importância para ele, pois era, afinal, um bem de família. Me entregou o relógio de ouro dizendo: "Em sonho fui instruído a te presentear com esse relógio para concretizar um pacto de amizade. Porque precisarei de teu apoio numa crise que estou prestes a enfrentar". Que crise, Camón? perguntei. Ele não sabia. Ainda não havia sinais da crise no ar. Mas a profecia se cumpriu pouco depois e eis que, para minha surpresa, o redemoinho me encontrou em condição de oferecer a ele o apoio necessário.

O relógio de ouro ficou como a marca visível de nosso pacto de amizade. O tempo, que o relógio de ouro marcava, favoreceu a superação daquela e de outras crises que viriam, algumas na vida dele, outras em minha vida. Passei a chamá-lo de Irmón, aliás, o modo pelo qual era chamado por seu irmãozinho quando ainda não sabia falar muito bem. De Irmón viria o apelido familiar Camón.

Em meus tropeços na vida recebi desse meu Irmón todo tipo de apoio. Realizei atendimento psicológico em salas das clínicas que ele montou; nesses espaços criados por ele foi abrigado o Instituto Guatambu de Cultura, ONG fundada por meu grupo familiar. O cuidado que me ofereceu de modo amplo, geral e irrestrito, essa dimensão de seu apoio generoso e amigo, talvez não tenha sido anunciada naquele sonho profético.

Passados muitos e muitos anos, em ocasião muito especial de sua vida, desejando prestar a ele a merecida homenagem, presenteei meu Irmón com uma moeda de dólar banhada a ouro, que trazia incrustada em si um relógio. Concretizamos nesse objeto o simbolismo dessa amizade: um Tempo de Ouro!

O violonista e compositor de música clássica, o sambista, o amante da Natureza, o autor e organizador de relevantes obras da Psicologia, o mestre, o terapeuta, o devoto de Francisco e Sara Kali, o chefe de família, o amante delicado e cuidadoso da mulher amada, o amigo dos cães, o apreciador de alvoradas e anoiteceres, o sorridente e entusiasmado amigo de muita gente. Esse coletivo de personas adoráveis é meu Irmón!

Palavras não dão conta de expressar o que você significa para mim e para Julinha, minha doce mãe, Irmón! A você, Irmón, sou profundamente grata pelas décadas de flores e frutos que tem me ofertado!

Que o Sol que rompe a neblina na Mata proporcione sempre a teu coração, à tua companheira, a teus filhos, domingos e outros dias luminosos e felizes! Que a luz de Santa Sara Kali, padroeira e protetora do povo cigano, ilumine tuas noites!

Duas imagens de Itanhaém

Evandro Angerami[89]

Havia muito verde, mato pelos lados, e pouquíssimas casas.

Para chegar, o carro atravessava a linha do trem, e as vezes também atolava, no areal areão que parecia ser gigante. A rua de areia branca que virava córrego enquanto chovia. E, depois da chuva, o tempo escorria sem pressa, molhado em direção do mar.

Os poucos vizinhos, das ruas próximas, se conheciam, e passavam tempo juntos.

No corredor de piso frio de cimento queimado, ecoava o barulho da bomba que enchia a caixa da água. Divertido era correr e subir no tanque para ver se o "ladrão" da caixa jogava água para fora do cano. rosnava no corredor da casa.

Os banhos no chuveiro tinham o sabor do sal da praia.

Eu era criança e ainda não conhecia maldade do mundo.

Primeira imagem

Caía a tarde. Estava acocorado na cerca de madeira olhando para a paisagem de fora na rua. A grama do jardim me separava da casa. Havia mato alto, o céu mudava de cor, transparente e profundo, e o poste de luz da rua da frente acendeu sua luz. Olhava com o coração pequeno estupefato pela beleza do momento. Meu pai saiu da casa e chegou na cerca, com um x-salada que ele havia feito para mim. Não podia estar mais gostoso e nem ter aparecido em melhor momento.

[89] Evandro Angerami, filho de Valdemar Augusto Angerami, é artista visual e arte educador com obras expostas nas principais capitais mundiais. Mestre em Fine Arts pela New York University.

Então comi o lanche sentado do mesmo jeitinho que eu estava, sem parar de olhar a paisagem, quase sem piscar para caber mais paisagem dentro dos olhos.

E disse para mim mesmo que eu queria lembrar para sempre desse momento, dessa imagem momento que estava vendo diante e dentro de mim.

Era uma mistura de contemplação e alegria, de plenitude. Não sei a idade que tinha, mas a paisagem, o carinho do pai, o calor fresco da tarde e a luz do céu e do poste, ficaram em mim.

Segunda imagem

Caía a noite.

Muitas estrelas no céu transparente.

Algumas nuvens eram leves e silenciosas. Os grilos entravam em cena, invisíveis em suas estridulações que compunham o espaço.

O coaxar dos sapos ao longe. As ondas do mar, um pouco mais longe. Existia uma paisagem de sons invisíveis, uma espécie de canto da noite, que constituía o mundo em volta da gente. Era a hora de deitar-se na rede, na varanda da casa. Essa hora era sempre fresca. Depois do jantar, os adultos se sentavam em cadeiras para escutar a noite e ao violão

De dentro da rede, meu pai também era invisível, mas a música que ele tirava do violão era tangível, e tocava a alma e o coração. Misturava-se aos sons da noite, e compunha harmonia de amor e paz de espírito.

O amor se fazia presente pelo sentimento que esses momentos cultivavam em meu coração. Do repertório que escutava na rede, minha favorita, era, e ainda é, o prelúdio número 2, de Heitor Villa-Lobos.

Eram noites encantadas.

Aprendi que é possível estar com quem se ama através da música com os olhos fechados.

Hoje, ao escrever esse texto, me emocionei no encontro de meu adulto com a minha criança. Talvez, para o pai, o adulto seja para sempre meio criança mesmo. Penso que meu pai sempre foi um jardineiro dos sonhos, amigo presente, no constante cultivo do amor pela vida.

São Paulo, Primavera de 2023.

De gratidão e admiração[90]

Fausto Rocha Fernandes

O que dizer desse ser humano, desse amigo que a vida me presenteou?!

Quanta gratidão por acreditar no meu potencial, por me apresentar ao Brasil através de suas obras.

Não saberia resumir em poucas palavras o afeto, o apreço e a lealdade que sinto por ele, por me proporcionar tantas conquistas.

Hoje venho aqui para parabenizar mais essa obra que vem agregar mais ainda a nós que o admiramos, que o contemplamos.

Existem missões que são extremamente sublimes nessa vida; algumas imitam a nobreza do amor de Deus, outras, a justiça, a cultura, a saúde ou outros projetos, mas todas são exercidas por profissionais.

Todas elas merecem nosso respeito e gratidão, como ele que é um profissional digno da mais profunda admiração, pela forma incansável com a qual se dedica ao seu objetivo e profissão com determinação. Suas obras falam muito dele, de sua competência.

Não poderia deixar de lhe prestar minhas homenagens por essa significativa obra. Sou grato porque tenho a certeza de que ainda há pessoas como ele, que lutam em prol de uma vida melhor com sucesso.

[90] Fausto Rocha Fernandes é psicólogo, professor universitário e autor de diversos livros na área da psicologia.

De influências e amor...

Paula Linhares Angerami[91]

Difícil falar de alguém que me é tão próximo e que influenciou em demasia a mulher que me tornei. Mas que está vivo. Para mim, os depoimentos são para os mortos, como uma forma de preservar a pessoa viva, de mantê-la dentro da gente, por meio de memórias afetivas. E, nesse sentido, falar de alguém que está vivo foi uma tarefa bastante árdua.

A memória mais longínqua de infância que tenho de meu pai é das manhãs que passávamos no parque da Aclimação, brincando no parquinho e dos ipês que contávamos no caminho para escola. Fazíamos um campeonato: Super Pauladinha contra Super Camonada.

Meu amor pelos cães, pelas fitas cassetes, pelo samba, pelo cinema e pela literatura devo a ele.

Minha paixão pelas fitas cassetes veio da infância. Meu avô paterno tinha uma assinatura mensal de fitas cassetes. Todo mês chegavam fitas e mais fitas, dos mais diversos compositores e dos mais variados ritmos. E desde pequena sempre apreciei a sua companhia, assim, a minha brincadeira favorita era de vender as fitas do meu avô. Eu usava sua maquininha de calcular para fechar as vendas e as embrulhava em folhas sulfites. E a partir disso, sempre amei ouvir fitas cassetes.

Amava andar de carro com meu pai, em seu fusquinha, só para ouvir as suas fitas cassetes, em especial, as de samba. As que tenho vivas em minha memória são as do Martinho da Vila, Emilio Santiago e, principalmente, Paulinho da Viola, seu compositor de samba favorito.

[91] Paula Linhares Angerami, filha de Valdemar Augusto Angerami, é doutora em educação pela Universidade Estadual Paulista Júlio de Mesquita Filho (UNESP). Mestre em educação pela Montclair State University – EUA.

Comecei a frequentar bares de samba com meu pai. Foi ele também quem me levou para escola de samba. Desfilei pela primeira vez na Mocidade Alegre, mesma escola em que ele desfilava ainda jovem. Peguei gosto e passei a desfilar pela Império de Casa Verde. Também me apaixonei perdidamente pelo samba, e passei a frequentar semanalmente sambas. O samba é minha vida, é minha razão de viver. Não vivo sem samba. Nesse momento, em que estou vivendo em Foz do Iguaçu, a saudade das rodas de samba chega a doer.

Quando comprei meu primeiro carro, fiz questão de colocar um som que comportasse fitas cassetes. Ainda que a tecnologia dos sons de carro já estivesse avançada para os toca CDs. E, assim, as fitas cassetes de Paulinho da Viola e Martinho da Vila me acompanharam por muitos percursos. E quando mudei de carro, foi muito difícil aceitar que as minhas fitas cassetes não mais me acompanhariam. Os sons dos carros mais novos não comportam mais as fitas cassetes. Felizmente, meu pai ficou com meu carro antigo e não tive que me desfazer de minhas fitas cassetes.

De pequena, minha mãe tinha um amigo que criava cachorros da raça Dachshund. Adotamos um. Porém, essa raça não vive bem em apartamento. Não suporta a solidão. Late muito. Destrói tudo por desespero. E, por conta disso, assim que minha cachorrinha, a Cherie, teve sua ninhada, foi enviada para viver na Serra da Cantareira, na casa do meu pai. E depois dela, muitos outros salsichinhas nasceram e viveram na Serra. A dinastia dos salsichinhas perdurou por quinze anos. O último sobrevivente foi o Gonzaguinha. E, além dos salsichas, passamos a adotar e acolher muitos cachorros abandonados. Chegamos a ter 15 cachorros e, dentre esses, veio mais um salsichinha: O Xavier.

O gosto pela literatura ocorreu ainda na infância. Quando criança, eu e meu irmão, o Evandro, tínhamos uma semana para ler um livro qualquer e, finalizada a leitura, produzir um resumo do que havia sido lido e entregá-lo para o meu pai. Completada a tarefa, íamos a uma loja de brinquedo e escolhíamos o que quiséssemos. De início, eu lia apenas para poder ganhar o brinquedo. Não me era uma atividade prazerosa. Até que li *Capitães de Areia*, de Jorge Amado e me apaixonei pela literatura. Amor que carrego por toda a vida. O romance sempre me acompanha. Não consigo terminar um livro sem começar outro imediatamente. Não durmo bem se antes não ler algumas páginas do romance da vez. Graças a esse amor pelos romances, assino o clube de livro TAG – Experiências Literárias, como meu avô paterno assinava o antigo Clube do Livro, e coleciono romances, como meu pai e meu avô colecionavam. Devo ao meu pai este prazer que tenho em adentrar de corpo e alma numa vida que não é a minha, em uma realidade que não é a minha. É como se eu vivesse num universo paralelo e pudesse no tempo de leitura viver a vida de outrem, sem me preocupar com meus problemas, angústias e aflições.

E esse amor que tenho pelos romances literários é ainda maior pelo cinema. Minha maior loucura é o cinema. Essa possibilidade de partilhar emoções com estranhos, de rir e chorar ao mesmo tempo, de torcer pelos personagens. Tudo isso dentro de uma sala escura, que durante o período de duas ou três horas você esquece completamente quem você é e qual o seu propósito de vida.

Graças ao meu pai, tenho adoração por filmes de todos os gêneros. E desde adolescente, quando eu dormia semanalmente em sua casa na serra, fazíamos inúmeras sessões de cinema no telão com o projetor. Os filmes que mais me marcaram foram os de gangsteres, como por exemplo, *O poderoso chefão.*

Meu pai possui uma imensa coleção de filmes com obras dos grandes diretores mundiais — Fellini, Almodóvar, Bergman, Tornatore, Kurosawa, Fassbinder, dentre outros —, que sempre digo que os quero como herança. Não quero dinheiro. Não quero quadros. Só quero filmes.

Com estas memórias afetivas, termino aqui o meu depoimento. Sou muito grata e privilegiada por todas essas influências boas e por ter tido e ter meu pai sempre tão próximo de mim.

Foz do Iguaçu, Verão de 2024.

A cada momento...

Isabella Leão

Para o meu Lindo...

Desde alguns meses nos achamos...
grudamos e oferecemos reciprocamente
o melhor dos sentimentos nesse mesclado
de prazer e respeito...
Indescritível cada detalhe seu...
Cada momento sempre tem
uma particularidade a mais
que encanta, suaviza e
torna mais intenso tudo.
Ah seu olhar...
penetra suavemente cada cantinho do meu ser...
Ele toca, acalma, aquece a alma
nessa busca constante de estar com você...
A sua linda voz que adentra
meus sentidos de modo avassalador
nessa mistura de algo no passado
com o presente nutre a chama do amor...
Amo seus detalhes, amo sua presença...
Espero ser na sua vida liberdade e amor...

CAPÍTULO 10

Breves encontros

Nesta parte do trabalho priorizei destacar apenas os encontros que tive com grandes referências teóricas da psicologia e psiquiatria mundiais. Dessa maneira deixei de lado a citação de pessoas em nosso âmbito nacional principalmente pelo receio de ser indelicado com muitas das pessoas extraordinárias que tive a dádiva de me deparar ao longo da minha trajetória e que poderiam ser excluídas dessa citação.

Durante algum tempo na elaboração desse livro pensei e revi minha posição sobre o fato de citar apenas referência internacionais e que tinham projeção significativa em nossa seara brasileira. Afinal, ao tempo todos temos sobre nós a pecha de sermos um país colonizado pelas potências estrangeiras, principalmente pelos valores estadunidenses. E ademais a minha experiência com Rogers já havia sido publicada em trabalho anterior[92].

Temos como agravante que até mesmo a configuração daquilo que seria a nossa psicologia de fato é a estruturação da psicologia estadunidense, e dessa maneira, citar autores estrangeiros estaríamos validando a nossa condição colonial. Mas depois de muito refletir, concluí que a citação desses autores com os quais tive a preciosidade de conviver, valeria a pena ser partilhado, principalmente pelo fato inusitado que alguns foram balizados pelo meu violão clássico.

[92] O ressignificado da prática clínica e suas implicações na realidade da saúde, ANGERAMI, V. A. In *Psicologia da Saúde. Um novo significado para a prática clínica*, op. Cit.

10.1 – O meu encontro com o dr. Ronald Laing, um dos artífices da antipsiquiatria

O dr. Ronald Laing, um dos principais artífices da antipsiquiatria, autor de algumas das obras que deram início a esse contexto decididamente revolucionário e que sequencialmente culminou no Movimento de Luta Antimanicomial, veio ao Brasil para uma série de palestras. Sua última apresentação seria em São Paulo, de onde retornaria para a Inglaterra.

E no dia marcado para a conferência magna, aberta para o público em geral, foi também marcado um encontro reservado, mediante o pagamento de uma taxa de participação, para que os principais nomes da psiquiatria nacional pudessem ter um encontro com Laing.

E se a taxa de inscrição para a conferência magna já era algo quase proibitivo, a taxa desse encontro reservado já estabelecia a condição econômica, por assim dizer, profissional desses participantes. E até mesmo pelo valor cobrado para esse encontro privativo o número de participantes girava em torno de 50 pessoas, todos profissionais da mais alta estirpe e que vinham de várias cidades brasileiras para esse encontro, além, naturalmente, daqueles de São Paulo.

Nesse momento, eu era recém-formado e atuava no núcleo de saúde do CBA (Comitê Brasileiro de Anistia), onde atendia pacientes vítimas de torturas cometidas pela estupidez militar que governava o país naquele momento. E tinha como companheiro de atividades o psiquiatra Dr. SP, que, inclusive, era um dos organizadores desses encontros envolvendo o dr. Ronald Laing em São Paulo.

Em uma manhã, recebo um telefonem em minha residência do dr. SP que me convidava para participar do encontro privativo com o dr. Ronald Laing. De pronto respondi que não entendia esse convite, afinal, eu era recém-formado e o encontro seria destinado apenas a nomes renomados e de larga experiência profissional, e que, na realidade, eu já tinha me organizado para a conferência magna.

Diga-se de passagem que o próprio pagamento para a conferência magna já havia me exigido um esforço financeiro demasiado alto para as minhas condições de vida naquele momento. O dr. SP, então, me diz que gostaria que eu fosse a esse encontro para abrir a reunião tocando algumas peças de violão clássico, algo que certamente seria do agrado de todos, principalmente do dr. Ronald Laing.

Eu fiquei atônito com esse convite, afinal, seria uma oportunidade de estar muito próximo ao dr. Ronald Laing, o autor que eu estudava com afinco, e que, verdadeiramente, além de grande influência teórica era também um dos meus principais esteios na mera e vã tentativa de compreensão da condição humana.

Perguntei detalhes de como ele estava concebendo esse recital antes das discussões teóricas, e se isso seria pertinente uma vez que todos estavam indo para ver e ouvir o dr. Ronald Laing. O dr. SP me argumentou que seria algo apenas para abrilhantar o encontro e que seria uma pequena abertura musical para dar requinte ao encontro. Não apenas aceitei o convite prontamente como me dispus a estudar com bastante afinco algumas peças musicais para fazer algo que fosse realmente um grande rompante para a abertura das discussões teóricas entre os renomados profissionais e o dr. Ronald Laing.

As partituras das músicas a serem executadas foram escolhidas por mim, e, como muito presteza e dedicação, passei a estudá-las com vigor e muito amor. Foram horas de estudo como nos tempos em que eu me dedicava apenas e tão somente ao estudo da música clássica.

As peças musicais para essa pequena audição foram escolhidas com predominância para Villa Lobos e Bach, e algumas outras peças, caso fosse necessária alguma repetição.

Tudo era inquietação e ansiedade, afinal, eu, um mero recém-formado apesar de uma experiência profissional bastante interessante e contundente — atendia vítimas de tortura e de tentativa de suicídio, como dito anteriormente —, estaria próximo a Laing em um encontro reservado.

A mim me parecia não caber sequer a ousadia de pensar em participar da parte destinada as discussões teóricas fazendo perguntas, ou ainda colocando prováveis dúvidas, afinal, estar próximo dessas possíveis discussões já seria um sonho inimaginável para mim. Tocar violão clássico na abertura das discussões já me era uma honraria difícil de balizar.

E assim correram os dias que antecederam esse encontro, uma mescla de ansiedade e temor, de não corresponder à expectativa do dr. SP sobre o violão clássico para abrilhantar esse encontro tão especial. Liguei várias vezes para o dr. SP para saber da repercussão junto aos demais convidados sobre sua ideia de uma audição musical antes das discussões teóricas. Ele sempre dizia que a repercussão era a melhor possível, afinal, todos haviam gostado da ideia de prestar essa singela homenagem ao dr. Ronald Laing antes do início dos trabalhos. Essa informação, ao mesmo tempo me alegrava e me deixava inquieto e ansioso diante da responsabilidade que pairava sobre mim e o meu violão clássico.

Finalmente, o grande dia chegou. Os organizadores e os participantes chegaram mais cedo, e todos de alguma maneira estavam ansiosos com o encontro. O dr. Ronald Laing chegou alguns minutos antes do horário estabelecido para o início das atividades, de alguma maneira honrando a tradição britânica de pontualidade horária.

Os organizadores sentaram-se na mesa principal ao lado do dr. Ronald Laing, e o que era uma sala de aula nobre tornou-se referência de um encontro dos renomados psiquiatras presentes com o criador da antipsiquiatria.

O dr. SP abriu as atividades anunciando que antes do pronunciamento do dr. Ronald Laing e de possíveis discussões de casos clínicos, teríamos uma breve audição de violão clássico como uma pequena homenagem ao grande pensador britânico. Ele se mostrou muito entusiasmado com esse detalhamento, e foi possível perceber sua euforia com a ideia desse recital antes do início dos trabalhos.

Fui convidado por dr. SP para iniciar o breve recital, e abri tocando o Choro nº 1 para violão de Villa Lobos, uma peça musical em que o compositor reuniu fragmentos do choro tradicional com ornamentos de música clássica, uma verdadeira preciosidade para ser exibida como sendo uma mostra do esplendor da música clássica brasileira. E, verdadeiramente, eu fui muito feliz na execução, que saiu a contento com esmero e aprumo em suas nuances. E aí começou a se configurar algo inesperado e que saiu totalmente do controle dos organizadores.

O dr. Ronald Laing adorou sobremaneira a peça executada e perguntou por detalhes da música e de Villa Lobos. O que não se sabia era que o dr. Ronald Laing era musicista, tendo se dedicado por muitos anos ao estudo de piano, segundo suas próprias palavras, e, portanto, apaixonado por música clássica.

Na sequência, ele pediu mais músicas de Villa Lobos, o que, como foi citado anteriormente, havia sido preparado e estudado com esmero para esse encontro. E após inúmeras peças de Villa Lobos, ele me perguntou se eu tocava outros compositores, ao que respondi plenamente, e toquei Bach para que ele apreciasse.

Novo momento de euforia e de exploração da música executada. E assim, sequencialmente, mais Bach, Villa Lobos, Scarlatti dentre outros compositores, e o dr. Ronald Laing cada vez mais entusiasmado com as músicas executadas. Resultado, a música clássica dominou o encontro e avançou o horário e praticamente se acoplou ao início da conferência magna. Não houve tempo para discussões teóricas e nem mesmo para a marcação de um novo encontro, pois ele embarcaria de volta ao Reino Unido na manhã seguinte.

Os participantes reclamaram sobremaneira com os organizadores por esse acontecimento tão inusitado e totalmente imprevisto. Pois, ainda que pudessem apreciar a música clássica, e certamente muitos presentes apreciavam de maneira explicita, eles haviam se organizado para uma discussão teórica com um dos maiores nomes da psiquiatria mundial, e não para um recital de violão.

E isso deixou a todos exasperados e irritadiços. E pior, os participantes exigiram o ressarcimento do pagamento desse encontro extra, e para sorte dos organizadores, o dr. Ronald Laing declinou do pagamento desse encontro, afinal, o deleite da música clássica em seu espírito impediu que a racionalidade determinasse o encerramento da audição musical para a discussão teórica anteriormente prevista.

Ainda hoje, quando encontro o dr. SP, ele se refere a mim como sendo alguém que estragou o encontro privado que os professores doutores teriam com o dr. Ronald Laing. Simples assim…

10.2 – E eis que o dr. Carl Rogers surge em meu caminho…

Como dito anteriormente o meu encontro com Carl Rogers já havia sido publicado em trabalho anterior[93]. E, verdadeiramente, foi algo marcante até mesmo para que eu me definisse por outra abordagem

[93] Ibid. op. Cit.

teórica que não a criada por ele. Pessoa extraordinária e certamente ter partilhado de seus ensinamento pessoalmente foi algo que a vida me presenteou de modo ímpar e por demais prazeroso.

No final da década de 1970, fazia o curso de especialização em Aconselhamento Psicológico na USP, sob orientação da saudosa dra. Raquel L. Rosemberg[94]. Nessa ocasião, através da querida mestra, tive oportunidade de conhecer pessoalmente o dr. Carl Rogers, além de poder mostrar a ele alguns dos trabalhos que desenvolvíamos em nossa realidade de Brasil, que trazia em seu bojo as marcas e o jeito da nossa gente.

O dr. Carl Rogers, com uma humildade ímpar, tudo conheceu, ora perguntando sobre as formas de abordagens teórico-práticas, ora simplesmente questionando detalhes daquilo que ele mesmo considerava de muita riqueza vivencial.

Na ocasião, como citado anteriormente, eu coordenava os atendimento junto às vítimas de tentativa de suicídio que eram atendidas no Pronto-Socorro do Instituto Central do Hospital das Clínicas da FMUSP. E tenho como inesquecível o olhar do dr. Carl Rogers diante de como realizávamos nosso atendimento junto ao leito, no próprio corredor hospitalar, e do número absurdamente infinito de casos que davam entrada a cada instante naquele pronto-socorro. Tínhamos vítimas de acidentes automobilísticos, casos de violência doméstica e um sem-número de ocorrências impossíveis de serem arroladas.

O dr. Carl Rogers a tudo observava mostrando uma ar de incredulidade diante de tudo que era vivido. Afinal, a nossa realidade hospitalar é de difícil assimilação até mesmo para nós profissionais da saúde do Brasil. O que se dirá, então, para profissionais de outras realidades e que estão distantes da nossa precariedade?!

Mas verdadeiramente eu não tinha qualquer dificuldade com a teoria rogeriana, apenas não havia identificação até mesmo pelos moldes estadunidenses presentes em seu arcabouço. Nesse momento, meu alvo de estudo era principalmente a obra de Laing e de Farberow.

[94] Ao contrário de outros personagens desse livro que foram citados apenas por suas iniciais, o nome da dra. Raquel L. Rosemberg é citado integralmente por ter sido citado dessa forma na publicação anterior em que essa experiência foi narrada.

O nosso grupo de atendimento às vítimas de tentativas de suicídio estudava com particular afinco a obra de Farberow por ser uma das principais referências na área do suicídio. E o que nos deixava muito intrigados é que tudo que era afirmado por esse autor, simplesmente encontrávamos o contrário em nossa prática hospitalar junto às vítimas de tentativa de suicídio. E isso era um grande impeditivo para que publicássemos nossas atividades, afinal, a grande questão que nos permeava era de que não seria possível publicar algo que colidisse de maneira tão frontal com a obra de Farberow,

A coisa era tão incongruente que quando houve uma similaridade das afirmações de Farberow com a nossa realidade, o grupo promoveu um jantar em comemoração. Uma psiquiatra pertencente ao nosso grupo a FA se debruçando sobre a obra de Farberow nos chamou a atenção para algo que mostrava simetria entre suas afirmações e nossas atividades.

Ela mostrou uma asserção de Farberow que dizia que a maioria dos casos de tentativas de suicídio e de suicídio ocorriam no Inverno, e FA disse, então, que isso coincidia com a nossa prática. De início, não conseguimos atinar com suas colocações, pois a nossa prática mostrava justamente o contrário, a maioria dos casos de tentativas de suicídio e de suicídio em nossa realidade ocorriam no Verão. Ela, então, nos mostrou que a variável a unir as afirmações de Farberow e a nossa realidade era o Natal, e que lá ocorria no Inverno enquanto por aqui ocorre no Verão, mas que isso era o que de fato unia as afirmações de Farberow com as nossas atividades. Sim, era o Natal a variável presente no Inverno de Farberow e o nosso Verão, e isso foi algo tão exultante para nós que foi ensejo de comemoração, como dito antes.

Em nosso último encontro, numa reunião promovida pela dra. Raquel L. Rosemberg, o dr. Carl Rogers, depois de agradecer a acolhida e o empenho que tivemos em levá-lo para conhecer o trabalho que realizávamos, simplesmente nos pediu para que não tentássemos aplicar suas teorias em nossa realidade. E, diante de nossa incredulidade, ele simplesmente afirmou que suas teorias eram feitas para outras realidades socioculturais e que as pessoas que conheceu ao presenciar os nossos trabalhos faziam parte de uma realidade completamente diferente da sua, precisando, portanto, de uma outra forma de compreensão.

Aquelas palavras foram muito importantes para me fazer crer que poderíamos publicar nossos trabalhos de atendimento às vítimas de tentativa de suicídio, a despeito da incongruência diante da obra de Farberow. E ainda que tivessem características bastante diferentes daquilo que preconizavam os grandes teóricos, essas publicações teriam as marcas da nossa gente, da nossa realidade, da nossa historicidade, das nossas lutas, conquistas e anseios libertários.

Essas colocações do dr. Carl Rogers me fizeram crer que se pudéssemos igualmente consultar Piaget, Freud, Farberow, todos falariam algo semelhante, pois constatariam que suas teorias foram escritas para pessoas e realidades bastante diferentes da nossa.

Seria algo indescritível, como mera citação, levar Piaget para conhecer a realidade das escolas da periferia das grandes cidades brasileiras em que se aplicam suas teorias. É muito provável que a sua fala fosse semelhante às do dr. Carl Rogers diante da especificidade da nossa população.

E assim, para o bem e para o mal, começamos a publicar nossas atividades nas mais diferentes configurações...

10.3 – A suavidade indelével da dra. Elizabeth Kubler-Ross

A dra. Elizabeth Kubler-Ross veio para o Brasil para um série de apresentações e, dessa maneira, veio para São Paulo. Na ocasião, a Dra. RM promoveu um encontro em sua residência para acolher a Dra. Kubler-Ross. Foram convidadas cerca de trinta pessoas para um encontro informal e afetivo, sem qualquer preocupação com discussões teóricas. E dentro desse espírito a Dra. RM me convidou para que comparecesse com o violão para dar um toque de requinte ao encontro.

Nesse momento, era recém-formado e ainda não havia me inteirado da obra da dra. Kubler-Ross e sequer de sua importância mundial. Dessa maneira, fui à recepção promovida pela dra. RM apenas com um conhecimento de que se tratava de alguém notório no cenário da saúde e de muita importância pela repercussão de sua obra. Nada além disso.

Ao chegar me deparei com um grupo que se mostrava maravilhado diante da presença da dra. Kubler-Ross. E ela, verdadeiramente, era uma figura iluminada, com um sorriso que contemplava a todos de um modo magnetizante. As pessoas perguntavam sobre sua vida, sua obra e conquistas. E ela simplesmente respondia com uma humildade que deixava a todos atônitos, pois, se de minha parte eu mal conhecia a dimensão de sua obra, os demais sabiam de sua importância e estavam fascinados com suas colocações.

A reunião prosseguia nesse ambiente afetivo e amoroso, com as mais finas iguarias sendo servidas acompanhadas de vinhos cuidadosamente escolhidas pela dra. RM. Tudo verdadeiramente harmonioso e prazeroso. Nesse contexto a dra. RM anuncia que haveria um pequeno recital de violão para que pudéssemos presentear e homenagear a dra. Kubler-Ross de maneira significativa.

Dessa maneira, iniciei o pequeno recital de violão tocando peças de Villa-Lobos, Bach, dentre outros autores. A coisa transcorria dentro do que era esperado nesse contexto, as peças sendo executadas e os aplausos sequenciais referendando a execução. Tudo em plena harmonia com o requinte da recepção organizada pela dra. RM. E nessa sequência aconteceu algo inusitado e que verdadeiramente iria transformar a minha vida por todos os séculos dos séculos...

E, naturalmente, a própria recepção da dra. RM.

Na sequência de peças exibidas, executei uma intitulada *Caixinha de música*, de autoria de Isaias Savio. E diante dessa música, a dra. Kubler-Ross simplesmente começou a chorar copiosamente. Essa peça verdadeiramente aflorou o lado mais sensível e sensitivo da dra. Kubler-Ross, segundo suas próprias palavras. E ela então, me pediu para executar essa peça não sei quantas vezes. E a cada nova execução, mais choro e lágrimas. Ela fechava os olhos para absorver a música, segundo suas palavras, e tinha as mãos justapostas em forma de oração.

O silêncio no ambiente que já era absoluto em respeito às músicas que estavam sendo executadas ao violão agora tinham o contraponto dos soluços lacrimosos da dra. Kubler-Ross. Eu simplesmente executava *Caixinha de música* e, ao final, esperava pelo pedido de nova repetição. As pessoas ficaram enternecidas com essa cena e com forte comoção emocional diante das lágrimas da dra. Kubler-Ross. Era como se a condição lacrimosa e sensível da dra. Kubler-Ross tivesse contagiado a todos, pois era perceptível a emoção que inundava o ambiente com uma aura de amor e paz indescritíveis. Ninguém fez alusão a qualquer objeção pelo tanto de vezes que a peça foi repetida, ao contrário, parecia que os pedidos de uma nova execução feitos pela dra. Kubler-Ross eram efetivados em nome de todos.

Ao final da execução, a dra. Kubler-Ross se dirigiu a mim e me deu um abraço muito amoroso e agradeceu a emoção que a minha música havia proporcionado. Fiquei perplexo e paralisado, sem ter condições de responder, afinal, aquilo tudo havia sido muito surpreendente para mim, pois, jamais, tive tamanha emoção diante da minha música.

A recepção da dra. RM prosseguiu por mais algum tempo, e, certamente, do tempo vivido poderíamos asseverar algumas horas, mas do tempo sentido, verdadeiramente, essa noite nos vincou por todos os séculos do séculos...

10.4 – Diante do pioneirismo do dr. Stanislav Grof

O dr. Stanislav Grof foi outra celebridade mundial que, quando me deparei em seu caminho, me era totalmente desconhecido. Eu o conheci em Belo Horizonte durante um congresso internacional junto a outras pessoas conhecidas quando ele manifestou o desejo de vir a São Paulo. Prontamente me dispus a ver com a dra. ML a possibilidade de organizarmos algo na Unip. E assim foi feito, alguns seminários foram realizados, e nesse momento da organização, me dei conta de sua importância mundial. Eu nada sabia sobre ele, e diante da estupefação das pessoas quando tomavam conhecimento de que ele viria a São Paulo para uma série de encontros, constatei tratar-se de uma celebridade mundial.

Participei de todos os *workshops* que o dr. Stanislav Grof desenvolveu em São Paulo, pois ele simplesmente, ainda em Belo Horizonte, manifestou o desejo de ficar em minha casa e não em um hotel. E assim foi, ele se hospedou em minha casa com sua companheira, e, dessa maneira, eu o levava a todos os deslocamentos necessários para o cumprimento de seus vários compromissos em São Paulo. E a cada novo *workshop* que ele dirigia, uma surpresa me dominava, pois ele, o dr. Stanislav Grof, era simplesmente uma das principais referências mundiais no trabalho de alteração de consciência inicialmente obtida através do uso de ácido lisérgico, LSD, e depois com a criação de técnicas com o uso de pinturas com cores muito fortes e que, segundo ele ensinava, produziam o mesmo efeito de alteração de consciência.

E o dr. Stanislav Grof se utilizava dessa alteração de consciência para a realização dos mais diferentes objetivos, indo desde a preparação para a passagem da morte com pacientes em estado de terminalidade, até para que conflitos e traumas emocionais pudessem aflorar de modo pleno e consistente. Ele ficou cerca de uma semana em São Paulo e realizou vários *workshops* na cidade, pois além dos seminários inicialmente organizados por nós muitas outras entidades — universidades, institutos de psicologia e psiquiatria, centros de pesquisas etc. —, igualmente manifestaram o desejo de tê-lo em *workshops*. Foi uma semana intensa de maratona experimental com o dr. Stanislav Grof dirigindo os *workshops* com profissionalismo e dedicação exemplares.

Dizem os espiritualistas que as pessoas cruzam os nossos caminhos quando estamos prontos para nos depararmos e absorvermos o que elas têm para nos ensinar. Não sei! Pois, decididamente, fui alcançar a dimensão dos ensinamentos e pesquisas do dr. Stanislav Grof muito tempo depois dessa convivência, e muito mais pelos livros com os quais ele me presenteou do que pela vivência intensa de seus *workshops*, quando pude até mesmo vivenciar a alteração de consciência promovida pelas técnicas criadas por ele. E para se ter uma dimensão disso tudo, recentemente encontrei em uma livraria de São Paulo a dra. DS, que estava acompanhada de uma amiga. E ao fazer as apresentações de praxe, ela simplesmente disse que devia a mim ter conhecido o dr. Stanislav Grof pessoalmente, e que ainda mantinha contatos frequentes com ele indo aos seminários que ele promovia nos EUA, onde ele vive. O dr. Stanislav Grof se hospedou em minha casa, e apenas algum tempo depois fui dimensionar sua verdadeira magnitude profissional.

Enfim....

CAPÍTULO 11

Publicações

Nesta parte do trabalho, iremos expor os títulos que compuseram nossa caminhada que culminou neste livro, o nosso 50° título. Deixei de citar as minhas obras infantis para focar apenas nas publicações que tivessem relação direta com a minha prática profissional, incluindo dois livros de poesia, por terem em seu conteúdo alguns poemas que lidam diretamente com o sofrimento humano, e isso além de terem sido publicada em livros anteriores de psicoterapia ou da área da saúde. Também deixei de incluir o livro organizado pela saudosa dra. Maria Helena Figueiredo Steiner[95], minha orientadora por ocasião da elaboração da minha dissertação de mestrado, por ser algo do qual eu nunca me senti fazendo parte, seja pela própria maneira como o capítulo foi formatado, seja ainda pela imposição de publicação necessária para cumprimento das normatizações para obtenção da titularidade acadêmica.

Os títulos que possuem várias edições, como dito anteriormente, estão apresentados com as imagens da primeira e da última edição, algo que certamente poderá facilitar a quem deseje obter o título em referência. Ressalte-se ainda que os títulos estão perfilados pela ordem cronológica de seus lançamentos até o 15° título, depois, não estão justapostos de maneira precisa por razões de lançamento editorial e que não tem precisão absoluta — alguns títulos, por exemplo, foram terminados em um determinado ano e lançados no ano posterior.

[95] STEINER, M. H. F., *Quando a criança não tem vez – violência e desamor.* São Paulo: Editora Pioneira, 1986.

Empreitamos um breve comentário sobre cada título com a intenção de situar o leitor ao momento de historicidade em que a obra foi produzida e lançada. E isso sem qualquer intenção de encerrar nesse comentário possíveis considerações que a obra contemple. Certamente teremos inúmeras outras considerações de pessoas que se debruçaram sobre esses títulos ao longo de suas trajetórias pessoais e profissionais, e que, seguramente terão outras considerações das tecidas por nós. Como mera citação ilustrativa, tenho o episódio de um ex-aluno do curso de formação em psicoterapia fenomenológico existencial do Centro de Psicoterapia Existencial, que, certa vez, se dirigiu a mim dizendo que o livro *Psicoterapia existencial. Noções básicas*[96] que ele havia estudado em seu curso de graduação não era o mesmo de agora. Quando indaguei as razões, ele simplesmente colocou que naquele instante podia compreender que a vida se esvai nas entrelinhas da própria vida. E por mais que tentasse compreender essa colocação arguindo de todas as formas, ele colocava isso de maneira clara e precisa para si, mesmo que totalmente inalcançável para mim.

1 – Existencialismo e Psicoterapia

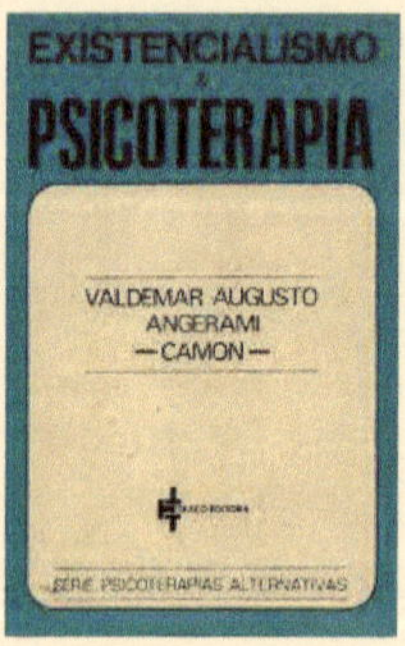

Livro lançado em 1984, reunia o conteúdo de livretos publicados (imagem posterior) para embasamento do curso de formação em psicoterapia fenomenológico-existencial do Centro de Psicoterapia Existencial.

Não havia intenção inicial de publicação do conteúdo desses livretos, mas, a partir da sugestão de diversos alunos, professores e colegas, decidimos pela reunião desses escritos em livros — foram publicados três livros a partir desses livretos. E, assim, surgiu o nosso primeiro livro, algo inusitado para mim e sem qualquer outra

[96] ANGERAMI, V. A., *Psicoterapia existencial. Noções básicas.* Belo Horizonte: Artesã Editora, 2021.

pretensão. Posteriormente, veio a constatação de que se tratava de primeira obra publicada mundialmente que trazia fragmentos da filosofia de Sartre para o campo da psicoterapia. Frise-se que a magistral obra de Ronald Laing e David Cooper trouxeram fragmentos da filosofia de Sartre para o campo da psiquiatria com a criação da chamada antipsiquiatria.

2 – Psicologia Hospitalar. A atuação do psicólogo no contexto hospitalar

Livro lançado em 1984, simples e despretensiosamente como uma mera tentativa de reunir trabalhos que estavam sendo realizados na área hospitalar e que, naquele momento, não apenas se iniciavam como buscavam subsídios para a sua efetivação prática. A repercussão que essa obra atingiu foi algo que não apenas nos deixou perplexos, como ainda nos alçou a patamares profissionais que sequer poderíamos ousar pensar. Éramos apenas jovens sonhadores e não poderíamos conceber que a nossa obra e nossa prática na realidade hospitalar seriam referência para tantos colegas que viriam na sequência dessa publicação. A editora não conseguia fazer as reimpressões necessárias para a demanda do livro, algo que simplesmente era inacreditável.

Éramos recém-formados, e trilhávamos por caminhos desconhecidos, e, embora houvesse vários profissionais atuando na área não se tinha referência bibliográfica. E esse livro se tornou a referência de todos que de alguma maneira atuavam ou tinham intenção de atuar na área hospitalar. Algo que também não sabíamos, é que esse livro seria a primeira publicação mundial de psicologia hospitalar. Um livro lançado despretensiosamente e que mudou drasticamente os rumos da área da saúde na psicologia.

E, num repente, passamos a ser convidados para conferências, mesas-redondas e eventos que abordavam a área da saúde em psicologia. Mal conseguíamos absorver os efeitos que a penetração do livro causava, e estávamos sendo solicitados como grandes referências teóricas na área. E isso ao mesmo tempo em que também buscávamos estruturação e fundamentação teórico-prática para as nossas atividades.

Era tudo muito insólito, e, na verdade, completamente inacreditável. E assim se iniciou nossa trajetória em livros na área da psicologia hospitalar. E de um livro despretensioso que se tornaria a primeira publicação mundial em psicologia hospitalar .

3 – Psicoterapia existencial. Noções básicas

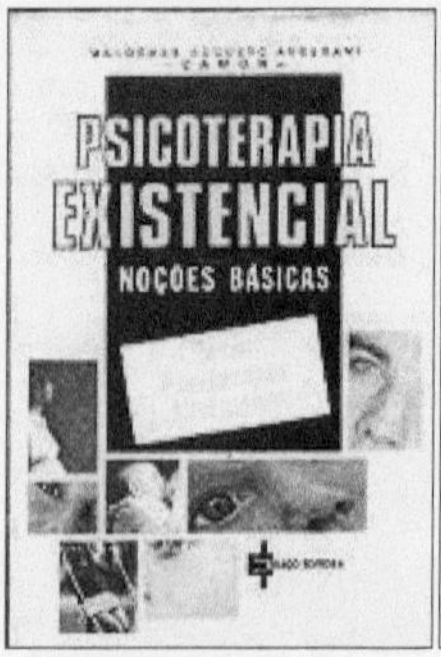

Esse livro igualmente foi resultante da junção de apontamentos usados nas aulas do curso de formação em psicoterapia fenomenológico-existencial do Centro de Psicoterapia Existencial. E, da mesma forma que as publicações anteriores, ganhou horizontes e patamares inimagináveis. Esse livro tornou-se a maior referência nos cursos de formação em psicoterapia existencial, como ainda nos cursos de graduação de psicologia nas matérias que evocam as diferentes abordagens no campo da psicoterapia. Essa obra teve duas atualizações e cerca de 30 reimpressões. Algo muito surpreendente, principalmente se considerarmos que se tratava apenas e tão somente dos nossos apontamentos para as nossas aulas.

4 – A psicologia no hospital

Esse livro foi lançado na esteira da nossa primeira publicação em psicologia hospitalar[97], mas dessa vez estávamos na condição de referências nacionais na área de psicologia hospitalar. Esse livro traz um capítulo com os passos necessários para a implantação do serviço de psicologia hospitalar no hospital geral, além de outros trabalhos fascinantes. Essa obra continuou a pavimentar nossa trajetória nessa área e vincando cada vez mais nossos nomes como referência bibliográfica da temática. Esse livro teve cerca de 20 reimpressões.

Essa obra hoje possui grande penetração nos países da América Latina e Europa.

5 – Suicídio. Uma alternativa à vida

Essa obra foi escrita inicialmente como dissertação de mestrado, e depois reestruturada com o aumento de casos, e, em uma grafia mais acessível do que a formatação acadêmica, para publicação em forma de livro. Esse livro teve três atualizações e cerca de 20 reimpressões. E podemos afirmar, sem margem de erro, que se trata de uma das principais referências bibliográficas para os estudiosos da área, com abrangência em toda a América Latina e Europa. Essa obra foi o nosso primeiro trabalho

[97] *Psicologia hospitalar. A atuação do psicólogo no contexto hospitalar.*

em forma de livro envolvendo a temática de suicídio. Anteriormente, havia a descrição de nossas atividades junto a pacientes vítimas da tentativa de suicídio no âmbito hospitalar em forma de artigos acadêmicos. Essa obra traz nossas pontuações sobre a temática na área da psicoterapia, e torna-se uma das principais referências bibliográficas para todos que desejam atuar junto a pessoas envoltas com a questão da autodestruição.

6 – Crise, trabalho e saúde mental no Brasil

Esse livro estabelece um marco nas reflexões sobre questões de saúde mental envolvendo o ambiente de trabalho. Ele se mostrava como vanguarda nessa teia reflexiva, mas não houve como ser atualizado, afinal, ele pontuava, inclusive, o movimento sindical do ABC paulista em que se destacava o líder Lula. E se considerarmos que esse líder viria a se tornar presidente da república do Brasil, a atualização desse livro seria uma nova publicação que não teria qualquer parâmetro com essa formatação. Foi um livro que igualmente se esgotou rapidamente e teve duas reimpressões, mas, pelas razões acima expostas, não foi atualizado e nem mesmo reimpresso.

7 – Solidão. A ausência do outro.

Essa obra foi escrita inicialmente para ser concebida como tese de doutorado e teve sua formatação mudada e aumentada para publicação em livro. E uma linguagem sem o engessamento da escrita acadêmica. Esse livro se torna uma grande referência na área da psicologia e foi o nosso primeiro trabalho a ensejar publicações de outros autores sobre a temática, e ainda como referência para dissertações de mestrado e teses de doutoramento. Esse livro teve três atualizações e cerca de quinze reimpressões.

8 – O doente, a psicologia e o hospital

Esse livro dá sequência às publicações lançadas anteriormente sobre a temática da psicologia hospitalar. E nessa obra temos um capítulo que narra a história da psicologia hospitalar, mostrando suas pioneiras, os primeiros cursos, as primeiras publicações e eventos envolvendo a prática da psicologia no hospital. Ele teve cinco reimpressões, mas por falta de atualização no histórico da psicologia hospitalar, deixou de ser impresso.

9 - Histórias psis. A ótica existencial em psicoterapia

Esse livro igualmente foi concebido a partir de pontuações dos livretos usados nos cursos de formação em psicoterapia fenomenológico-existencial do Centro de Psicoterapia Existencial. Ele teve três reimpressões, mas foi um projeto que abandonei quando se fizeram necessárias algumas atualizações. E ainda assim ele continuou a ser referência para aqueles que buscavam subsídios teóricos para a psicoterapia no campo da vertente existencial.

10 – E a psicologia entrou no hospital

Esse livro se junta às nossas publicações anteriores no campo da psicologia hospitalar e apresenta subsídios para o diagnóstico clínico-psicológico dentro da realidade hospitalar. Essa obra se torna um dos livros mais adotados na seara dos concursos públicos na área da saúde. Praticamente, está presente na quase totalidade dos concursos públicos envolvendo a presença de psicólogos e de outros profissionais da saúde. Essa obra teve duas atualizações e mais de trinta reimpressões.

11 – Psicologia hospitalar. Teoria e prática

Traz um esboço teórico da definição teórica da prática da psicologia hospitalar. E a partir desse detalhamento, igualmente se tornou presença obrigatória nos concursos públicos envolvendo a contratação de psicólogos e outros profissionais na área da saúde. Essa obra teve duas atualizações e cerca de vinte reimpressões.

12 - Urgência psicológicas no hospital

Esse livro aborda as questões de urgências psicológicas ocorridas no âmbito hospitalar. E a partir desse detalhamento, ele se torna referência para que os profissionais da área possam ter instrumental para embasar suas atuações no hospital. Ele foi um projeto abandonado quando da necessidade de uma atualização e revisão de seus postulados. Ele teve três reimpressões.

13 - A prática da psicoterapia

Esse livro aborda reflexões teórico-práticas sobre a psicoterapia na vertente existencial. Igualmente se tornou referência a subsidiar a atuação de profissionais que atuam dentro dessa ótica teórica, como ainda presença obrigatória nos cursos de formação em psicoterapia existencial e nos cursos de graduação em psicologia. Essa obra teve duas reimpressões e foi igualmente deixada de lado quando houve a necessidade de atualização e revisão de alguns de seus postulados. Mas, na modalidade e-book, continua presente na adoção de muitos cursos ao longo do Brasil e da América Latina.

14 – Psicologia da Saúde. Um novo significado para a prática clínica

Esse livro é nossa obra de maior penetração tanto nas universidades do Brasil, como América Latina e Europa. A partir dessa obra, passamos a ser referência teórica em universidades da Europa, o que abriu sendas para que outros títulos nossos pudessem seguir por esses caminhos. E nenhuma outra obra brasileira provocou tantos questionamentos quando de seu lançamento, pois ousava criar uma nova definição do que seria psicologia da saúde em total antagonismo aos conceitos vigentes e adotados mundo afora. Mas nossas conceituações prevaleceram e paulatinamente o livro se impôs e igualmente é outra grande referência tanto nas universidades, em seus cursos de graduação e de pós-graduação, como ainda nos concursos públicos para psicólogos e outros profissionais da saúde. Ele teve duas atualizações e mais de trinta reimpressões.

15 – O tédio na adolescência

Esse livro foi escrito a partir de apontamentos que tínhamos para palestras em colégios para adolescentes abordando a temática do tédio. A partir da demanda dessas palestras, e da constatação de que não havia nada que abordasse o tédio de modo direto ao adolescente, esse livro foi concebido para ser algo direcionado para o adolescente e que falasse diretamente de algo que os envolve na atualidade. Quando essas linhas estão sendo escritas, uma nova atualização e revisão está sendo feita para uma nova edição.

16 - O amor na adolescência

Esse livro foi escrito com a pretensão de refletir sobre o amor na adolescência, em seus desdobramentos e descobertas. E o mais interessante nessa publicação foi a repercussão entre profissionais que atuam com adolescentes que fizeram desse livro um sustentáculo para suas intervenções junto a esses jovens. No momento, estamos trabalhando na atualização desse título.

17 - Meu jardim interior

O livro surgiu com a intenção reunir diversas poesias que estavam publicadas em nossos livros de saúde e de psicoterapia. E, assim, tive a publicação do meu primeiro livro apenas de poesias.

18 - Como as asas do Assum Preto

Livro que igualmente reúne poesias que haviam sido publicadas em livros de saúde e de psicoterapia. Publicação que se fez muito interessante por se tratar do meu segundo livro contendo apenas poesias.

19 - Novos rumos em psicologia da saúde

Na esteira do estrondo provocado pelo livro *Psicologia da Saúde. Um novo significado para a prática clínica*, publicamos esse livro contemplando outros trabalhos igualmente significativos na área da psicologia da saúde.

20 - Atualidades em psicologia da saúde

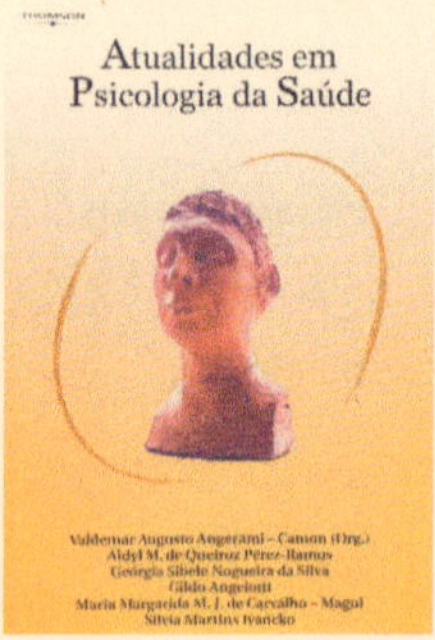

Essa publicação teve a intenção se atualizar conceitos e atividades da área da psicologia da saúde. Livro que reuniu diversos trabalhos bastante significativos da área.

21- Psicoterapia fenomenológico-existencial

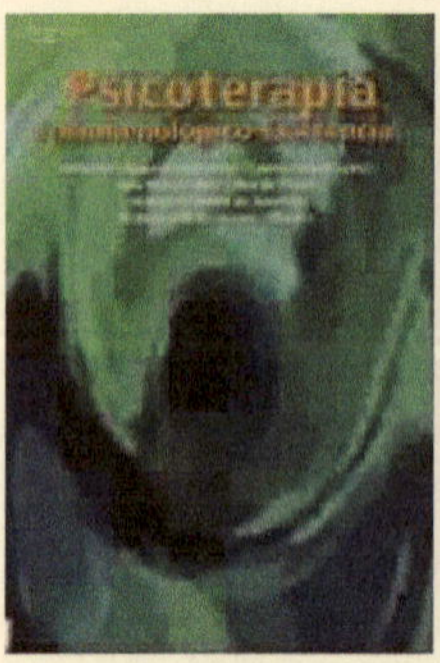

Esse livro foi publicado com a intenção de estabelecer parâmetros teóricos e práticos na área da psicoterapia fenomenológico-existencial. Teve duas atualizações e cinco reimpressões.

22 - Vanguarda em psicoterapia fenomenológico-existencial

Esse título teve a intenção de reunir atividades que se mostrassem na vanguarda da psicoterapia fenomenológico-existencial. Contemplou diversas atividades que se figuram entre as mais significativas da área. No momento, está sendo revisado e atualizado.

23- Angústia e psicoterapia

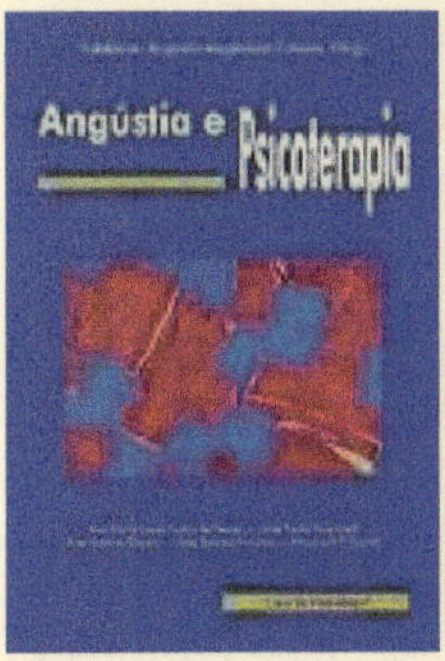

Esse livro foi concebido com a intenção de contemplar uma temática da área da saúde e que não tinha publicações na ótica existencialista e da psicossomática. Esse livro teve duas atualizações e quatro reimpressões.

24 - Temas existenciais em psicoterapia

Esse livro contempla a junção dos principais temas existenciais e sua junção no campo da psicoterapia. Obra muito difundida e adotada nos cursos de graduação em psicologia e de formação em psicoterapia de base fenomenológico-existencial.

25 - Tendências em psicologia hospitalar

Livro que reuniu os meus capítulos de diversos livros de psicologia hospitalar. É adotado nos principais cursos de graduação e pós-graduação do país e da América Latina por contemplar a fundamentação básica para o trabalho do psicólogo na realidade hospitalar.

26 - O atendimento infantil na ótica fenomenológico existencial

Trata-se do primeiro livro abordando o atendimento infantil na ótica fenomenológico-existencial. Obra muito difundida e adotada nos principais centros universitários do país, América Latina e Europa. Destaque ainda pelo seu caráter inovador, na vanguarda das publicações na área.

27 - A psicoterapia diante da drogadicção

Obra abordando a psicoterapia diante das drogas legalizadas e ilegais. Livro que trata a drogadicção de maneira ampla sendo uma referência muito importante na questão da drogadicção. Esse livro já teve doze reimpressões.

28 – A ética na saúde

Livro que se mostrou na vanguarda das publicações envolvendo questões éticas na área da saúde. Abordando temas polêmicos como eutanásia, aborto, dentre outros, se fez referência obrigatória nas discussões em que a ética se faz predominante no centro das discussões. Esse livro teve cinco reimpressões.

29 – Espiritualidade e prática clínica

Esse livro supre uma importante lacuna que é trazer questões sobre espiritualidade para a prática clínica. Obra de arrojo vanguardista por tratar de assunto polêmico que, embora presente na prática clínica, se mantinha na obscuridade das discussões acadêmicas e mesmo filosóficas.

30 - Depressão e psicossomática

Esse livro contempla uma profunda reflexão sobre os aspectos envolvendo a psicossomática na questão da depressão. Referência obrigatória na área da psicossomática, esse livro teve cinco reimpressões.

31 – Psicossomática e suas interfaces. O silencioso processo do adoecimento

Esse livro mostra as diferentes interfaces presentes no campo da psicossomática. Obra que se diferencia na área da saúde pela sua abrangência e por apresentar trabalhos e reflexões das mais expressivas.

32 – Psicossomática e a psicologia da dor

Livro que aborda a questão da somatização da dor e suas implicações. Obra de referência no campo da psicossomática e dos estudos contemporâneos sobre a dor. Essa obra teve duas atualização e seis reimpressões.

33 – As relações de amor em psicoterapia

Livro que aborda as diferentes formas de amor e sua junção no campo da psicoterapia. Obra que se destaca por ser inovadora na reflexão das diferentes configurações de amor. Esse livro está sendo atualizado para uma nova edição.

34 – Psicoterapia e Subjetivação

É a primeira obra que traz o pensamento de Merleau-Ponty para o campo da psicoterapia. Obra de referência quando se trata de se buscar subsídios para o campo da psicoterapia. Obra que teve duas reimpressões e está sendo atualizada.

35 – Psicologia e Religião

Esse livro, certamente, é uma das mais importantes publicações na área da psicologia com a junção dos aspectos da religião em seus detalhamentos. Principal referência para todos que buscam subsídios teóricos e práticos no enfeixamento da religiosidade com os aspectos e fundamentos da psicologia.

36 – As várias faces da psicologia fenomenológico-existencial

Obra que contempla difentes trabalhos em psicologia concebidos sobre a ótica fenomenológico-existencial. Esse livro é referência obrigatória quando se abordam as diferentes configurações da psicologia fenomenológico-existencal. Essa publicação teve três reimpressões.

37- Psicoterapia e Brasilidade

Aborda questões envolvendo a nossa brasilidade e suas configurações no campo da psicoterapia. Obra essencial a todos que buscam o imbricamento da nossa realidade e os fundamentos teóricos e práticos no campo da psicoterapia.

38 – Psicologia e Câncer

Esse livro foi concebido a partir da minha inserção em grupos envolvidos com o estudo e intervenção em casos de câncer. Foram reunidos trabalhos de todo o Brasil que atuam com pacientes oncológicos.

39 – O câncer diante da psicologia

Diante da repercussão do livro *Psicologia e Câncer*, publicamos essa obra. Novamente temos trabalhos de todo o Brasil de colegas que atuam com a temática do câncer.

40 – Desespero e flagelo humano. Parêmias da Cracolândia

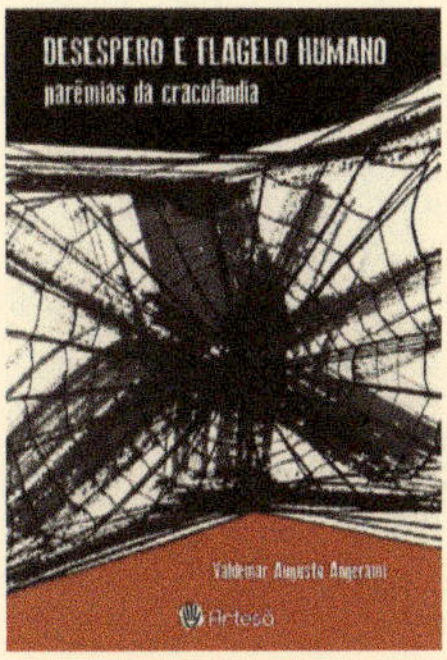

Aborda minha atuação junto às vítimas da Cracolândia. Foram reunidas situações vividas por essas vítimas na parte das parêmias, além de uma reflexão substancial sobre a situação das pessoas em situação de rua.

41 – Atualidades em psicoterapia fenomenológico-existencial

Esse livro contempla a reflexão teórica e descritiva de vários colegas que atuam sob a ótica da psicoterapia fenomenológico-existencial. Livro que supre a lacuna das publicações na área, envolvendo principalmente a prática psicoterápica sob essa ótica.

42 – Cinema e Subjetivação

De todos os meus livros, esse continua a ser o meu título preferido. Abordando filmes que contemplam temáticas da saúde, câncer, suicídio, crises existenciais dentre outros, trata-se de um livro em que pude dar vazão ao meu lado cinéfilo sem qualquer impeditivo. Um livro em que minha alma sonhadora voa pelas asas do imaginário sem amarras de qualquer natureza.

43 – A psicologia da saúde na prática

Esse livro contempla a publicação de diversas atividades envolvendo a prática da Psicologia da Saúde. Obra que mostra trabalhos realizados não apenas no Brasil como também em outros países da América Latina e América Central. Sem dúvida, uma das mais importantes publicações da área da saúde.

44 – Sobre o suicídio. A psicoterapia diante da autodestruição

Essa obra mostra detalhes do manejo da psicoterapia diante dos casos de autodestruição. Livro que se tornou a principal referência bibliográfica a todos que desejam atuar como psicoterapeuta diante dos casos de autodestruição.

45 – Suicídio e suas interfaces. O ardiloso emaranhado da autodestruição

Na esteira dos nossos títulos anteriores temos esse livro que aborda diversas atividades envolvendo a temática do suicídio, bem como uma reflexão teórica e filosófica envolvendo o emaranhado da autodestruição.

46 – O suicídio no cinema

Título que mostra um conjunto de filmes que aborda a questão do suicídio. Esse livro se tornou uma importante ferramenta de trabalho para todos que desejam discutir a temática do suicídio com o recurso de filmes.

47 – Depressão. O sofrimento maior da alma

Esse livro mostra um novo ângulo sobre a temática da depressão. Saindo do modelo médico tradicional, faz uma incursão pormenorizada sobre os meandros da depressão na alma humana. Também é contemplada de maneira pioneira uma reflexão descritiva sobre a depressão nos animais domésticos e nos animais silvestres.

48 – A psicoterapia sob Sartre

Livro que contempla uma reflexão descritiva sobre a prática da psicoterapia sob a ótica da filosofia sartriana. Foram reunidos os principais autores que atuam sob esse prisma, tornando-se uma das maiores referências bibliográficas na área.

49 – Do suicídio e da vida

Esse livro, como os nossos títulos anteriores, comtempla a questão do suicídio. Título que tão logo foi lançado e foi alçado a uma das principais referências teóricas na área.

CAPÍTULO 12

De breves instantes

A ideia desse capítulo foi mostrar o registro de alguns instantes que fizeram parte da minha caminhada profissional. A seleção de imagens foi aleatória e não obedeceu a qualquer sequência cronológica, afinal, não temos o registro de todas as conferências e eventos dos quais participei. Busquei dentro do meu acervo desses registros aquelas que, de alguma maneira, pudessem se configurar como representativas desse intento. Não houve, ainda, a intenção de situar a minha participação nos eventos mais grandiosos em termos de representatividade da área, o que está sendo mostrado são aqueles de importância afetiva, ou, ainda nas palavras da canção de Gonzaguinha, caminhos onde bate bem mais forte o coração.

Imagem 28 – Conferência em Santarém-PA

Imagem 29 – Conferência em Marília-SP

Imagem 30 – Conferência em São Paulo- SP

Imagem 31 – Conferência em Montes Claros - MG

Imagem 32 – Conferência em Taboão da Serra - SP

Imagem 33 – Conferência em São Paulo - SP; com Maria Clara Gianna.

Imagem 34 – Conferência em João Pessoa - PB

Imagem 35 – Conferência em Uberlândia - MG;
com Fausto Rocha Fernandes

Imagem 36 – Belo Horizonte – MG.
Lançamento do livro *Psicologia e Religião.*

Imagem 37 – Ipatinga - MG; com Miguel Mahfoud e Isabella Leão

Imagem 38 – Conferência em Belo Horizonte – MG

Imagem 39 – São Paulo - SP; lançamento do livro Suicídio e suas interfaces. O ardiloso processo da autodestruição.

Imagem 40 – Conferência em Maringá - PR

Posfácio

Eu fico com a pureza
Da resposta das crianças
É a vida, é bonita
E é bonita
(Gonzaguinha)

Este livro continua sendo escrito, afinal, minha atividade profissional se mantém intensa e com suas diferentes nuances se alternando e tornando cada pedaço da caminhada um constante desafio a ser superado. E ele também não é o meu último título a ser publicado, pois outros dois títulos estão prontos na editora à espera do próximo momento para serem lançados.

Este livro foi iniciado no Outono de 2023, e interrompido no início do Inverno; foi retomado na Primavera e terminado no Verão. Dessa maneira, podemos falar em quatro meses de escrita, tirante os momentos em que foi abandonado sem qualquer razão que possa servir como justificativa. Ou se estivéssemos nos tempos em que os livros inicialmente eram escritos em um caderninho, poderíamos dizer que o caderninho foi deixado de lado em um canto da biblioteca até o momento em que voltou a ser folheado.

E a mim me parece que uma evidência se mostra real, continuo a ser jovem apesar das cãs esbranquiçadas dos meus cabelos, pois contínuo a sonhar com a construção de uma sociedade justa, digna e fraterna. Sei que que o capitalismo já entrou em processo de colapso irreversível, mas, certamente, ainda fará muito estrago com a brutal exclusão social que promove.

A mim me resta a força das palavras para continuar esgrimando contra a opressão e as formas de injustiça social. Continuo a ser uma das principais referências bibliográficas no Brasil, América Latina e boa parte da Europa. E isso, mais do que algo para se vangloriar, nos dá a dimensão da responsabilidade que pesa sobre os nossos ombros e que nos impele a não esmorecer diante das cruezas do caminho. Somos artífices da construção de um novo tempo, de um novo amanhã.

Eu ainda sou a mesma criança que num momento qualquer da vida, por volta dos seus 10 ou 11 nos de idade, fazia suas tarefas escolares sentado no tapete da sala, debruçado sobre uma mesinha de centro, tendo apenas a companhia da Mãinha sentada no sofá e fazendo suas costuras. Em dado momento, ela pergunta o que eu tanto escrevia e eu simplesmente respondi que eram as tarefas da escola, e ela rindo disse que, de tanto que eu escrevia, iria me tornar escritor...

E assim é, continuo a passear pelo tempo sem esmorecer. E tendo a mostrar os pés calejados pela caminhada e as mãos suavizadas pela carícia das cordas do violão. E sonhando com o dia em que não mais existirá a brutal desigualdade social que atira tantas pessoas às raias da destruição e da miséria.

Um novo tempo, um novo amanhã...

Referências

ANGERAMI, V. A. *As relações de amor em psicoterapia*. São Paulo: Cengage Learning, 2005.

ANGERAMI, V. A.; ANGERAMI, P. L., *O amor na adolescência*. Campinas: Editora Livro Pleno, 2004.

ANGERAMI, V. A. Refletindo o câncer por intermédio de filmes. *In* O câncer diante da Psicologia. ANGERAMI, V. A.; GASPAR K. C. (Orgs.). São Paulo: Pearson Learning, 2016.

ANGERAMI, V. A. *Existencialismo & Psicoterapia*. São Paulo: Traço Editora, 1984.

ANGERAMI, V. A. *Atitudes do psicoterapeuta diante dos casos de autodestruição In Suicídio. A psicoterapia diante da autodestruição*. ANGERAMI, V. A. (Org.). Belo Horizonte: Artesã Editora, 2017.

ANGERAMI, V. A. *Suicídio. Uma alternativa à vida*. Belo Horizonte: Artesã Editora, 2017.

ANGERAMI, V. A. Suicídio infantil. O escarro maior da condição humana. *In O atendimento infantil na ótica fenomenológico-existencial*. ANGERAMI, V. A. (Org.). São Paulo: Cengage Learning, 2011.

ANGERAMI, V. A. A compreensão da saúde a partir da utilização de filmes. *In Psicologia da Saúde. Um novo significado para a prática clínica*. ANGERAMI, V. A. (Org.). São Paulo: Cengage Learning, 2012.

ANGERAMI, V. A.; ANGERAMI, P. L. Sabedorias Ciganas. *In Psicologia e Religião*. ANGERAMI, V. A. (Org.). Belo Horizonte, 2022.

ANGERAMI, V. A. (org.) *O suicídio no cinema*. Belo Horizonte: Artesã Editora, 2021;

ANGERAMI, V. A. *Cinema e Subjetivação*. Belo Horizonte: Artesã Editora, 2017.

ANGERAMI, V. A. A dor manicomial. *In Psicoterapia e Brasilidade*. São Paulo: Cortez Editora, 2011.

ANGERAMI, V. A. *Como as asas do assum preto*. Campinas: Editora Livro Pleno, 2007.

ANGERAMI, V. A. (Org.). *A prática da psicoterapia*. São Paulo: Thomson Learning, 1999.

ANGERAMI, V. A. Breve reflexão sobre as atitudes do profissional da saúde diante da doença e do doente. *In* ANGERAMI, V. A. (Org.). *Psicossomática e suas interfaces. O silencioso processo do adoecimento*. São Paulo: Cengage Learning, 2022.

ANGERAMI, V. A. *Flagelo e desespero humano. Parêmias da Cracolândia*. Belo Horizonte: Artesã Editora, 2017.

ANGERAMI, V. A. A arte da psicoterapia. *In* ANGERAMI, V. A. (Org.). *As várias faces da psicologia fenomenológico-existencial*. São Paulo: Cengage Learning, 2005.

ANGERAMI, V. A.; SANTOS, R. A. Atuação do psicólogo na realidade do Pronto-Socorro junto às vítimas de tentativa de suicídio. *In* ANGERAMI, V. A. (Org.). *Psicologia Hospitalar. A atuação do psicólogo no contexto hospitalar*. São Paulo: Traço Editora, 1984.

ANGERAMI, V. A. Implantação de atendimento aos casos de urgência e suicídio na cidade de São Paulo. *In* ANGERAMI, V. A. (Org.). *O doente, a psicologia e o hospital*. São Paulo: Cengage Learning, 1996.

ANGERAMI, V. A. *A psicoterapia sob Sartre*. Belo Horizonte: Artesã Editora, 2022.

ANGERAMI, V. A. *Solidão. A ausência do outro*. Belo Horizonte: Artesã Editora, 2017.

ANGERAMI, V. A. *Psicoterapia e Subjetivação. Uma análise de fenomenologia, emoção e percepção*. São Paulo: Thomson Learning, 2004.

ANGERAMI, V. A. *A psicoterapia diante da drogadicção*, São Paulo: Cengage Learning, 2005.

CARVALHO, D. B. et col. *Como se escreve, no Brasil, a história da psicologia no contexto hospitalar?* http://www.revispsi.uerj.br/v11n3/artigos/html/v11n3a16.html

DONTATO, H. *O rio do tempo*. São Paulo: Editora Jornal dos Livros, 1972.

DOSTOIEVISKI, F. *O sonho do príncipe*. São Paulo: Clube do livro, 1959.

FELLINI, F. *Noites de Cabíria*. São Paulo: Versátil DVD, 2006.

LAING, R. D. *O eu e os outros*. Petrópolis: Editora Vozes, 1982.

LAING, R. D.; COOPER, D. *Razão e violência*. Petrópolis: Editora Vozes, 1972.

MAHFOUD, M. Autoconsciência no relacionamento com uma presença: teu nome nascia do que fitavas". *In* Quem sou eu? Belo Horizonte: Artesã Editora, 2017,

Murió César Civita, el gran creador de la editorial Abril. *LA NACION* 9 de abril de 2005. Consultado em 30 de março de 2023.

SARTRE POR SARTRE, São Paulo: Versátil DVD, 2019.

SARTRE, J. P. *O imaginário*. São Paulo: Editora Ática, 1996.

SARTRE, J. P. *Crítica de la razón dialéctica*. Buenos Aires: Editorial Losadas, 1979.

SARTRE, J. P. *El ser y la nada*. Buenos Aires: Editorial Losadas, 1981.

SARTRE, J. P. *A náusea*. Rio de Janeiro: Editora Nova Fronteira, 1986.

SEYSSEL, W. *Arrelia e o circo*. São Paulo: Editora Melhoramentos, 1977.

SIENKIEWICZ, H. *Em vão*. São Paulo: Círculo do Livro, 1956.

STEINER, M. H. F. *Quando a criança não tem vez – violência e desamor*. São Paulo: Editora Pioneira, 1986.

Construindo ideias
e conectando mentes

Este livro foi composto com tipografia Bembo Std
e impresso em papel Pólen Natural 80g. em agosto de 2024.